OS ANIMAIS E A PSIQUE

Dados Internacionais de Catalogação na Publicação (CIP)
(Câmara Brasileira do Livro, SP, Brasil)

Os animais e a psique, volume 1 : baleia, carneiro, cavalo, elefante, lobo, onça, urso / [ilustrações Fernando Costa]. – 2. ed. – São Paulo : Summus, 2005. – (Os animais e a psique ; 1)

Bibliografia.
ISBN 85-323-0193-2

1. Animais – Aspectos simbólicos 2. Animais – Hábitos e comportamentos 3. Conduta de vida 4. Relações homem-animal 5. Relações interpessoais 6. Sabedoria I. Costa, Fernando. II. Série.

05-6348   CDD-158

Índices para catálogo sistemático:
1. Animais e homens : Ligação : Psicologia aplicada   158
2. Homens e animais : Ligação : Psicologia aplicada   158

Compre em lugar de fotocopiar.
Cada real que você dá por um livro recompensa seus autores
e os convida a produzir mais sobre o tema;
incentiva seus editores a encomendar, traduzir e publicar
outras obras sobre o assunto;
e paga aos livreiros por estocar e levar até você livros
para a sua informação e o seu entretenimento.
Cada real que você dá pela fotocópia não-autorizada de um livro
financia um crime
e ajuda a matar a produção intelectual.

OS ANIMAIS E A PSIQUE

volume 1

baleia, carneiro, cavalo, elefante, lobo, onça, urso

▾ Denise Gimenez Ramos ▾ Maria do Carmo De Biase
▾ Maria Helena Monteiro Balthazar ▾ Maria Luiza Piva Rodrigues
▾ Neusa Maria Lopes Sauaia ▾ Roseli Ribeiro Sayegh
▾ Stella Maria T. Cerquinho Malta

summus editorial

OS ANIMAIS E A PSIQUE
baleia, carneiro, cavalo, elefante, lobo, onça, urso
Copyright © 2005 by autores
Direitos desta edição reservados por Summus Editorial

Assistência editorial: **Soraia Bini Cury**
Assistência de produção: **Claudia Agnelli**
Capa, projeto gráfico e diagramação: **Liga Editorial**
Editoração de texto e revisão de provas: **Liga Editorial**
Ilustrações: **Fernando Costa**
Fotolitos: **Join Bureau**

Summus Editorial
Departamento editorial:
Rua Itapicuru, 613 – 7º andar
05006-000 – São Paulo – SP
Fone: (11) 3872-3322
Fax: (11) 3872-7476
http://www.summus.com.br
e-mail: summus@summus.com.br

Atendimento ao consumidor:
Summus Editorial
Fone: (11) 3865-9890

Vendas por atacado:
Fone: (11) 3873-8638
Fax: (11) 3873-7085
e-mail: vendas@summus.com.br

Impresso no Brasil

Agradecimentos

À Dra. Ceres Alves de Araújo, que nos despertou para a riqueza do simbolismo da vida animal.

Aos pacientes que, compartilhando conosco suas vivências, trouxeram o símbolo vivo que incentivou nossos estudos.

Aos familiares e amigos, pelo apoio no decorrer deste trabalho.

A Walter Rodrigues Ferrini e a Merle Scoss, pelo trabalho de revisão.

A Liliana Liviano Wahba e a Vanda di Iorio Benedito, por suas valiosas sugestões.

Aos pesquisadores Lux Vidal, Inge Theme e Antonio Porró, que com seus estudos e orientações nos ajudaram a enriquecer e ampliar o material aqui apresentado.

A Fátima Salomé Gambini, pelo seu incentivo e suas importantes contribuições.

E, em especial, a Roberto Gambini, que nos deu o privilégio de sua dedicação e leitura cuidadosa. Sua orientação certamente aprimorou a qualidade deste livro.

ÍNDICE

Prefácio 13
Introdução 17

A BALEIA

Principais características biológicas 23

Simbolismo 27

    Mitos de origem 27
    Aspecto materno 28
    Continente, totalidade e suporte do mundo 29
    Aspecto enganoso e maléfico 30
    Salvadora e guia 32
    Voracidade 33
    Morte e ressurreição 34
        A viagem dentro da baleia, A caça à baleia
    Deuses-baleia 38
        Derceto, Mamacocha, Tirinau
    A baleia branca 40
    Partes da baleia 40
        Âmbar, dentes, olhos, ossos
    Relação com outros animais 41
        Águia, coelho e elefante

O CARNEIRO

Principais características biológicas 45

Simbolismo 47

    Mitos de origem 47

Vítima sacrificial	47
Pureza e obediência	52
Aspecto maléfico e demoníaco	53
Aspecto solar e viril	54
Poder de cura	57
Presságios associados ao carneiro	57
Deuses associados ao carneiro	57
Agni, Apolo, Dioniso, Hades, Hera, Hermes, Khom-ma, Pã, Posídon, Zeus	
Cristo, o "Cordeiro de Deus"	60
Deuses-carneiro	60
Ámon, Avis, Baal-Hamon, Herishef, Janus, Khnum, Min, Osíris, Sin You	
O Velocino de Ouro	63
A cor do carneiro	63
Branco, dourado, negro	
Partes do carneiro	67
Chifres, crânio, ossos, pele, testículos	
Relação com outros animais	69
Águia, animais ferozes, bode, leão, lobo	
O carneiro fantástico	71

O CAVALO

Principais características biológicas	75
Simbolismo	79
Mitos de origem	79
Montaria de guerreiros, heróis, deuses e demônios	79
O cavalo solar	83
Aspecto maléfico e demoníaco	84
O cavalo e a água	85
Energia instintiva	86
Relação com o feminino	87
Vítima sacrificial	89
Rituais de iniciação, Rituais de fertilidade, Rituais de expiação dos pecados, Ritual para proteção da manada, Culto aos deuses	
Poder de cura e proteção	93

Psicopompo 95
Adivinho e conselheiro 96
Deuses-cavalo 98
    Deméter, Épona, Posídon/Netuno, Tsan Nu
Cavalos famosos 100
    Al Borak, Baiardo, Bucéfalo, O cavalo de Tróia, Incitatus, Pégaso, Sleipnir
A cor do cavalo 103
    Alazão, baio, branco, cinzento, dourado, negro
Partes do cavalo 109
    Cabeça, cascos, castanhas, cauda, crina, olhos, saliva
Relação com outros animais 110
    Lobo, macaco
O cavalo fantástico 111

O ELEFANTE

Principais características biológicas 117

Simbolismo 121

    Mitos de origem 121
    Forma e tamanho 122
    Montaria de reis, guerreiros e heróis 125
    Agressividade 126
    Poder fecundador 127
    Poder mágico 130
    Relação com o ser humano 130
    Deuses associados ao elefante 131
        Brahma, Indra, Lakshmi
    Deuses-elefante 132
        Ganapati, Ganapatihrdaya, Ganesha, Krishna, Shiva
    O elefante branco 135
    Partes do elefante 136
        Carne, pêlo do rabo, presas, tromba
    Relação com outros animais 136
        Águia, baleia, coelho, macaco, pardal, rato, tartaruga
    O elefante voador 141

O LOBO

Principais características biológicas 145

Simbolismo 149

    Mitos de origem 149
    Aspecto materno 149
    Aspecto paterno 151
    Força e poder 152
    Poder destrutivo, maldade e aspecto demoníaco 154
    Voracidade 156
    Aspecto benéfico 158
    Poder de cura 159
    Morte e renascimento 160
    Guardião, guia e psicopompo 161
    O lobo e a mulher 162
    O lobo celeste 164
    Deuses-lobo 164
        Apolo, Ártemis, Diana Gaulesa, Hécate, Lupa, Osíris
    Deuses e espíritos associados ao lobo 167
        Espírito do Cereal, Fauno, Marte, Odin, Zeus
    Lobos famosos 170
        A "Besta do Gévaudan", Fenrir, O lobo de Gubbio
    Partes do lobo 172
        Boca, couro, pele, pêlo, dente, focinho, olho
    Relação com outros animais 173
        Águia, cão, coelho, cordeiro, corvo, jaguar, raposa, serpente
    O lobisomem 176

A ONÇA

Principais características biológicas 183

Simbolismo 187

    Mitos de origem 187
    Aspecto materno 188
    Força fertilizadora 188

Força e proteção 190
Aspecto maléfico e ferocidade 192
Ingenuidade 197
Guardião do fogo 199
Clarividente e psicopompo 202
Xamã ou pajé 202
Relação com o ser humano 204
Divindades 207
    Divindade da chuva e do relâmpago, Divindades cósmicas,
    Divindades lunares-ctônicas, Divindade solar
Partes do jaguar 211
    Olhos, osso
Relação com outros animais 213
    Caracol, cigarra, coelho, gavião-real, jaó, lagartixa, raposa, sapo,
    serpente, tamanduá, tartaruga
O jaguar ou onça fantásticos 218

O URSO

Principais características biológicas 223

Simbolismo 225

    Mitos de origem 225
    Aspecto feminino e materno 226
    Ingenuidade e estupidez 227
    Agressividade e personificação do mal 228
    Hibernação 232
    Animal celeste 233
    Poder de cura 234
    Culto e sacrifício 236
    Relação com o ser humano 241
    Deuses e heróis 245
        Ártemis, Calisto, Heróis
    Partes do urso 248
        Crânio, dentes, gordura, olhos, ossos, patas e garras, pele, sangue,
        vesícula biliar

Relação com outros animais 249
  Coelho, javali, macaco, pássaro, raposa, serpente
O urso fantástico 251

Glossário 253
Bibliografia 257
Índice de referência das obras 265

Prefácio

Neste início de milênio, talvez a mais desafiadora tarefa que deva enfrentar o homem contemporâneo seja a aceitação cabal de sua condição de mera criatura, num mundo cheio de harmonia e beleza, e o reconhecimento da incomensurável destrutividade que golpeia o planeta de modo cada vez mais assustador. Aquilo que a natureza levou milhões de anos para desenvolver pode hoje desaparecer num piscar de olhos, graças à letalidade instantânea de nossa mais avançada tecnologia de alto impacto ambiental. Oceanos inteiros, camadas da biosfera, rios e suas nascentes, a terra e seus frutos, florestas, vales e montanhas – nada mais é inatingível. Como um deus às avessas, em vez de criar vida, o homem finalmente tornou-se senhor absoluto da tecnologia da morte, e vem dando conta do inconfessável desatino de destruir o planeta que é seu meio vital.

Nada poderia expressar melhor essa catástrofe do que a progressiva extinção das espécies animais. Sem defesa, sem voz e sem protesto, uma a uma elas vão sumindo, abatidas, baleadas, encurraladas em becos sem saída, banidas até os limites dos campos habitáveis. Que clones, que andróides zoomorfos, que robôs caricatos, que seres artificiais seremos capazes de criar, para que logo venham a ocupar o lugar de nossos antigos companheiros na Arca, nossos iguais no perdido Jardim, nossos irmãos, como queria São Francisco? Que tremendo dia de vergonha será esse, quando os jornais anunciarem: "Morto o último elefante do Quênia; extintos os ursos pandas; falcão peregrino nunca mais visto; desabitado o Mediterrâneo poluído"?

Provável ou improvável? Os números atestam, os fatos atestam, essa possibilidade existe porque essa maldade radical existe no homem e continuará existindo, até que finalmente ele reconheça e assuma essa terrível sombra e se conscientize, talvez no minuto final – que bem pode ser o momento presente. Jung sabia disso, e muito se preocupava com esse *quase*. Sua esperança era esse reconhecimento consciente da sombra, e a possibilidade de que este milênio (Aquário) seja regido não pelo arquétipo da dualidade, mas pelo da colaboração entre consciente e inconsciente. Trabalhar com o inconsciente; compreender a verdade profunda dos instintos e da alma; perceber a presença do divino nos olhos de um animal – essa talvez seja a última utopia à qual ainda possa valer a pena dedicar uma vida de estudo e trabalho.

E não é o que no fundo, sem tanta pretensão, tenta fazer um terapeuta? Não trabalha ele por uma possível paz entre as altas esferas do intelecto e as relegadas vilezas dos instintos animais, um acordo entre homem e natureza finalmente recuperado?

Esse nosso trabalho de terapeuta é feito com imagens. Imagens de animais vivos em nossa psique, delírios, metáforas e figuras de linguagem, em nossa arte, fantasias e sonhos de qualquer noite. Eles aparecem todos, como são, como não são e como poderiam ser, com duas cabeças, oito patas, corpo de mulher. Fazem de tudo, brincam conosco, comem nossos dedos, fogem da jaula, urram, mijam, nos assustam, lutam, copulam, se matam, nos matam e nos amamentam. Eles surgem sempre como nosso Outro Além do Humano, o que poderíamos vir a ser se os aceitássemos como parte nossa, virtude e defeito, avidez de tubarão, altivez de pantera, candura de ovelha, inventividade de pássaro, agressividade de *dobermann*, energia de égua, calor materno de vaca, feminilidade de gata e intuição de cachorro, poderio de condor, automatismo de formiga, inconsciência de peixe, força de touro, morbidez noturna de morcego, psiquismo de borboleta, más intenções de rato, veneno, periculosidade e poder de cura de serpente, pele animal, rastro de bicho, toca no mato, horror, alegria, medo, susto e morte. Eles aparecem sempre, voltam sempre, mesmo quando já não existem mais e só nos resta entender o que afinal vieram fazer em nosso sonho e o que querem de nós.

Jung ensina que o analista não pode contar apenas com as associações do paciente na hora de interpretar sonhos. Também tem o dever de saber algo a respeito dos símbolos mais freqüentes na imaginação humana. E para entender os símbolos, além das associações do paciente – que também pode não ter nenhuma a apresentar na hora –, é preciso relembrar as coletivas, seguindo um método de trabalho que Jung chamou de *amplificação*. Se tenho diante de mim um sonho em que um pássaro entra em meu escritório, depois de observar por um instante as imagens que por si mesmas se agregam a essa cena, começo pouco a pouco a expandir meu raio de reflexão, para que também aos poucos comece a sair do arquivo da memória tudo aquilo que já li, ouvi, aprendi, concluí ou observei sobre "pássaro", até que, mediante esse enriquecimento da imagem por acréscimo de atributos, o sonho vá se metamorfoseando de mera imagem pictórica em intelecção, em idéia luminosa que me leva a compreender melhor o ponto sobre o qual ele versa.

O livro que este prefácio abre é justamente um desses instrumentos de trabalho, de muita serventia para o nosso ofício, especialmente porque organiza uma quantidade respeitável de informações coletadas em anos de laboriosa pesquisa bibliográfica. Além disso, as autoras procuram sugerir, sempre que possível, algumas linhas de tratamento psicológico de cada tema.

A leitura é, a meu ver, estimulante de maneira muito peculiar. Concentrar-se na amplificação do simbolismo de um dos animais tratados no texto funciona mais ou menos como a repetição de um mantra na meditação: a mente aos poucos vai se poetizando, se desracionalizando e, como que num outro estado seu, passa a ensaiar uma espécie de "participação mística" (Lévy-Brühl, Jung) com o símbolo e, num transe controlado, começa a entendê-lo por empatia, começa a falar dele, a traduzi-lo, a transcodificá-lo... e de repente o pássaro que entra em meu escritório é a idéia volátil procurando acesso aos meus rígidos esquemas mentais, e então sossego e dou passagem àquilo que o sonho me instiga.

Uma possível crítica seria, talvez: e por que só esses animais, e não por exemplo o cachorro, o gato, o pássaro, o peixe, a serpente e a vaca? Sim, creio até que os que acabo de mencionar sejam empiricamente mais freqüentes que os escolhidos. Mas o fundamental é que isso não importa. O valor deste trabalho não é enciclopédico, mas exemplar. Assim como se pensa e se trata aqui do simbolismo de um determinado animal, também se podem pensar e armazenar na memória, em fichas ou *winchesters*, dados que a bem dizer nos rodeiam o tempo todo. Pois as figuras da psique são tantas quantos os peixes no mar.

Roberto Gambini

Introdução

Somos um grupo de analistas que há vários anos vem se reunindo com o objetivo de estudar a psique sob o prisma da psicologia analítica.

À medida que nos aprofundávamos nesse estudo, fomos percebendo a presença freqüente dos animais na produção cultural dos mais variados povos e no material trazido pelos pacientes, por meio de sonhos, fantasias e outras expressões do inconsciente. Fomos assim levadas, nos últimos anos, a pesquisar e analisar as diferentes maneiras pelas quais a psique humana se materializa e incorpora nas formas animais.

Companheiras de jornada, o grupo tornou-se para nós muito mais que um lugar de trabalho. Tornou-se uma referência em nossa vida, um lugar de encontro de amigas e de almas que, juntas, se apóiam nas dificuldades e vibram com as vitórias.

Os animais são uma referência no mundo e na existência; com eles temos aprendido muito. A eles, e ao grupo, nossos maiores agradecimentos.

Presente no cotidiano, nos sonhos, nas fantasias, nos mitos, nos contos, no folclore e na arte, o animal é uma das imagens mais poderosas para o ser humano, tanto no mundo externo como no interno.

Observá-lo em seu hábitat natural evoca em nós um sentimento súbito e profundo de respeito e encantamento. Sua vívida presença nos desperta para a fonte que cria e sustenta todos os seres.

Neste mundo tão instável, a estabilidade da vida animal e seu comportamento padronizado e homogêneo são pontos de referência na relação do homem com seu ambiente.

Para compreender a si mesmo, o homem necessita entender os animais e seu simbolismo. Esse é um processo imprescindível para a elaboração dos instintos e a conseqüente ampliação da consciência.

À medida que a ontogênese espelha a filogênese – ou seja, que o desenvolvimento do indivíduo espelha o da espécie –, recapitulamos no indivíduo as fases evolutivas da vida animal. Cada ser humano repete etapas da evolução de todos os seres vivos, a partir de escalas simples até estruturas mais complexas. Assim, o animal não é o "outro", mas uma parte do homem. Não é "inferior", mas a base para o desenvolvimento da psique.

O homem primitivo e a criança vivenciam os animais diretamente, isto é, não há uma diferenciação de indivíduo e animal com o qual ele se identifica. Ao incorporar a qualidade de um deles, a criança e o primitivo assimilam essa qualidade, o que transforma o animal em um meio de acesso aos instintos e de ampliação da consciência.

Observa-se, assim, que a energia dos animais manifesta-se simbolicamente como diferentes forças no homem. Cada ser humano contém em si todos eles. Dentro de nós estão o lobo, o carneiro, a onça, o cavalo. Cada um passa a ser parte de uma "fauna" de convenções comportamentais: "bravo como uma onça", "manso como um carneiro", "lento como uma tartaruga", "esperto como uma raposa". A mensagem característica de cada animal é uma referência externa a um sentimento interno, que é trazido à vida pela observação e pela mímica.

Desse modo, a relação do homem com o mundo animal é um reflexo da relação entre sua consciência e seus instintos. O modo como expressamos essas energias, como lidamos com elas, como as harmonizamos determinará nossa liberdade ou nossa escravidão. Enquanto a obediência pura aos instintos produz uma estagnação da consciência, a repressão leva a resultados semelhantes. Essas duas formas de nos relacionarmos com os instintos aparecem, principalmente, no excesso de indulgência e sentimentalismo para com os animais, por um lado, e, por outro, no medo irracional e no desejo de destruí-los.

A observação do animal nos religa aos instintos que nele estão presentes sem a repressão e a distorção que aparecem no homem, servindo assim como o melhor antídoto para o sentimento de robotização. Nesse sentido, a multiplicidade do comportamento animal libera o homem e amplia as possibilidades de ser.

Já há cerca de dois mil anos os animais deixaram de ser sagrados, e vêm sendo degradados e extintos pelo homem. A passagem de uma atitude predatória para uma visão conservacionista coincide com a pergunta: qual o lugar dos animais na vida humana e planetária?

A figura do caçador, antes valorizada, hoje vem sendo condenada. Deixou de ser sinal de poder e prestígio ter troféus de caça e roupas de pele. Essa mudança pode estar levando a uma harmonização entre os mundos animal e humano, oposta à necessidade anterior de destruir o animal como forma de repressão do instinto. Uma postura de humildade e respeito diante dos animais passou a ser essencial para a própria sobrevivência do nosso planeta.

Observam-se, nas diferentes civilizações que surgiram no decorrer da história da humanidade, profundas transformações no modo de ver um mesmo animal. O gato, por exemplo, sagrado e adorado no antigo Egito, foi quase exterminado na Idade Média, por ter sido associado a poderes demoníacos. O urso, objeto de afeto e proteção como "bichinho de pelúcia", era considerado em algumas culturas a encarnação de Satã.

Optamos, neste livro, por pesquisar os mamíferos que têm maior proximidade com o ser humano na escala evolutiva. O fato de homens, baleias, carneiros, cavalos, elefantes, lobos, onças e ursos pertencerem à mesma classe zoológica – *Mammalia* – facilitou a riqueza das analogias que ilustram esta obra. Os animais analisados foram escolhidos em função dos interesses das autoras, sem seguir qualquer outra determinação. Na seqüência desta pesquisa, o segundo volume compreende a análise de outros sete animais: asno, camelo, gato, golfinho, morcego, raposa e rato.

Procuramos abranger uma ampla gama de dados, desde o plano biológico e concreto até o psíquico e abstrato. A pesquisa foi organizada em duas grandes partes: principais características biológicas e simbolismo.

Na primeira, além dos aspectos anatômicos e fisiológicos, procuramos ressaltar os dados etológicos – ou seja, relativos aos hábitos de cada animal e à acomodação ao meio ambiente –, os quais consideramos os mais relevantes.

Na segunda, pesquisamos lendas, contos, mitos, histórias, sonhos e fantasias das mais diferentes origens, com o intuito de conhecer o simbolismo específico de cada animal. Demos ênfase à busca de material da cultura brasileira. Os dados encontrados foram reunidos em itens particulares a cada animal, observando-se, quando possível, uma certa ordem comum. Essa subdivisão foi sendo definida ao longo do trabalho, não decorreu de um método estabelecido *a priori*.

Os mitos de origem encabeçam o simbolismo, seguidos de temas que tratam de qualidades associadas a conteúdos da psique humana tais como: aspectos materno e paterno, maléfico e benéfico, poder de cura e relação com a morte. Também foram pesquisadas as representações dos animais como deuses ou seus companheiros, animais fantasmagóricos e os que se destacaram por alguma qualidade especial na história mítica da humanidade. Forma, tamanho e cor, entre outros atributos, também foram subdivididos em itens de acordo com as projeções mais encontradas. Observaram-se ainda as relações com o homem e com outros animais. Tivemos como foco principal a interpretação desses dados e relações segundo a abordagem junguiana.

Essas interpretações, feitas à luz da psicologia analítica, tiveram como objetivo estabelecer uma ponte entre símbolos do inconsciente coletivo e o indivíduo dos dias de hoje.

Este livro, portanto, pretende colaborar para a ampliação do autoconhecimento pela compreensão das relações homem–animal – uma unidade indissolúvel e fundamental para o equilíbrio ecológico.

Ao se perguntar de onde vem e para onde vai, o homem depara com o mistério da vida e da morte, sem perceber a participação do animal como seu companheiro nessa trajetória.

Na história contemporânea, só agora a humanidade desperta para a força dessa ligação e seu significado no processo do desenvolvimento humano. E foi com esse propósito que escrevemos este livro.

A BALEIA

▼

Ordem: *Cetacea*
Família: *Balaenopteridae*

Principais características biológicas

A baleia é o maior animal existente e tem uma vida média de 20 a 30 anos. Seu comprimento varia de nove a 24 metros; seu peso, de quarenta a cinqüenta toneladas. No entanto, há espécimes da baleia azul com mais de 33 metros de comprimento e pesando vinte vezes mais que um elefante.

Acredita-se que as baleias tenham sido animais terrestres, que depois se adaptaram ao meio aquático. Seu esqueleto ainda mostra vestígios de falanges, há muito atrofiadas, nos membros anteriores e posteriores. Outros dados, todos eles comuns aos mamíferos terrestres, vêm corroborar essa hipótese: o fato de ser vivípara e amamentar o filhote, o número de vértebras cervicais, a temperatura de corpo e a função respiratória.

A baleia tem a pele lisa e sem pêlos. Algumas espécies, como a cinzenta, apresentam pregas na garganta, na barriga e nas nadadeiras dorsais. Há, na estrutura anatômica interna, pequenas extremidades dianteiras e minúsculos vestígios ósseos de extremidades posteriores, os quais, em conjunto com as nadadeiras dorsais, funcionam como órgãos de equilíbrio e direção. A coluna vertebral é o principal elemento de força. A barbatana caudal, horizontal, executa movimentos de baixo para cima e atua como órgão de propulsão. Para aumentar a velocidade de deslocamento, a baleia é capaz de contrair e relaxar a musculatura, facilitando assim a movimentação na água.

Trata-se de animal de sangue quente, que respira sem a ajuda de guelras, e é perfeitamente adaptado à vida aquática. Ao submergir, pode sustar a respiração por até sessenta minutos. Quando na superfície, respira de trinta a quarenta vezes antes do próximo mergulho. Em uma única inspiração consegue renovar até 90% do conteúdo pulmonar, acumulando o oxigênio também na pele e nos músculos. O ar aquecido, já contido sob pressão, quando expelido de encontro ao ar frio, condensa-se e forma uma coluna de vapor que é soprada a uma altura de até seis metros.

A baleia se comunica emitindo sons metálicos. Muitos pesquisadores estudam os mais freqüentes, que parecem servir de orientação nas grandes viagens migratórias. Descobriu-se que a cada estação todas as baleias "cantam" os mesmos sons, repetindo-os seguidamente. Os associados ao ritual de acasalamento são emitidos pelo macho; ainda não se conhece com certeza o comportamento da fêmea nessa ocasião. Outros que vêm sendo estudados são os sons emitidos pela baleia quando ferida e próxima da morte. Alguns pesquisadores levantaram a hipótese de que as histórias de navios-fantasmas teriam sido criadas com base no terror que os marinheiros sentiam ao ouvir os sons emitidos por esses animais ao rondar o casco dos navios.

A audição da baleia é bastante aguçada para os sons transmitidos através da água. Seus ouvidos, adaptados às grandes profundidades e protegidos da pressão da água, se desenvolveram ao longo do processo de adaptação à vida marinha. As baleias podem se comunicar por ultra-som, e talvez sejam capazes de ouvir a centenas de quilômetros de distância. Elas se orientam na água por um sofisticado sistema de sonar.

Os olhos são pequenos, dispostos lateralmente, também adaptados à visão submarina, protegidos por uma substância oleosa e resistentes a grandes pressões.

Somente algumas espécies, como o cachalote, têm dentes; as outras apresentam lâminas fibrosas ou barbatanas alinhadas nas mandíbulas. A baleia desliza pela água com a boca entreaberta, utilizando as barbatanas como um filtro para escoá-la.

A alimentação consiste em pequenos animais e vegetais marinhos. Uma baleia adulta chega a ingerir dez toneladas de plâncton por vez, armazenando o excesso sob a forma de gordura. Na época que precede as migrações, elas se alimentam abundantemente, a fim de armazenar energia suficiente para o percurso até as águas tropicais, onde irão invernar. Esse excedente servirá, ao mesmo tempo, para assegurar sua procriação.

A baleia vive em bandos, e demonstra afeição pelos membros do grupo. Isso se observa, por exemplo, quando uma fêmea ferida recebe ajuda dos machos e não é abandonada até a morte. Pesquisas recentes revelam vários outros comportamentos de companheirismo e senso grupal entre elas.

Habitando todos os oceanos, os bandos de baleias fazem a migração partindo do Hemisfério Norte no outono, em busca das águas mais quentes do Hemisfério Sul. É nessa época que ocorre o acasalamento, no qual o macho permanece sob a fêmea, que se mantém à tona da água.

A gestação dura cerca de um ano. O filhote nasce com quatro a cinco metros de comprimento e está apto, logo depois, a nadar ao lado da mãe. É amamentado por mais de seis meses, e o leite materno não é sugado, mas impulsionado pela mãe para dentro de sua boca, de modo a não se misturar com a água. Dependendo da espécie, um filhote chega a mamar quinhentos litros de leite por dia e engordar quatro quilos por hora na fase de crescimento.

A mãe se torna feroz quando seu filhote é ameaçado ou ferido, atirando-se corajosamente contra o agressor. A vida do filhote depende da proteção e do cuidado intensivo prestados pela mãe, pois logo ele deverá estar suficientemente forte para a travessia de retorno às águas mais frias. Durante essa viagem, mãe e filho nadam lado a lado, escoltados por outra baleia que nada por baixo deles. Como a criação do filhote exige inúmeros cuidados, o intervalo entre as gestações é de dois ou três anos, o que implica um lento crescimento populacional. O filhote é considerado adulto entre 6 e 8 anos de idade.

As baleias são brincalhonas, e revelam no trato com o homem um comportamento não agressivo e uma delicadeza surpreendente para um animal de seu tamanho.

A orca é um de seus maiores inimigos. Alguns autores a consideram um tipo de baleia; outros a vêem como um delfinídeo. Extremamente voraz, a orca mede de seis a nove metros de comprimento e ataca em grupo baleias de dimensões bem maiores que as dela própria. Ao ver um bando de orcas, a baleia se aterroriza e foge para águas rasas, onde encalha e morre ou, paralisada pelo medo, vira de barriga para cima, tornando-se um alvo fácil.

Outro predador da baleia é o homem, que a captura para obter o óleo, usado na confecção de sabão, tintas e vernizes; os ossos, para cola ou gelatina; o âmbar, para cosméticos e perfumes; a carne, para alimento; e as barbatanas, para chicotes e leques. Até o século XIX, o óleo e as barbatanas eram usados para iluminação e nos espartilhos, respectivamente.

Há quatro mil anos os homens vêm perseguindo as baleias. Até o século XIX, ainda havia um certo romantismo heróico. A caça realizada nas baleeiras, pequenas embarcações a remo, prometia muita aventura e riqueza a quem dela participasse. O arpoador, além de forte, tinha de ser muito hábil e corajoso, pois a baleia, quando atingida pelos arpões, dava saltos espasmódicos e violentos e distribuía golpes mortíferos com a cauda; chegava a dobrar o corpo de tal modo que a cabeça e a cauda se tocavam.

A partir do início do século XX, começou a ser usado o baleeiro a vapor com um canhão arremessador de arpão. O moderno arpão de ar comprimido infla a carcaça da baleia, impedindo-a de afundar. Os baleeiros foram aumentando gradualmente de tamanho, e hoje são chamados navios-fábricas, nos quais é possível esquartejar o animal, separar todos os subprodutos em poucas horas e conservá-los em enormes câmaras frigoríficas até o final da expedição.

Alguns países ainda insistem na caça em escala industrial, apesar do interesse crescente pela proteção às baleias desde os anos de 1970 e do sistema de quotas estabelecido no plano mundial. De acordo com as recentes normas internacionais, a caça à baleia fica restrita aos povos que, como os esquimós, dela dependem tradicionalmente para sua subsistência.

Simbolismo

MITOS DE ORIGEM

Os mitos de origem da baleia concentram-se entre os povos do Canadá e do Alasca. Entre os esquimós, existe o mito de Sedna, a "velha do mar" ou "deusa do mar". Sedna e seu pai estão em alto-mar e são perseguidos por gaivotas, que provocam uma tempestade para vingar a morte de uma delas. Para aplacar sua cólera, o pai atira Sedna ao mar, mas ela se agarra às bordas do barco. O pai corta suas primeiras falanges que, ao caírem na água, transformam-se em baleias. Mas Sedna continua agarrada ao barco. Ele lhe corta as segundas falanges e depois as mãos, que se transformam, por sua vez, em diferentes tipos de focas. E assim passa a tempestade.

De acordo com o mito da criação dos esquimós siberianos, o Grande Corvo foi o primeiro habitante da Terra. Para ter o que comer, ele e a mulher criaram vários animais com as lascas de diferentes árvores. As baleias teriam se originado das lascas da bétula negra rasteira, jogadas pelo Grande Corvo em um rio e levadas pela correnteza até o mar.

Entre os índios canadenses, existe esta lenda: depois de criar todos os outros animais, o índio Natasayana esculpiu a baleia no tronco de um cedro. Deu-lhe o nome de Skana, e mandou que se alimentasse de todos os peixes, mas não fizesse mal aos homens.

Outra lenda canadense sugere a origem da atual coloração da orca. A antiga, toda preta, queria voar. Para satisfazer o desejo, fez amizade com a águia e trouxe à tona todos os peixes, especialmente o salmão, oferecendo-os à águia. Em troca, esta jogou ao mar flores e frutos para que a orca os conhecesse. A amizade entre elas se fortaleceu. Certo dia, a orca deu um salto prodigioso e conseguiu tocar o corpo da águia. Desse contato nasceu uma pequena orca preta com a barriga branca – tal como a ave. Esse filhote, embora não pudesse voar, saltava mais alto que qualquer outro peixe e, por ser o fruto do amor entre criaturas de dois mundos diversos, tanto ele como seus descendentes amavam todos os seres. Desde então, quando ouvem o som das flautas das mulheres da costa oeste do Canadá, as orcas e as águias se aproximam e retribuem com seus sons plenos de amor e verdade. A música das mulheres, das orcas e das águias une as três realidades. É como se, naquele instante, toda a criação se tornasse una. Diz a lenda que a orca, ao ir embora, respinga água sobre as mulheres; essa água seria uma espécie de bênção, uma vez que o corpo da orca expressa a combinação do amor de duas realidades.

ASPECTO MATERNO

Como símbolo, a baleia está predominantemente associada ao dinamismo matriarcal. Por sua forma e tamanho, ela é o útero e a caverna que engolem o herói em sua jornada pelo processo de individuação.

Um símbolo mundial da Grande Mãe é o sinal oval pontiagudo, conhecido como *vesica piscis* ("vaso de peixe", em latim), o vaso que carrega o germe da imortalidade e tem forma análoga à da baleia. A baleia representa aquela que traz em seu ventre uma nova energia a ser desenvolvida. Em grego, "peixe" e "útero" eram sinônimos, e *delphús* era a palavra para ambos. O oráculo délfico primitivo pertencia à deusa-peixe abismal, sob o nome pré-helênico de Têmis, freqüentemente encarnada em um grande peixe, baleia ou golfinho.

A baleia é o animal que simboliza o útero ctônico, associado ao mito do eterno retorno ao ventre materno. Algumas deusas-mãe, como Mamacocha, eram cultuadas na forma desse animal (ver "Deuses-baleia").

O feminino, em seu aspecto de Grande Mãe, contém tanto o pólo positivo-nutridor como o negativo-destruidor. É simbolicamente representado por vaso, caverna, ventre, terra, abismo e natureza. Erich Neumann associa a baleia ao símbolo do materno que, como "dragão-baleia", está relacionado com o caráter elementar negativo da Grande Mãe como deusa terrível. De um lado, portadora da morte, da destruição e da ruína, ela é a "baleia-dragão", que na história de Jonas engole o herói-solar, mas, de outro, possibilita seu renascimento.

Os índios da costa oeste dos Estados Unidos usavam como totem sua imagem esculpida na madeira. Num desses totens, a baleia é representada com uma foca na boca e, na barriga, com uma marta e um corvo alimentando-se dos peixes por ela engolidos. Nos rituais mágicos, o balançar do totem punha em perigo as canoas inimigas. Nesse contexto, a baleia representa força, proteção e nutrição, ligando-se com o princípio feminino e uterino.

Na lenda canadense da baleia-orca, Henry era um filhote muito atrevido. Sua mãe, amorosa e paciente, passou a vida ensinando o filho a evitar apuros. Mas Henry não tinha medo de nada, até que depara com o homem. Desobediente, cai em sua armadilha e só consegue escapar com muita astúcia, lembrando-se dos conselhos da mãe.

Essa lenda ilustra o pólo positivo do materno, que nutre e fornece recursos para o crescimento do filho, permitindo-lhe enfrentar satisfatoriamente as ameaças do mundo.

CONTINENTE, TOTALIDADE E SUPORTE DO MUNDO

Por seu tamanho gigantesco, a baleia costuma ser associada às idéias de grandeza, força e poder. Em razão do impacto dessas características, encontram-se em diferentes povos muitas lendas e superstições criadas em torno dela. Peter France, em *An encyclopaedia of Bible animals*, relaciona o "dragão do mar" com a baleia, ao referir-se à passagem bíblica (Ez 32,2) em que o profeta Ezequiel leva ao faraó a mensagem do Senhor, dizendo que o homem se assemelha ao "leão das gentes e ao dragão que está no mar".

A baleia é vista como um dos animais que sustentam o mundo. Na mitologia árabe, a enorme baleia Bahamut suporta o peso da Terra e, induzida por Iblis, o demônio, tenta desvencilhar-se dessa carga. Acreditava-se que seus esforços para se libertar do peso causavam os terremotos.

Numa leitura analítica, o enorme tamanho da baleia reporta o indivíduo à sua real dimensão, perante a força e o poder da natureza. A relação com esse aspecto pode induzir no homem sentimentos de pequenez e insignificância ou uma identificação onipotente, reveladora de inflação egóica. Nesta última situação, o homem estaria possuído por sentimentos de grandiosidade e poder.

A forma ovóide do corpo da baleia simboliza a união do céu à terra, do mundo de cima ao mundo de baixo, símbolo da totalidade que se relaciona, na psicologia analítica, com o conceito de *Self*. A baleia também é vista como possuidora do germe da imortalidade, quando associada, por sua semelhança, à Arca de Noé (ver "Morte e ressurreição").

Edward F. Edinger (1976: 18) faz uma associação análoga: "O mar e a baleia suscitam os mesmos temores e evocam os mesmos avisos, porque são imagens diferentes, simbolizando o mesmo fato psíquico: ambos representam a psique inconsciente individual, que contém as energias aborígenes da vida numinosa estranha e terrível. O mar é o inconsciente coletivo e as baleias, que nele habitam, seus conteúdos maiores, os arquétipos".

ASPECTO ENGANOSO E MALÉFICO

A baleia também simboliza aquele que se disfarça e engana. Associada ao diabo e ao inferno no simbolismo hebraico-cristão, suas mandíbulas são portões abertos para o outro mundo e seu ventre é o próprio inferno, a tal ponto que desde a Antiguidade vem sendo equiparada ao Leviatã. Etimologicamente, a palavra hebraica *liwjathan* significa "aquele que se recolhe nas dobras" ou "animal que se enrosca", o que sugere uma forma serpentina. A imaginação bíblica iria posteriormente transformar o Leviatã num gigantesco animal aquático, identificado com a baleia e o crocodilo.

Em diferentes lendas medievais, a baleia simboliza o ser diabólico que se disfarça. Acreditava-se que, por seu tamanho e forma, e também por per-

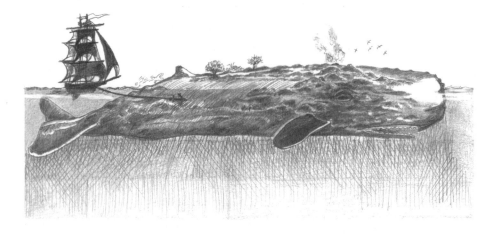

manecer muito tempo parada em um mesmo lugar, cresciam arbustos e ervas em seu dorso, tornando-a semelhante a uma ilha. Os marinheiros a confundiam com terra firme e se refugiavam em seu dorso, nela atracando seus barcos. Mas, quando acendiam fogo para preparar a refeição, o calor fazia a baleia submergir, carregando consigo marinheiros e embarcações.

Há um único relato, nesse contexto, em que a baleia não levou o homem para a sepultura. Pelo contrário, ajudou-o. É o caso de Santo Brendan, irlandês que em busca do paraíso atracou nas costas de uma baleia, pensando ser uma rocha. O santo conseguiu domá-la e fazer que ela o ajudasse.

O aspecto enganoso da baleia também fica evidente na crença de que sua boca emite um odor adocicado para atrair os peixes pequenos e devorá-los. Em uma interpretação religiosa, ela estaria associada ao demônio, que seduz e atrai as pessoas ingênuas e de pouca fé para as profundezas do inferno.

O ventre da baleia, associado ao inferno e à sepultura, causa inconsciência e morte. Na Bíblia (Jn 2,3) encontra-se: "Do fundo das entranhas do peixe, Jonas fez esta prece ao Senhor, seu Deus: 'Em minha aflição, invoquei o Senhor, e ele ouviu-me. Clamei a vós do meio do ventre do sepulcro, e ouvistes minha voz'".

Em outras culturas, o aspecto maléfico da baleia está diretamente relacionado com poderes mágicos. O povo Haida, da costa oeste canadense, dizia ter apenas um medo na vida: da orca, a "baleia assassina". Eles acreditavam que as baleias tinham poderes sobrenaturais e viviam em cidades submarinas, em profundos labirintos que lhes permitiam penetrar em canais sob as montanhas. Perseguiam os homens que se aventuravam ao mar, arrastando-os para as profundezas e transformando-os em baleias. Outra de suas lendas conta que a mulher de um pescador, por ter matado uma lontra, foi arrastada para o fundo do mar por uma baleia, e lá aprisionada. Outra história relata como a orca enganou o homem: ela se transformou em mulher e casou-se com ele, mas continuou o relacionamento sexual com o "marido-baleia". De modo análogo, no folclore da Amazônia, o boto – que, tal como a baleia, pertence à ordem dos cetáceos – sai do rio à noite e se transforma em um belo homem, que seduz as moças das redondezas. Vem daí a expressão popular "filho do boto", que designa a pessoa cuja paternidade é desconhecida.

A mitologia dos índios Pericu, da Califórnia, atribui à orca os aspectos maléficos da magia. Temida e sempre presente no cotidiano desses indígenas, a orca tem seu lugar em vários de seus mitos. Conta a lenda que Niparaya, deus criador do céu e da terra, entrou em disputa com Wac, um dos poderosos habitantes celestes. Wac foi derrotado, perdeu seus poderes, foi expulso do céu juntamente com seus seguidores e condenado a caçar orcas e mantê-las aprisionadas em uma caverna subterrânea. Diz a lenda que desde então os bons e sensíveis seguiram Niparaya, ao passo que os adeptos da magia ficaram ao lado de Wac.

A relação da baleia com a magia também aparece no folclore escocês: acredita-se que as bruxas podem se metamorfosear nelas.

SALVADORA E GUIA

Na mitologia indiana, a baleia é Matsya Avatara, o grande peixe que salva a barca de Manu, o "pai dos homens". Tal como o Noé hebreu, Manu ouve o conselho de Matsya Avatara e reúne um casal de cada ser e mudas de todas as plantas em uma grande barca, para salvá-los do dilúvio. Quando as águas sobem, o grande peixe-baleia surge para rebocar a barca e levá-la até um lugar seguro. Manu reconhece nesse animal uma encarnação de Vishnu, deidade que assume várias formas a fim de salvar a humanidade.

No Vietnã Central encontra-se a tradição de utilizar os ossos da baleia em importantes rituais, pois lhe é atribuída a condição de ser divino do mar, que tem a função de guiar as embarcações e protegê-las do naufrágio. No Vietnã do Sul, temos a "Criança Divina", libertadora do mundo, que é trazida ao povo por uma baleia.

No Canadá, são freqüentes as lendas em que a baleia surge como amiga e auxiliadora nos momentos de grande perigo. Uma dessas lendas conta que, durante uma tempestade, o capitão invocou a ajuda das baleias; elas impediram que o barco encalhasse na areia e o conduziram ao porto.

Uma versão da lenda do povo Haida (ver "Aspecto enganoso e maléfico") conta que uma mulher foi raptada por uma lontra e aprisionada no fundo do mar. A baleia teve pena dela, levou seu marido no dorso até o esconderijo da lontra e o ajudou a libertá-la.

É provável que a baleia seja vista como salvadora e guia em virtude de sua força e do formato arredondado de seu corpo, que lembra o materno protetor.

Portanto, ela representa a força que, quando positivamente canalizada, conduz e dirige a psique para o plano consciente (terra firme), salvando-a de uma imersão no inconsciente. Entretanto, como mostramos em "Aspecto enganoso e maléfico", quando essa força é malconduzida, ela pode levar ao "naufrágio", isto é, à "morte do ego", provocando um processo psicótico.

VORACIDADE

O aspecto voraz atribuído à baleia deve-se ao seu grande tamanho físico e à imensa quantidade de alimento por ela ingerido.

Em vários contos ela é punida por sua voracidade, muitas vezes com a limitação de movimentos. No poema russo "Kaniok Garburok", de Jershoff, a baleia fica imobilizada depois de ter engolido uma frota de navios. Ivan, o herói do poema, precisa descobrir o paradeiro de um anel caído no mar, para entregá-lo ao czar. A baleia comanda a busca ao anel e, quando este é encontrado e entregue a Ivan, liberta-se da maldição; depois de expelir a frota, ela consegue movimentar-se novamente.

No conto popular brasileiro *A goela e o rabo da baleia*, Nosso Senhor fica aborrecido com sua voracidade e a castiga: torna-a mais lenta, torcen-

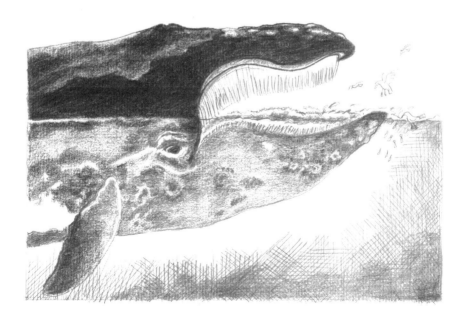

do-lhe o rabo e virando a barbatana para baixo. Ela também foi punida por Santo Antônio, quando engoliu uma estátua deste que caiu no mar; como castigo, ele a fez engasgar e estreitou sua goela, só lhe permitindo comer peixes pequenos.

No linguajar popular brasileiro, o termo "baleia", no sentido pejorativo, também é usado para designar uma pessoa gorda, obesa. Assim, a voracidade tem sempre uma conotação negativa e seu possuinte se torna passível de punição, sendo uma delas a restrição dos movimentos.

De modo geral, a voracidade está associada à sensação de um enorme vazio projetado na região do abdômen. Nesses casos, o indivíduo sente que, por maior que seja a quantidade de alimento ingerido, há sempre um "buraco" não preenchido. Essa insaciabilidade é indiscriminada, sendo provavelmente reflexo de uma necessidade afetiva básica não satisfeita, relacionada com o complexo materno.

MORTE E RESSURREIÇÃO

Na luta pela conquista e manutenção da consciência, o herói se relaciona com a baleia de dois modos: a entrada no ventre da baleia e a caça a ela.

A viagem dentro da baleia

A entrada do herói no ventre do monstro marinho e sua ressurreição ao sair dele representam sempre um ritual de iniciação.

Ventre, vaso, caverna, útero – analogias com o mundo das trevas e da escuridão, símbolos da inconsciência matriarcal. O herói capturado vence os perigos, conquista a morte e renasce da baleia, "iluminado" por uma nova mensagem. O ato de entrar no ventre desse animal, e de lá sair renascido, transforma o homem em herói, como relatam vários mitos, lendas e contos de fada.

No Antigo Testamento, o profeta Jonas é devorado por um grande animal marinho (baleia), que depois o vomita na praia. Havia sido punido por se negar a pregar as profecias divinas; agora, ele cumpre sua missão sem quaisquer dúvidas.

No Novo Testamento, Cristo, como modelo de herói, passa três dias e três noites no centro da Terra: "Assim como Jonas esteve no ventre da baleia três dias e três noites, assim estará o Filho do Homem, três dias e três noites no seio da Terra" (Mt 12,40).

Frobenius, citado inúmeras vezes por Carl Gustav Jung e Nise da Silveira, coletou, em suas viagens pela África e Oceania, diversos mitos e lendas sobre a trajetória do herói solar. Neles, o tema básico gira em torno deste, que é tragado por alguma espécie de monstro marinho e consegue se libertar, acendendo uma fogueira ou cortando fatias da sua carne para comer. O calor intenso no ventre da baleia faz que o herói perca o cabelo, vencendo o mundo infernal e renascendo como um bebê. A analogia da baleia com a mãe nutridora é ainda reforçada pelo fato de que o herói, durante a jornada, se alimenta de suas entranhas.

Na mitologia indiana, encontramos a história de Hanuman, divindade popular com forma de macaco, que entra pela boca do "grande-peixe" e, conforme diferentes versões, sai pelo rabo ou pela orelha, ou é vomitado.

No mito polinésio de Rata, Nganaoa enfrenta vários inimigos em sua viagem pelo mar. Ao deparar com a baleia, usa os arpões para impedir que ela feche a boca, e então entra nela e lá encontra seus pais. Nganaoa ateia fogo na gordura da baleia. A dor a faz nadar até a praia, e Nganaoa e seus pais se salvam, escapando por sua boca.

De modo similar, o herói finlandês Ilmarinen é engolido por um peixe gigantesco e depois renasce. Uma variante da lenda sugere que o peixe é na realidade o gigante Hiisi, deus do mal da Finlândia.

A mesma idéia surge em *As aventuras de Pinóquio*, a história infantil de Carlo Collodi: o menino-boneco encontra e resgata o pai, Gepeto, do ventre da baleia, numa jornada que faz parte de seu processo de humanização.

Carl Gustav Jung, em *Símbolos de transformação*, diz: "É fácil entender o que a luta contra o monstro marinho representa: é a batalha pela libertação da consciência do 'eu' das amarras fatais do inconsciente. O preparo do fogo no ventre do monstro é um indício disso. É uma magia apotropaica dirigida contra as trevas do inconsciente. A salvação do herói é ao mesmo tempo um nascer do Sol, o triunfo do consciente".

No Alasca, encontramos a lenda da origem da luz do dia, que exemplifica a interpretação de Jung: o corvo está andando na praia e entra pela boca da baleia. Faz fogo em seu estômago, cozinhando todos os peixes que ela ingere. Quando acaba a comida, o corvo começa a comer pedaços do estômago da baleia, até matá-la. Chegando à praia, o corvo canta, até que alguém o ouve e vem abrir a barriga do animal, libertando-o. Nesse momento, surge a luz e tudo se ilumina.

O mitólogo Joseph Campbell (1990: 155) diz: "A personalidade consciente entra em contato com uma carga de energia inconsciente, que não é capaz de controlar, precisando então passar por toda uma série de provações e revelações de uma jornada de terror noturno, enquanto aprende a lidar com esse poder sombrio, para finalmente emergir rumo a uma nova vida".

A caça à baleia

As primitivas caças à baleia sempre estiveram associadas a rituais mágicos, tanto pelos perigos envolvidos como pela importância da carne e do óleo para diferentes povos. Desse modo, desenvolveram-se diversos cultos associados a essa atividade.

Entre os esquimós do Alasca e do Nordeste da Sibéria, o baleeiro tinha um papel hereditário e muito próximo ao do xamã, sendo-lhe atribuído o poder de ter revelações e realizar rituais de iniciação. Era um perito na questão dos tabus referentes à estação de caça à baleia.

Alguns rituais se realizavam antes da caça, objetivando o seu sucesso. Em muitas comunidades, a castidade do chefe tribal era um fator dos mais importantes. Na Groenlândia, era essencial realizar um ritual de purificação antes de sair à caça da baleia, ficando dela excluído quem estivesse com vestimentas sujas ou tivesse tido contato com cadáveres. Os caçadores de baleias siberianos faziam orações expiatórias, procurando pacificar a "mãe-baleia" cujos descendentes iriam matar.

Outros rituais ocorriam depois da caça. Os esquimós do Estreito de Bering suspendiam todo e qualquer trabalho durante os quatro dias que se seguiam à morte da baleia, pois acreditavam que seu espírito ainda estaria vagando em volta de seu corpo nesse período. O povo que habitava a região hoje chamada Vietnã tratava as baleias com todo o respeito, mesmo que estivesse morta na praia. Seu corpo era sempre incinerado em elaboradas cerimônias, que incluíam queima de incenso e fogos de artifício.

Os esquimós da costa do Alasca possuíam vários rituais associados à caça e captura da baleia. Eles os iniciavam com uma pantomima rítmica, na qual a baleia abatida era representada por uma mulher. Depois aspergiam o gelo com cinzas para afugentar os espíritos do mal e, antes de atirar o arpão, cantavam músicas em homenagem à baleia. Enquanto ela era rebocada até a praia, o povo fazia cerimônias de recepção, que variavam de acordo com cada comunidade.

No Canadá, na bacia de Foxe, os homens e meninos dançavam nus, com máscaras de madeira que chegavam até os ombros. Na ilha Príncipe de Gales, as mulheres dos baleeiros iam ao encontro dos barcos em trajes cerimoniais, dançando e cantando, ao passo que meninos e meninas desenvolviam danças gestuais na praia. Depois, dentro de um círculo formado pelas grandes costelas da baleia, a mulher do baleeiro e as crianças realizavam uma dança de regozijo. Na costa oeste da baía de Hudson, a festa comunitária, com danças, cantos, jogos e rituais xamanísticos, ocorria dentro de um círculo de ossos e pedras. Depois de três dias de luto para aplacar o espírito do animal, havia um banquete com danças frenéticas, no qual as mulheres usavam máscaras. Parte da carne da baleia era devolvida ao mar, pois esses povos acreditavam que assim o espírito do animal também lá retornava para renascer.

No contexto da psicologia analítica, a caça à baleia representa um processo de ampliação da consciência.

Se virmos o mar como uma representação do inconsciente coletivo, e a baleia como uma representação dos arquétipos, o desmembramento do animal se torna necessário, analogamente com o que ocorre com os conteúdos inconscientes, para que estes possam ser integrados à consciência. Ao interpretar o romance *Moby Dick*, Edward F. Edinger (1976: 30) sugere que a caça à baleia significa a possibilidade de transformar esses conteúdos e assimilá-los na consciência: "Elas têm de ser caçadas, mortas e desmembradas, para que as energias brutas e naturais possam ser transformadas e aplicadas para os usos da civilização, isto é, para os propósitos da personalidade discriminada consciente. Para o caçador de baleias, o herói, as baleias são uma fonte necessária e vital de energia que ilumina as lâmpadas da civilização" (ver "A baleia branca").

DEUSES-BALEIA

A baleia, como símbolo materno, está associada principalmente às deusas femininas da fertilidade e proteção; porém, na Polinésia, ela aparece como elemento masculino e destrutivo. Essas associações confirmam a propriedade de múltiplas polaridades inerente aos símbolos, tais como: masculino–feminino, positivo–negativo, criativo–destrutivo.

Apesar de ser um animal há muito conhecido do homem, durante muito tempo a baleia foi encarada como um peixe e não como um mamífero. A palavra árabe *nun*, por exemplo, tanto significa peixe como baleia.

Pode-se, assim, pressupor que os deuses chamados "grande-peixe" teriam provavelmente a forma de uma baleia. Entre eles encontramos a deusa-peixe pré-helênica Têmis e Kuan Yin, a Grande Mãe chinesa, freqüentemente representada por uma deusa-peixe, responsável pela vinda das crianças ao mundo, conhecida como "a senhora que traz as crianças" e "a encarnação do princípio *yin*", cujo útero seria o "frasco dourado" que gerou a todos.

Os deuses-baleia propriamente ditos são os seguintes.

Derceto

Deusa do mar, deusa-peixe babilônica, conhecida como "Baleia de Der". Acredita-se que Derceto tenha sido a baleia que engoliu e fez renascer o deus solar Oanes. Uma versão dessa lenda surgirá mais tarde no Antigo Testamento: a baleia que engoliu o profeta Jonas. A mesma Derceto foi a mãe mítica da rainha Semíramis, a quem se atribuem a fundação da cidade de Babilônia e a criação dos jardins suspensos.

Na Síria, ela é Atagartis, deusa da fertilidade, que tem sido identificada com Ishtar-Astarte, a deusa semítica das águas e da fertilidade, pois onde ela era cultuada logo se desenvolvia também o culto a Atagartis.

Em Roma, Derceto era conhecida como Dea Syria e, na Beócia (Grécia), foi identificada com Ártemis.

Mamacocha

A baleia era adorada sob o nome de Mamacocha pelos índios das costas orientais da América Central e pelos pescadores da costa peruana. Mamacocha significa Mãe Marinha.

Sua origem é anterior ao ciclo dos deuses incas. Na mitologia inca, tornou-se a deusa da chuva e das águas, mulher de Viracocha, um dos filhos do Sol.

Tirinau

Deus marinho da Polinésia, que domina os peixes. Tirinau é considerado o espírito protetor da Nova Zelândia e tem a forma de baleia. Em algumas regiões é visto como o responsável pelas catástrofes marinhas. Cortejou e casou-se com uma mortal, com quem teve filhos.

A BALEIA BRANCA

A baleia branca, como símbolo de uma das maiores forças do Universo, pode ser encontrada no romance *Moby Dick*, de Herman Melville, que conta a história do capitão Ahab, em sua infatigável perseguição a uma gigantesca baleia branca, Moby Dick. A luta entre os dois tem sido interpretada como o eterno conflito entre o Bem (Ahab) e o Mal (a baleia), como a guerra no céu que precede a queda de Lúcifer. Para outros, a baleia branca seria o espírito da bondade absoluta, ao passo que o orgulhoso Ahab encarnaria o Mal.

Segundo Edward F. Edinger, a brancura da baleia leva à crença de sua imortalidade. Moby Dick representaria a alma coletiva da baleia e, portanto, seria sagrada e eterna: um símbolo do *Self* (ver "Morte e ressurreição – A caça à baleia").

PARTES DA BALEIA

As projeções sobre as partes da baleia referem-se, basicamente, à assimilação de poder e proteção. A baleia, por ser o maior animal da Terra, dotada de grande força e essencial para a sobrevivência de alguns povos, propicia as projeções de poder e proteção sobre algumas partes de seu corpo.

O ÂMBAR é uma substância cinzenta encontrada nos intestinos do cachalote, que se supõe ser um poderoso afrodisíaco. Segundo alguns estudiosos, estimula a atividade das faculdades intelectuais e a disposição para satisfação de desejos sexuais.

Os DENTES de baleia são usados desde o Período Neolítico como potentes amuletos. Os chefes de Tonga, Samoa e Fiji (Polinésia) usavam colares feitos com esses dentes, que se parecem com garras recurvadas, como sinal do alto cargo que ocupavam.

Na Índia, no Japão e na China, as jóias que garantem a realização de todos os desejos são consideradas "a pupila do olho de um peixe". Assim, os chineses atribuem "a luz enluarada das pérolas" aos OLHOS da baleia fêmea e do golfinho.

É bastante antigo o costume de carregar os OSSOS da espinha da baleia nas embarcações, evocando assim seu poder protetor. Esse costume já existia entre os ligurianos e cretenses e, com o curso das migrações humanas, chegou também à Califórnia e ao Peru.

Os povos do Alasca também usavam os ossos da baleia para demarcar os espaços sagrados.

No Vietnã Central, esses ossos são utilizados nos rituais que evocam proteção aos pescadores (ver "Salvadora e guia").

Em Tonga, Samoa e Fiji, as lascas de osso de baleia eram altamente valorizadas como talismãs pelos nativos, pois se acreditava que conferiam alguns dos poderes físicos do animal ao seu possuidor.

RELAÇÃO COM OUTROS ANIMAIS

A baleia e a águia

A relação entre elas se estabelece por uma mútua cooperação para alcançar um objetivo. São dois opostos que, juntos, lutam pela manutenção da totalidade. Um exemplo é a lenda canadense que sugere a origem da atual coloração das orcas (ver "Mitos de origem").

O conto *A bola de cristal*, dos irmãos Grimm, revela o mesmo tipo de relação entre a baleia e a águia. A história trata de um duplo enfeitiçamento. De um lado, a feiticeira transforma o filho primogênito em águia e o do meio em baleia, mas o caçula foge, tornando-se o herói da história; de outro, um bruxo transforma a jovem princesa em uma criatura de feiúra repugnante e a aprisiona no Castelo do Sol. Todos que tentam salvá-la encontram a morte. A meta do herói é salvar os dois irmãos e a princesa. Quando chega ao Castelo do Sol, ela lhe diz que para desfazer as maldições ele precisa trazer intacta a bola de cristal que está dentro de um ovo.

Depois de muitas aventuras, e com a ajuda do irmão-baleia e do irmão-águia, o herói resgata a bola de cristal e desfaz os feitiços. O conto termina, é claro, no casamento do herói com a princesa.

A baleia, o coelho e o elefante

A relação entre a baleia, o elefante e o coelho encontra-se associada às idéias de grandeza, força e tamanho, em oposição à esperteza.

Um conto tradicional da Louisiana, *O cabo-de-guerra entre o elefante e a baleia*, narra que os dois maiores animais do mundo resolveram dividir entre si seus domínios: a baleia governaria os mares e o elefante reinaria sobre a terra. O coelho escuta essa conversa e resolve castigá-los, usando um estratagema. Diz a cada um deles, em particular, que precisa de ajuda para tirar a vaca do atoleiro. Os dois animais aceitam que o coelho lhes amarre uma corda ao rabo. Mas, em vez de prender a corda na vaca, prende a baleia ao elefante. Depois de muito puxar em vão, os dois percebem o logro e ficam furiosos. Para se vingar, tentam capturá-lo. Usando mais um truque, o coelho finge ser um cervo ferido que o diabo castigou por ter ameaçado um coelho. Com medo de também serem castigados pelo diabo, a baleia e o elefante deixam o esperto coelho em paz.

Na dinâmica psíquica, essa história mostra que a vivência unilateral da força e do poder (representados pela baleia e pelo elefante) pode levar à repressão do menor e mais frágil (coelho), fazendo emergir a sombra na qualidade da característica reprimida. No caso, a esperteza assimilada na consciência resultou no restabelecimento do equilíbrio de forças.

O CARNEIRO

▼

Ordem: *Artiodactyla*

Família: *Bovidae*

Principais características biológicas

O carneiro foi um dos primeiros animais selvagens a ser domesticado pelo homem, e é também considerado um dos mais preciosos, pela lã, carne, pelo couro e leite.

A criação de carneiros é incentivada pela docilidade, disciplina e forte instinto gregário desses animais. Eles se adaptam facilmente a qualquer tipo de terreno, facilitando o trato de grandes rebanhos. Sua boa adaptação a qualquer clima é favorecida pelo fato de sua lã ser um isolante térmico, tanto no frio como no calor.

Carneiros selvagens são encontrados na África e na Ásia; trata-se de espécimes difíceis de serem caçados, pois possuem boa acuidade visual e olfativa e escapam facilmente. Na África, o carneiro é chamado de arruí (ou audad ou udad) e chega a medir noventa centímetros de altura; o macho tem uma barba comprida e longos pêlos no peito e nas patas dianteiras. Na Ásia, encontra-se o argali (ou amon), tido como o maior carneiro selvagem do mundo, que alcança de 120 a 140 centímetros de altura; seus chifres, espiralados, chegam a 180 centímetros de comprimento. Na fêmea, eles são menores ou ausentes.

Existem carneiros selvagens nas altas montanhas do Canadá, Estados Unidos, México e Europa. O carneiro montanhês da América do Norte tem uma espécie de "almofada" nas patas, o que lhe torna mais fácil saltar e escalar as montanhas. Seu salto pode cobrir uma distância de até seis metros.

O carneiro doméstico se diferencia do selvagem por ter a lã mais fina. Sua cor pode variar entre o branco, o castanho, o cinza, o preto e o mesclado. Sua altura é de cerca de sessenta centímetros, com oitenta centímetros de comprimento, e peso variando de sessenta a oitenta quilos. Em algumas raças, tanto o macho como a fêmea têm chifres; em outras, só o macho os apresenta; e há ainda raças em que ambos são mochos. A alimentação consiste de ervas e brotos de arbustos.

Em geral, o pastor costuma escolher uma fêmea para liderar o rebanho. Isso facilita o controle, pois ele conduz uma só ovelha, que é seguida por todas as outras fêmeas, e atrás delas vêm os cordeiros e carneiros. O carneiro se isola apenas quando ferido, doente ou desgarrado do rebanho.

Na época do acasalamento, chega a investir duramente contra seu rival e combater durante horas pela fêmea escolhida, mas suas marradas não causam danos sérios.

A ovelha tem vida fértil de aproximadamente cinco anos. Por volta dos 2 anos de idade, ela tem o primeiro filhote. O período de gestação dura cinco meses, e em geral nascem dois ou três cordeiros.

Os grandes inimigos do carneiro são o lobo, o coiote, o cachorro-do-mato, a jaguatirica e as aves de rapina. Quando criado em fazendas ou granjas, ele pode ser morto por um cão de médio porte, uma vez que fica totalmente inerte ao ser atacado – apenas se deita e se deixa abater.

Simbolismo

MITOS DE ORIGEM

No Ocidente, uma das origens míticas do carneiro remonta a Adão e Eva: por um ato mágico de Adão, que bateu três vezes com um bastão de vime num lago, o carneiro foi o primeiro animal a sair das águas, branco e manso, provedor de leite e lã.

Segundo a cosmogonia védica, Prajapati, o Senhor da Criação, reproduziu vários animais valendo-se de seu corpo; o carneiro teria se originado da orelha.

As tribos cabilas do Norte da África assim explicam a origem de seus rebanhos ovinos: com farinha e água, a Primeira Mulher moldou uma ovelha, cuja cabeça ficou negra porque suas mãos estavam sujas da fuligem do fogão, e colocou-a, ainda úmida e mole, numa gamela forrada com cevada, que aderiu à sua carne e transformou-se em lã. No dia seguinte, moldou um carneiro, curvando seus chifres para baixo, a fim de não ferirem ninguém. Enquanto o colocava na gamela, ouviu o balido da ovelha feita na véspera. No terceiro e quarto dias, fez outra ovelha e outro carneiro, ambos inteiramente brancos. Os vizinhos ouviram os balidos, ficaram intrigados e foram ver o que estava acontecendo. A Primeira Mulher lhes disse que era o pão gritando no forno. Mas depois os animais cresceram e saíram para pastar. Os vizinhos, que nunca tinham visto aquele tipo de animal, foram perguntar à Primeira Mulher de onde eles vinham. Relutante, ela lhes disse que os fizera com massa de pão e restos de cevada, e sugeriu que tentassem fazer o mesmo. Muitos tentaram, mas nada conseguiram. Aqueles quatro animais cruzaram e tiveram crias.

VÍTIMA SACRIFICIAL

Desde os tempos mais remotos, o carneiro sempre foi um animal essencialmente sacrificial para diferentes povos nas mais diversas regiões.

Na Babilônia, para expiar os pecados do reino, o cordeiro era sacrificado durante as comemorações do Ano-Novo. No Oriente Próximo, na Grécia, em Roma, no Islã, na África e no Egito, ele era imolado em rituais de oferenda aos deuses, ou para promover a fertilidade.

A *Odisséia* conta que Ulisses sacrificava ovelhas negras para alimentar e libertar os espíritos.

Em Argos, no templo de Apolo, um carneiro era sacrificado uma vez por mês, à noite, e uma mulher casta bebia de seu sangue, tornando-se assim profetisa por inspiração divina.

Nos rituais em homenagem a Dioniso, relacionados à sua morte e ressurreição, atirava-se um carneiro imolado às águas do lago Alcione, para que o deus, ao emergir, ressuscitasse do mundo dos mortos (ver "Deuses associados ao carneiro – Dioniso").

Na Tessália e Beócia (Grécia), costumava-se sacrificar o próprio rei em homenagem a Zeus. Nas culturas primitivas, o sacrifício do rei e de seus filhos baseava-se na crença de que eles eram responsáveis pelo clima e pelas colheitas. Com o passar do tempo, esse costume modificou-se, e os povos começaram a imolar um carneiro em lugar do governante.

Em Tebas (Egito), via-se o carneiro como um animal sagrado. Seu sacrifício só ocorria em datas determinadas, e a pele era colocada sobre a estátua de Ámon.

Nas cerimônias tribais africanas de purificação, o carneiro era sacrificado para "redimir" o homem que tivesse matado alguém. Em um ritual da tribo Bageshu, o assassino untava o corpo com as vísceras do carneiro sacrificado, esfregava as tripas na entrada de casa e jogava o estômago sobre o telhado. No dia seguinte, podia voltar ao lar e reintegrar-se na tribo.

Nos povos Madi ou Moru da África Central, costumava-se matar um carneiro de modo sacramental, com diferentes objetivos: trazer alegria a uma família em situação difícil ou afligida de doenças; alegrar as reuniões de amigos ou familiares; festejar a volta de um filho depois de longa ausência.

Nos rituais da chuva dos Wambugue, povo Banto da África Oriental, o feiticeiro abria o estômago de um carneiro preto ao amanhecer e espalhava as vísceras em todas as direções. Depois, colocava água e certos medicamentos em um recipiente; se a magia tivesse êxito, esse líquido entraria em ebulição e as chuvas viriam.

Já os Wagogo, também da África Oriental, sacrificavam um carneiro preto na sepultura dos ancestrais para trazer chuvas.

No candomblé, culto afro-brasileiro, o carneiro é sacrificado durante o ritual de iniciação dos *eléguns* (pessoas que podem ser possuídas pelo orixá), substituindo o sacrifício humano. Nesse rito, depois da purificação do iniciado, o sangue do carneiro é derramado sobre ele e, em seguida, o animal é degolado e o orixá "possui" a pessoa, que então se torna *elégun*. Este se apodera da cabeça do carneiro, segurando-a pelos dentes, enquanto desenvolve uma dança alucinante ao som dos atabaques; acabada a dança, solta-a e desmaia. O carneiro também está associado a Xangô, e é sacrificado em sua homenagem nas festas de final de colheita. A cabeça cortada do animal é apresentada a todos os *eléguns*, mas somente um deles será "possuído" por Xangô. O eleito pega a cabeça, leva-a à boca e lambe-lhe o sangue. O transe subseqüente é bastante violento. Esse *elégun* escolhido será a "encarnação" de Xangô durante os dias da festa.

Os carneiros tinham importância fundamental para os hebreus primitivos, povo nômade, pois garantiam sua sobrevivência, proporcionando-lhes alimento e vestimenta, além da valiosa função religiosa de animal sacrificató-

rio preferido. Os hebreus distinguiam-se dos outros povos de sua época, praticantes dos sacrifícios humanos, por oferecerem em holocausto um animal em vez de uma pessoa – seu deus compreendia e aceitava o sacrifício substituto. Dependendo do objetivo, o ritual hebreu incluía a oferenda de uma ovelha de 1 ano e sem manchas (para redenção dos pecados), ou de um carneiro imaculado (para obtenção da paz).

No Antigo Testamento, destaca-se o sacrifício realizado por Abel. O pastor ofereceu a Deus o melhor cordeiro de seu rebanho, ao passo que seu irmão Caim, lavrador, oferecia alguns frutos da terra. Diz o *Gênesis* que o Senhor não olhou para Caim nem para suas dádivas, mas viu com agrado a oferenda de Abel. Caim, cheio de raiva e inveja, matou o irmão.

Em outra passagem bíblica, Deus exige de Abraão, como prova de obediência, o sacrifício de seu bem mais precioso: Isaac, o único filho. Mas, no último instante, Ele segura a mão de Abraão e lhe diz para imolar um carneiro em vez do filho.

Entre os hebreus, o sacrifício do carneiro foi uma antecipação da imolação de Cristo. O cristianismo absorveu o simbolismo pagão do sacrifício animal e o carneiro passou a ser o símbolo do Filho imolado, que, segundo os textos bíblicos, pagou com a própria vida o pecado dos homens e os salvou para a vida eterna.

De acordo com a Lei Mosaica, oferecia-se sempre um cordeiro pela manhã e outro ao pôr-do-sol. A cada ano, as famílias hebraicas sacrificavam o cordeiro pascal e o ofereciam a Deus, em comemoração à libertação do cativeiro no Egito, em lembrança do sangue do cordeiro com o qual haviam marcado suas portas para serem poupados da última praga, o extermínio dos primogênitos.

Mais tarde, já estabelecido o cristianismo, o carneiro foi escolhido como imagem e símbolo de Cristo, morto na cruz para salvação da humanidade. Assim, era sacrificado como símbolo da redenção dos pecados, ou como glorificação a Deus. É provável que a Igreja, nos primórdios da era cristã, não ousasse representar o corpo da divindade sobre um instrumento romano de execução (a cruz) e tenha, desse modo, escolhido o carneiro como substituto. O costume de "crucificar" o carneiro persistiu por muitos anos, tanto no Ocidente como no Oriente. Este era o tema iconográfico mais comum entre os artistas cristãos dos primeiros séculos.

No cristianismo, a salvação humana é obtida pelo derramamento do sangue de Jesus Cristo, assim como o sangue do cordeiro libertara o povo judeu do cativeiro no Egito (*Pessach*, a Páscoa). Lembremos a passagem bíblica na qual Cristo e seus apóstolos, ao celebrar a Páscoa, comem o carneiro sacrificado. Foi nesse ritual que Cristo, ao instituir a eucaristia, substituiu a carne e o sangue do carneiro pelos seus próprios. Foi por essa razão que a Igreja estabeleceu, desde o início, uma relação entre o Cordeiro Pascal e Cristo e a eucaristia. Segundo os apóstolos João (Jo 1,36) e Paulo (1 Cor 5,7), a morte de Cristo reproduz o sacrifício do Cordeiro Pascal. João, também no Apocalipse, chama Cristo de Cordeiro de Deus.

Um dos presentes oferecidos no nascimento de Jesus foi um cordeiro com as patas amarradas, numa alusão ao seu futuro sacrifício. Mais tarde, segundo Isaías (Is 53,7), Cristo ofereceu-se sem resistência: "Foi maltratado e resignou-se, não abriu a boca, como uma ovelha que se conduz ao matadouro, ou um cordeiro mudo diante de quem o tosquia. Ele não abriu a boca".

Assim, no simbolismo cristão, o carneiro passou a representar uma fonte inesgotável de vida e luz, uma imagem que ilumina a alma e confere sabedoria. Na Idade Média, era costume ver sua imagem purificando as pias batismais e de água benta.

Se no cristianismo o sacrifício do carneiro significa o encontro com a divindade numinosa, em outras culturas talvez a substituição do homem por esse animal, nos mais diferentes rituais sacrificatórios, se deva à sua identificação com a fragilidade humana diante da natureza.

Logo, o sacrifício do carneiro pode representar a perda necessária para a transformação da consciência, quando o ego deve desapegar-se dos antigos valores e libertar-se para um novo estágio de desenvolvimento.

Em *The visions seminars*, Jung diz que o carneiro significa basicamente a inconsciência. O sacrifício de uma ovelha é sempre o de um impulso coletivo, ou seja, de uma atitude imitativa, da repetição do que todos fazem, da cegueira que impede uma visão discriminada, pessoal. Portanto, o sacrifício do carneiro refere-se ao surgimento do eu individual (ver "Partes do carneiro – pele").

PUREZA E OBEDIÊNCIA

Uma das mais importantes características simbólicas atribuídas ao carneiro branco refere-se às idéias de mansidão, pureza e obediência, tanto pelo comportamento pacato como pela cor. Essa relação aparece em sonhos, mitos, contos e lendas, ligada à idéia da criança pura e inocente. O hábito do carneiro de ajoelhar-se para mamar representa, para os chineses, um ato de submissão e piedade filial (ver "A cor do carneiro – Carneiro branco").

Na religião cristã, o cordeiro está relacionado com a figura de Jesus, aquele que se imolou pela humanidade, e representa seus seguidores, considerados pela Igreja homens justos e bons e chamados "cordeiros de Deus". Essa idéia já estava presente no Antigo Testamento. Nos Salmos (Sl 94,7), encontramos um exemplo de submissão do ser humano à autoridade divina: "Ele é o Senhor nosso Deus, e nós somos o povo de que Ele é o pastor, as ovelhas de seu rebanho".

Sabemos que, do ponto de vista do desenvolvimento da personalidade, o comportamento imitativo e adaptativo ao meio social é imprescindível para a estruturação do ego. As qualidades de submissão e obediência, quando bem integradas, indicam a capacidade egóica de se adaptar não só às exigências externas, sociais, mas também à autoridade do *Self*.

Entretanto, quando há uma identificação unilateral com esses aspectos, esses comportamentos se tornam defensivos, e paralisam a criatividade e o desenvolvimento. Um exemplo dessa unilateralidade é o indivíduo que se oferece para tarefas indesejáveis e desagradáveis, sacrificando-se sempre, comportando-se "como um cordeiro manso". Embora ele possa, com essa atitude, exercer um poder inconsciente sobre os outros, sua passividade pode lhe custar o "crescimento" e até mesmo a vida (ver "A cor do carneiro – Carneiro negro").

ASPECTO MALÉFICO E DEMONÍACO

Tal como os outros animais, o carneiro apresenta uma face maléfica e diabólica. O carneiro reprodutor é um dos animais favoritos para a prática da feitiçaria.

Ainda hoje a ovelha negra é associada ao demônio, às forças do mal e aos deuses telúricos. Um exemplo de seu poder destrutivo pode ser observado na luta do rei irlandês Cormac contra a província de Munster, que se recusava a pagar-lhe certos tributos. Cormac envia seus druidas acompanhados de ovelhas negras que, espicaçadas com aguilhões de ferro, destroçam o inimigo (ver "A cor do carneiro – Carneiro negro").

Na Bíblia, encontramos o Cordeiro do Apocalipse – com sete chifres e sete olhos –, único ser dotado de poderes para deslacrar o livro dos sete selos e vingar a morte dos santos e seguidores de Jesus. O cordeiro conquistou esse poder ao sair vitorioso do sacrifício a que foi submetido: "Digno é o cordeiro

imolado de receber o poder, a riqueza, a sabedoria, a força, a honra, a glória e o louvor" (Ap 5,12). Ele se apresenta com as características do vencedor belicoso, em que predominam sentimentos de ódio e vingança. Encontra-se ainda na Bíblia a afirmação de que os poderosos deveriam ocultar-se da ira do Cordeiro Apocalíptico. Como emissário do mal, é ele quem abre o livro dos sete selos e deixa sair a vingança, a peste e as catástrofes. C. G. Jung diz, em sua obra *Aion*, que o Cordeiro do Apocalipse é um animal demoníaco e não o passivo que se deixa conduzir docilmente ao matadouro. Logo, de acordo com a visão junguiana, o Cordeiro do Apocalipse seria o aspecto sombrio do cordeiro imolado.

Na dinâmica psíquica individual, esse mesmo cordeiro simboliza o aspecto da sombra reprimida, que freqüentemente irrompe na psique por meio dos sentimentos negativos. Essa dinâmica é comum entre as pessoas que, na ânsia de serem perfeitas, reprimem certos sentimentos genuínos por considerá-los negativos e imperfeitos. Com as atitudes de vítima e sacrifício, em geral coexistem sentimentos de ódio e desejos inconscientes de vingança, que são mantidos reprimidos e podem irromper bruscamente na psique, surgindo então o aspecto do Cordeiro Apocalíptico.

ASPECTO SOLAR E VIRIL

Como representante de Áries, primeiro signo zodiacal, o carneiro corresponde à ascensão do Sol e à passagem do frio para o calor e da escuridão para a luz. Simboliza a ressurreição e a fertilidade, como os primeiros brotos verdes que irrompem na Terra.

A força procriadora masculina aparece com exuberância nesse animal que, com impetuosidade, anuncia o início da primavera. Ele traz a renovação das energias da natureza e do mundo das idéias. Também está associado ao Sol, pois carrega consigo o poder do fogo original que derrete a neve do inverno. É uma chama simultaneamente criadora e destruidora, que se espalha em várias direções; criadora como transformação, destrutiva como impetuosidade cega e irrefletida. O signo de Áries, que rege os meses de março e abril, está associado ao deus grego Ares (Marte, para os romanos). O modo de luta dos carneiros – batendo cabeça contra cabeça – era visto como mostra de coragem e força guerreira, tanto que os bretões e germânicos deram o nome de *ram* (carneiro) ao aríete usado pelos gregos e romanos para derrubar muralhas ou portões. Essa antiga máquina de guerra consistia em uma pesada tora de madeira que tinha em uma das extremidades uma cabeça de carneiro de bronze ou ferro. As qualidades atribuídas ao signo de Áries são agressividade, impetuosidade, determinação, coragem, entusiasmo e vitalidade.

Na Idade Média, os homens que desejavam aumentar a fertilidade comiam os testículos do carneiro e o pó feito com os chifres e cascos, pois consideravam esse animal portador de grande poder viril. Na China, o carneiro ainda está ligado à idéia de propagação da vida e, tal como em antigas civilizações européias, é um talismã que assegura casamentos férteis e felizes. Os antigos egípcios acreditavam que a estátua sagrada do carneiro, no Templo de Mendés, dava fertilidade às mulheres. Também era comum, entre gregos e romanos, colocar a cabeça de um carneiro na ponta de certos amuletos fálicos, como representação do princípio reprodutivo.

A ligação com os elementos viris também se evidencia no sânscrito, em que a palavra *rama* tanto significa carneiro como marido e homem. Simbolismo semelhante é encontrado em outras mitologias, como a iraniana, a grega e a romana. O hieróglifo egípcio para carneiro, transcrito como *uram*, significa calor solar.

No mito grego de Eros e Psique, descrito por Apuleio nas *Metamorfoses*, o carneiro aparece como animal cuja lã queima como fogo e representa o poder destrutivo masculino para a mulher. Uma das tarefas da princesa Psique é

tosar os carneiros com lã de ouro que vagavam pelo bosque. Mas, para poder aproximar-se deles, precisa esperar o pôr-do-sol; em caso contrário, se queimaria por completo. Erich Neumann e outros autores interpretam essa tarefa como os cuidados que a mulher deve tomar ao se acercar da força masculina. Se for direta e impetuosa, será destruída pelo poder espiritual do patriarca; mas, se souber se aproximar indiretamente e em pequenos passos, ela usufruirá desse poder, e assimilará certas qualidades sem "queimar-se". É provável que o fogo do carneiro também represente a emoção, que arde mas traz luz. Aprender a esperar, aprender a usar o fogo para iluminar sem aquecer em excesso, parece ser a atitude feminina mais adequada para lidar com esse aspecto da masculinidade. Lembremos uma expressão popular: "Não esquenta, fica fria!", muito usada naquelas situações em que o descontrole emocional pode interferir na reflexão.

Os tártaros das estepes mongóis acreditavam na coragem de sua legendária heroína Kubaiko. Ao saber que a cabeça do irmão fora levada pelos demônios para as profundezas do mundo, ela não se intimidou. Saiu à sua procura e encontrou-se diante da Morte, o rei Irle Kan. A Morte lhe disse que, para salvar o irmão, ela deveria desenterrar o carneiro vermelho de sete chifres, que representa o Sol e os sete planetas. Kubaiko lutou com todas as forças, e conseguiu libertar o animal e arrancar o irmão das profundezas da noite.

Entre os hotentotes da Namíbia, encontra-se a lenda de Sore-Gus, o Carneiro-Sol. Giri, um caçador do deserto, vê um carneiro selvagem de longa lanugem que, ao Sol, brilha como ouro e parece emitir luz. Depois de muita perseguição, ele o mata. A caminho de casa, encontra um velho sábio, que lhe pergunta por que destruíra o poderoso Carneiro-Sol e lhe sugere voltar ao local onde o matara, não comer sua carne e orar para que ele ressuscite. Assim fez Giri e, para seu alívio, o carneiro luminoso voltou à vida e se levantou.

Nessas histórias, vemos que o carneiro solar, na medida em que representa a aquisição da consciência masculina, é sempre preservado ou resgatado. A relação adequada com esse aspecto no desenvolvimento da personalidade pode significar a renovação da energia, possibilitando a emergência de novas forças criativas.

PODER DE CURA

O poder de cura do carneiro geralmente era projetado sobre seu balido. As crianças atacadas de coqueluche eram levadas para perto desse animal, pois acreditava-se que ele, ao respirar sobre elas, absorveria sua tosse. O fundamento dessa idéia estava na crença de que o balir rouco do carneiro seria a tosse da criança, transferida para o animal. Entre povos pastoris, seu estrume era ingerido como fortificante e usado como emplastro para cicatrizar feridas.

PRESSÁGIOS ASSOCIADOS AO CARNEIRO

Na Inglaterra e Alemanha, acreditava-se que era sinal de sorte uma pessoa a caminho de casa encontrar um rebanho de carneiros. E teria prosperidade aquele que visse o primeiro cordeiro da primavera, desde que o animal estivesse com a cabeça virada para o lado oposto.

Na Alemanha, quem via um carneiro cruzar a frente de três cordeiros pretos podia esperar morte na família. Quando uma jovem queria saber o futuro, devia ir até o redil à noite, na véspera de Natal, e às cegas tocar um animal: cordeiro indicava casamento, ovelha pressagiava celibato.

Os ingleses previam o tempo observando o comportamento dos carneiros: se estavam quietos, tempo bom; em caso contrário, haveria vento e chuva.

DEUSES ASSOCIADOS AO CARNEIRO

O carneiro é tido como animal sagrado em diversas mitologias, e é sacrificado em rituais a diferentes divindades. É companheiro ou montaria de deuses gregos, védicos e tibetanos. Está associado principalmente aos deuses da criação, fertilidade e vegetação, e aos deuses protetores dos pastores e rebanhos.

Agni

Agni, deus védico regente do fogo, especialmente do fogo sacrificial, é representado muitas vezes em companhia de um carneiro. Nesse contexto, o carneiro revela o aspecto solar, viril e luminoso. Nos antigos cultos turanianos e bramanistas, o carneiro era símbolo e veículo de Agni. A associação entre o cordeiro e esse deus também transparece nas analogias fonéticas: *agnus* (latim), *anyell* (catalão), *agneau* (francês) e *agnello* (italiano).

Apolo

Apolo, deus grego com diferentes atributos, é considerado protetor dos rebanhos, em particular os de carneiros, defendendo-os dos lobos – neste contexto, é conhecido como "Apolo Carnio". Os dórios costumavam representar Apolo sob a forma de um carneiro.

Dioniso

O cordeiro é um dos animais sacrificados nos ritos do deus grego Dioniso. Todos os anos, na primavera, seus fiéis imolavam um desses animais para apaziguar Fílaco, guardião dos portões do inferno, na esperança de ver o reaparecimento desse deus (ver "Vítima sacrificial").

Hades

O carneiro negro é um animal sacrificado ao deus grego Hades, senhor dos infernos, cujo reino subterrâneo é habitado pelos espíritos dos mortos.

Hera

O carneiro, como símbolo de fertilidade, é consagrado a Hera, a primeira no panteão das deusas gregas. Regente dos nascimentos, ela é uma deusa lunar e Mãe Terra, cujo casamento com Zeus a transformou em grande deusa matriarcal (ver "Aspecto solar e viril").

Hermes

O deus grego Hermes, que recebe o epíteto de Crióforo, é muitas vezes representado carregando um carneiro sobre os ombros. Na origem, é um deus agrário, protetor dos pastores e rebanhos e tido como astuto e trapaceiro por ter roubado os bois de Apolo.

Khom-ma

O carneiro é a montaria da deusa tibetana Khom-ma, a velha Mãe Terra ou avó dos espíritos, que controla os demônios da Terra.

Pã

Pã, o deus-pastor grego, protetor dos pastores e seus rebanhos, possui aspecto fálico divino que torna fecundas as cabras e ovelhas.

Para seduzir a deusa lunar Selene, Pã se cobre com a pele de uma ovelha branca e a atrai para a floresta. Em outra versão, ele assume a forma de um carneiro branco para conquistá-la.

Seu culto é originário da Arcádia. Pã tornou-se mais tarde uma divindade incorporada ao séquito de Dioniso.

Posídon

O deus grego Posídon, senhor das águas subterrâneas e terrestres, dos terremotos e dos cavalos, enamorou-se da bela Teófane, princesa trácia. Raptou-a e a levou para a ilha mítica de Crumissa, no mar Egeu. Para enganar os muitos pretendentes que a buscavam, transformou Teófane em uma ovelha, e em carneiro a si próprio e a todos os habitantes da ilha. Os rivais chegam, não encontram Teófane e começam a matar os "carneiros" para comê-los. Posídon, furioso, transforma-os em lobos, que à noite uivam chamando pela princesa.

Da união de Posídon e Teófane nasceu o carneiro Crisómalos (ver "O Velocino de Ouro").

Zeus

O carneiro é um animal consagrado a Zeus, como deidade solar associada aos poderes de crescimento e fertilidade.

CRISTO, O "CORDEIRO DE DEUS"

Na religião cristã, o cordeiro é o símbolo de Cristo no que se refere aos aspectos da pureza, da mansidão e de vítima sacrificial. O cordeiro de Cristo representa o Messias e a Páscoa. Cristo crucificado é o cordeiro sem mancha que se sacrifica pelos pecados do mundo, como diz o evangelho de São João Batista: "Eis o Cordeiro de Deus, que tira o pecado do mundo" (Jo 1,29).

No Apocalipse, o cordeiro que representa Cristo revela os segredos do livro do julgamento e seu sangue liberta as forças que destroem o universo. Ele é considerado o rei daqueles que permaneceram puros porque "[...] lavaram as suas vestes e as alvejaram no sangue do Cordeiro" (Ap 7,14).

Na arte cristã, há várias representações de Cristo como carneiro, entre elas o carneiro na cruz e o Cordeiro Divino rodeado por doze pequenos cordeiros. É também representado pelo redentor da humanidade e fonte de luz. Cristo também está associado à figura do pastor, que conduz o rebanho ou socorre a ovelha desgarrada, o pecador.

A astrologia considera que o nascimento de Cristo, na transição da constelação de Áries para a de Peixes, representa o último carneiro sacrificado e o primeiro peixe de uma nova era. Essa observação astrológica simboliza a passagem de um nível coletivo de consciência mais indiferenciada, representado pelo carneiro passivo, para um nível coletivo de consciência mais discriminada, que emerge da figura do peixe (ver "Vítima sacrificial").

DEUSES-CARNEIRO

Importantes deuses assumem a forma de carneiro ou são representados com a cabeça desse animal. Na Índia, a palavra *ram* (carneiro reprodutor) é usada freqüentemente para designar deus ou divindade e, no Antigo Egito, era sinônimo de alma.

Ámon

O carneiro é consagrado ao deus egípcio Ámon, que é representado com a forma desse animal, como pode ser visto no Templo de Karnak, próximo de

Tebas. Em muitos monumentos, o deus Ámon aparece com corpo de homem e cabeça de carneiro.

Inicialmente adorado em Tebas, ele ocupa alto posto na hierarquia dos deuses egípcios, e absorve a identidade de Shu (deus do vento) e de Ra (o deus-sol). Daí originou-se o deus Ámon-Ra, que aparece com a cabeça adornada por um círculo solar. O carneiro, por ser a representação do próprio deus Ámon, era o animal sagrado dos tebanos e de todos os egípcios; seu sacrifício ocorria apenas uma vez por ano, no festival dedicado a Ámon. A pele do carneiro adornava a imagem do deus, e o animal era enterrado em uma tumba sagrada. Essa morte não representava um sacrifício propriamente dito, mas o desaparecimento do próprio deus e a garantia de sua ressurreição.

Avis

Avis é a ovelha divina que, de acordo com as escrituras sagradas hindus, identifica-se com a Terra e é consagrada a Varuna, deus védico da criação e responsável pela manutenção da lei e ordem do mundo e dos ritos sacrificiais.

Baal-Hamon

Baal-Hamon é o deus fenício dos céus e da fertilidade, cujo culto teve origem em Cartago. É representado por um ancião com barba e chifres de carneiro, sentado em um trono cujos braços são formados por duas cabeças desse animal. Os romanos o identificavam com o deus Júpiter Ammon, nome dado por eles ao deus egípcio Ámon.

Herishef

Herishef, deus egípcio venerado desde os primórdios da Dinastia I e provavelmente um deus do rio Nilo, aparece representado com cabeça de carneiro. Os gregos deram-lhe o nome de Harsaphes e o identificaram com Héracles.

Janus

O deus romano Janus, a quem se consagra o mês de janeiro, é o deus das portas e entradas, e às vezes aparece representado com chifres de carneiro, sendo um voltado para trás e outro para frente.

Khnum

Khnum, o deus-carneiro por excelência, originário da região das cataratas do Nilo, criador de outros deuses e dos homens, é representado com corpo de homem e uma cabeça de carneiro ornada com longos chifres espiralados. Deus da fertilidade, também era sua função formar os filhos no ventre materno.

Min

Min, o deus egípcio da procriação, em geral é representado com cabeça de carneiro. Personificação do princípio masculino, ele é às vezes representado pelo falo. Está associado ao céu e ao raio, mas também à chuva e à fertilidade; o festival em sua homenagem coincide com a época das colheitas. Como deus da fertilidade, associa-se à energia sexual e, nesse sentido, identifica-se com o deus grego Pã.

Osíris

Osíris, deus egípcio da morte e ressurreição, aparece sob a forma do carneiro sagrado Mendés, quando este encarna a alma do deus. A princípio um deus agrário, simbolizava o espírito da vegetação e representava os cereais, os vinhedos e as árvores.

Sua morte e seu renascimento estão associados às enchentes e vazantes do Nilo. Como deus solar, identifica-se com a face noturna do Sol.

Sin You

Sin You é uma ovelha divina do Japão que exerce a função de juíza, poupando o inocente e condenando o culpado.

O VELOCINO DE OURO

Segundo a mitologia grega, o Velocino de Ouro nasceu da união de Posídon com Teófane. Ainda segundo a lenda, ele salvou Frixo e Hele – filhos do primeiro casamento de Átamas, rei de Tebas – do ódio e ciúme que por eles sentia a madrasta. As crianças escaparam da morte graças ao Velocino, que as conduziu pelos ares sobre terra e mar. Hele sentiu vertigens e caiu, mas o irmão chegou a salvo a Cólquida. O carneiro foi sacrificado em honra a Zeus, e seu tosão de ouro ficou sob a guarda de um dragão. Em outras versões do mito, o Velocino é dedicado ao deus Ares e pendurado numa faia ou carvalho, no bosque consagrado ao deus da guerra.

A expedição dos Argonautas teve início quando Jasão recebeu a tarefa de conquistar o Velo de Ouro para recuperar seu reino.

A COR DO CARNEIRO

As cores do carneiro estão associadas aos movimentos de rotação e translação da Terra. O carneiro branco é o que sai do estábulo ao raiar do dia; o dourado é aquele cuja lã recebe os raios dourados do alvorecer; e o carneiro negro, o que surge quando o Sol se oculta na noite.

Associado ao movimento de translação, o cordeiro negro nasce durante a noite mais longa do ano (solstício de inverno), tornando-se cada vez mais imaculado, até vir a ser um cordeiro puro.

São freqüentes os relatos sobre a mudança de cor dos carneiros. Aristóteles, ao falar dos animais, descreve essa mudança nos carneiros que bebem a água de certos rios. Lendas galesas e irlandesas falam de carneiros que mudam de cor ao cruzar os limites entre o mundo terrestre e o celestial. As ovelhas brancas que se tornam negras simbolizam as almas que descem dos céus para a terra; por sua vez, as ovelhas negras que se tornam brancas seriam as almas que ascendem da terra para os céus.

Essa freqüente mudança de cor está relacionada a três diferentes aspectos e naturezas do carneiro: preto, o que se oculta nas trevas, revestindo-se de uma forma demoníaca; dourado, o que assume uma forma divina; e o branco, que está associado à Lua.

Carneiro branco

O carneiro branco personifica a inocência, a doçura, a pureza e a obediência. É, ainda, símbolo da vítima sacrificial alva e sem manchas, como o Cordeiro Pascal. É oferecido em holocausto desde a Antigüidade. A *Ilíada* menciona o sacrifício de um carneiro branco ao Sol, durante a cerimônia de juramento de Menelau e Páris, que antecede o duelo pela posse de Helena.

Na religião islâmica, um cordeiro branco é imolado ao término do ramadã (nono mês do ano muçulmano, considerado sagrado), em comemoração ao sacrifício de Abraão.

Os Kalmuk consagravam o carneiro branco "carneiro do céu" ou "carneiro do espírito". Esse animal era criado por eles com todo o zelo e, quando envelhecia, era sacrificado e a carne, servida em um banquete (ver "Vítima sacrificial").

Segundo o folclore do Maranhão, existe a história do gigantesco carneiro branco com uma estrela brilhante na testa, que costuma aparecer durante a noite: é o espírito de um monge que foi assassinado por ladrões interessados nas esmolas e no ouro que trazia consigo (ver "Pureza e obediência" e "O carneiro fantástico").

Carneiro dourado

O carneiro com pêlo (velo, velocino ou tosão) de ouro é um ser mítico encontrado com freqüência na mitologia grega (ver "O Velocino de Ouro").

O cordeiro dourado, *agnus dei*, é símbolo de felicidade, poder e riqueza. Na religião católica, usa-se muito uma medalha benta, com o seu símbolo, para proteção contra diversos males e perigos.

No Piauí, encontra-se o mito do Carneiro de Ouro, um ser fantástico que simboliza a riqueza (ver "O carneiro fantástico").

Carneiro negro

Em contraposição ao puro e divino cordeiro branco, o carneiro negro é o símbolo do pecador, do mal e do diabólico. Era oferecido em sacrifício aos deuses telúricos e do mundo subterrâneo, entre eles Gaia e Hades. A *Ilíada* conta que, ao lado da ovelha branca imolada ao Sol, uma ovelha negra foi sacrificada à Terra antes do combate entre Menelau e Páris.

Em uma de suas formas, o carneiro mítico grego tem o pêlo escuro e chifres dourados, que derramam tesouros e/ou ambrosia sobre a Terra.

Os pastores europeus costumam vigiar em particular as ovelhas negras de seus rebanhos, acreditando que elas, de algum modo misterioso, estão relacionadas com o demônio e as forças do mal. Já mencionamos as lendas irlandesas sobre os druidas, que as espicaçavam com aguilhões de ferro, antes de lançá-las contra o inimigo, e os ritos da chuva da África Oriental (ver "Vítima sacrificial" e "Aspecto maléfico e demoníaco").

Na Idade Média, as feiticeiras exaltavam as almas com o sacrifício de cordeiros pretos.

É importante dar um destaque especial à ovelha negra, devido ao seu simbolismo peculiar. É a que se desgarra do destino comum, do rotineiro,

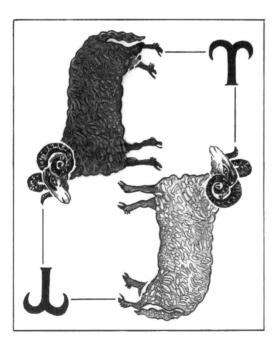

do habitual. É muito comum a expressão "ovelha negra da família" para designar o indivíduo que não se comporta como o restante do "rebanho", não segue a "ovelha-guia"; essa pessoa se rebela contra as convenções e rompe as leis sociais e familiares, e é muitas vezes considerada inadaptada e incapaz de correção. O "rebanho" costuma acreditar que ela terá um destino terrível.

Uma música brasileira, muito popular entre os jovens da década de 1970, retrata esse tema:

> Levava uma vida sossegada
> Gostava de sombra e água fresca
> Meu Deus quanto tempo eu passei
> Sem saber
> Foi quando meu pai me disse filha
> Você é a ovelha negra da família
> Agora é hora de você assumir
> E sumir
> Baby, baby,
> Não adianta chorar, oh não
> Tire isso da cabeça
> Ponha o resto no lugar
> Baby, baby
> Não vale a pena esperar, oh não
> Quando alguém está perdido
> Procurando se encontrar.
>
> (Rita Lee, "Ovelha Negra")

Um exemplo de ovelha que se desgarra do coletivo para seguir o próprio caminho é encontrado na história infantil de Sílvia Orthof, *Maria vai-com-as-outras*: a ovelha chamada Maria sempre acompanhou obedientemente o rebanho, mas um dia, comendo jiló, ela se perguntou por que deveria fazer o que os outros faziam, se não gostava daquilo. Mais tarde, quando todo o rebanho se atira morro abaixo, ela pára e se recusa a segui-los; optou por seguir a própria vontade... e foi a única a se salvar.

O indivíduo identificado com a ovelha negra traz à tona a sombra familiar e/ou coletiva. De um lado, é possível que ele aja apenas de modo defensivo, inadaptado, opondo-se sistematicamente à autoridade e aos valores, sem elaboração ou reflexão e, portanto, sem crescimento pessoal.

De outro, o dinamismo da "ovelha negra" pode ser um elemento transformador, que gera o novo, o criativo. E ser inovador pode trazer, como conseqüência, o risco da marginalização e do sacrifício. O artista, por exemplo, que apresenta uma mensagem nova, desafiando os padrões culturais vigentes, é passível de discriminação e preconceitos.

A dinâmica da "ovelha negra" é necessária em diferentes momentos do desenvolvimento egóico, para que o equacionamento individual possa ocorrer. A possibilidade de tornar-se "si mesmo" depende, em parte, da escolha de deixar de ser a ovelha mansa e passiva, rompendo com os complexos parentais, com as normas e leis.

PARTES DO CARNEIRO

Os CHIFRES dourados do carneiro mítico grego, como já foi dito, derramam tesouros e ambrosia sobre a Terra.

Os chifres eram um atributo dos reis e guerreiros da Antigüidade, que os usavam no capacete. Vários deuses, em diferentes mitologias, usam chifres dos mais diversos animais, como símbolo de grandeza, superioridade,

poder e autoridade. Dentre os que apresentam chifres de carneiro, temos: Baal-Hamon, Janos, Khnum e Min. Em uma das primeiras representações celtas há uma serpente com chifres desse animal, companheira freqüente do deus da guerra e que lhe atribuía grande poder guerreiro (ver "Deuses-carneiro").

No Antigo e no Novo Testamentos, usavam-se trombetas feitas de chifres de carneiro para anunciar a palavra do Senhor. Josué tocou-as e derrubou as muralhas de Jericó. Até hoje o toque do chofar (do hebraico *shofar*), instrumento de sopro feito com o chifre do carneiro, encerra as celebrações do Ano-Novo judaico.

Existem hoje muitas divergências quanto à interpretação do significado dos chifres. Por um lado, podem ser vistos como ambivalência e forças regressivas; por outro, como abertura e iniciação. É nesta segunda categoria que se encontra o mito do carneiro com o velo de ouro. Para C. G. Jung, o simbolismo dos chifres pode representar os opostos. Em função de sua forma e força de penetração, significariam o princípio masculino e ativo; por sua abertura (um receptáculo), significariam o princípio feminino e passivo. Os chifres do carneiro têm características solares. Simbolizam a virilidade, a força, a coragem e a potência, e muitas vezes representam o falo (ver "Aspecto solar e viril").

Os tibetanos costumavam colocar sobre a porta das casas, além de outros objetos, uma espécie de candelabro contendo o CRÂNIO de um carneiro. Com isso, acreditavam impedir a entrada de maus espíritos que, assim enganados, descarregariam sua ira sobre esses objetos e não sobre os moradores da casa.

Durante os seis primeiros séculos da era cristã, a iconografia costumava mostrar uma vasilha de leite ao lado de um carneiro: o leite, que representava a eucaristia, era de ovelha e não de qualquer outro animal. Era o emblema da doutrina que nutria a mente cristã e também a eucaristia, alimento da alma.

Entre islandeses, escoceses, eslavos meridionais, beduínos e mongóis, era freqüente o uso dos OSSOS do carneiro, principalmente a omoplata, em rituais mágicos.

Na Escócia, a omoplata do carneiro negro era raspada para fins divinatórios. Em outra prática, uma pessoa segurava um osso de carneiro por cima do ombro esquerdo, enquanto outra analisava e interpretava aquilo que era revelado pelas linhas e sombras.

Segundo Cavendish (1970: 2.560), em *Man, myth and magic*, a mulher inglesa repete um ritual originário de épocas muito remotas. Acredita que o namorado voltará se ela perfurar uma omoplata de carneiro com uma faca, ao mesmo tempo em que entoa este sortilégio: "Não é este o osso que eu quero perfurar / mas o coração de [...] que quero tocar / Esteja ele acordado ou dormindo / para mim há de voltar".

Em Hierápolis (Egito), realizavam-se rituais em que uma pessoa, vestida com a PELE do carneiro, servia de substituta do animal sacrificial. Ela comia a carne do carneiro e se ajoelhava sobre a pele deste, reconhecendo com esse gesto sua submissão ao deus, tanto quanto o animal sacrificado àquele mesmo deus (ver "Vítima sacrificial").

Na *Eneida*, Virgílio relata que algumas sacerdotisas dormiam sobre peles de carneiro, a fim de manter diálogo com os deuses.

A pele do carneiro era usada para a produção do pergaminho. Depois de esfolar o animal, ela era preparada com alume (uma substância mineral, popularmente conhecida como pedra-ume), para dar longa durabilidade aos escritos. Os judeus viam o pergaminho como protetor da verdade e o usavam para esconder o tabernáculo.

Desde a Idade Média, os TESTÍCULOS do carneiro são vistos como poderoso afrodisíaco (ver "Aspecto solar e viril").

RELAÇÃO COM OUTROS ANIMAIS

Observando a relação do carneiro com outros animais, vê-se que as projeções básicas dele referem-se aos aspectos de submissão, fragilidade, falta de defesa e proteção, e carregam fortemente a face do bem.

O cordeiro e a águia

Simbolicamente, o cordeiro opõe-se à águia. Segundo certas crenças populares, quando um cordeiro é apanhado por uma águia, isso mostra que uma alma foi vitimada pelo demônio. O oposto simboliza uma alma enaltecida celestialmente.

O carneiro e os animais ferozes

Uma história popular ilustra a passividade do carneiro diante de animais ferozes: alguns carnívoros (leopardos, hienas e leões) costumavam atacar os rebanhos de cabras, bodes, ovelhas e carneiros. O bode reage e procura o carneiro, para juntos elaborarem um plano de defesa, mas o carneiro não acredita que algo possa ser feito e, além disso, teme que a situação fique ainda pior. O bode resolve agir sozinho e consegue afugentar os carnívoros. O carneiro então resolve imitá-lo. Contra-ataca, mas, ingênuo, distrai-se e é morto pelo leopardo. Tudo volta a ser como antes: quando os carnívoros atacam, os bodes e cabras fogem em disparada, num imenso alarido. Já os carneiros e ovelhas não reagem; morrem em silêncio, sem se defender (ver "Pureza e obediência").

O carneiro e o bode

A diferenciação de carneiro (ovelha) e bode (cabra) significa a separação entre o bem e o mal.

O cordeiro e o leão

Quando aparecem juntos, o cordeiro e o leão significam a paz e o estado de graça. Nas imagens cristãs, a relação entre eles surge de uma oposição simbólica. Em uma igreja da Armênia, o *agnus dei* é mostrado dentro de um círculo, com a inscrição: "Eu sou a morte da morte. Chamam-me cordeiro, sou um leão forte".

O carneiro e o lobo

Entre o carneiro e o lobo, existe sempre uma relação de vítima e agressor, de bem e mal.

O carneiro só vence o lobo quando se alia a outros animais. Um conto russo mostra o cordeiro amigo do touro; juntos, matam o lobo com violentas marradas. Uma variante desse conto diz que o gato se alia ao cordeiro contra o lobo; o cordeiro ataca o lobo e o gato o arranha até sangrar. Numa terceira versão, o cordeiro, o bode e o gato se aliam contra os lobos.

Na conhecida fábula de La Fontaine *O lobo e o cordeiro*, aquele acusa este de ter poluído as águas que bebia. O cordeiro prova sua inocência, com uma argumentação justa e lógica, mas termina devorado pelo lobo (ver "O lobo – Relação com outros animais").

O CARNEIRO FANTÁSTICO

São várias as lendas sobre carneiros fantásticos, nascidos de frutas e legumes. Na Grécia, na Índia e na antiga Rússia, há lendas sobre um carneiro, de carne saborosa, que nasce de grandes melões; ao amadurecer, esses frutos se abrem e deles salta um pequeno cordeiro que tem o umbigo ligado à terra por uma raiz. Quando essa raiz seca, o animal está pronto para ser comido. Diz-se também que sua pele serve para fazer excelentes gorros e casacos, muito apreciados pela maciez. Outra versão dessa lenda é encontrada na região da Moscóvia: ali havia pepinos grossos e lanudos, muito parecidos com cordeiros, que eram devorados pelos lobos.

O folclore hebraico fala de um carneiro mágico, que é dado a um pobre por quatro seres da floresta. O animal era bondoso e atendia a todas as necessidades do homem, e também arranjava comida para seus filhos.

Na Costa da Guiné, existe o conto de um tempestuoso carneiro lendário, com lã dourada e flamejante. Forte e destrutivo, era capaz de derrubar ou incendiar casas. Por isso, os chefes da aldeia o mandaram para o céu, de onde ele retornava sob a forma do relâmpago.

No Maranhão conta-se a história, já citada, do monge que foi assassinado por ladrões quando levava o saco de esmolas para o mosteiro. Depois os assaltantes se arrependeram e enterraram o corpo junto com o ouro. À noite, os viajantes vêem um gigantesco carneiro com uma estrela luminosa na testa: o monge e o tesouro (ver "A cor do carneiro – Carneiro branco").

Uma versão dessa história é encontrada no Piauí: um enorme e luminoso carneiro dourado aparece tanto de dia como à noite, balindo ao lado de uma corrente de ferro sob a qual estaria enterrado um grande tesouro. Quem o vê vai correndo até a vila buscar ajuda para carregar o tesouro, mas quando volta ao local o carneiro e a corrente desapareceram (ver "A cor do carneiro – Carneiro dourado").

E conta-se em Pernambuco que na Serra Talhada havia um reino encantado: uma gruta de morcegos, onde vivia um carneiro de ouro em companhia de uma jibóia. Esta, na verdade, era uma princesa enfeitiçada.

O CAVALO

▼

Ordem: *Perissodactyla*

Família: *Equidae*

Principais características biológicas

A origem do cavalo remonta ao Paleolítico, quando era caçado e servia de alimento. Ao final daquele período, depois das grandes glaciações e do desaparecimento dos mamíferos gigantes, o cavalo, livre de seus predadores, saiu das florestas para os prados. É no Período Mesolítico que o homem começa a domá-lo e usá-lo como montaria e animal de tração.

Em princípio, o cavalo existia tanto no Velho como no Novo Mundo mas, por razões ainda obscuras, desapareceu das Américas Central e do Sul e só foi reintroduzido na época dos descobrimentos pelos povos ibéricos. Alguns deles, soltos nos campos, voltaram à vida selvagem. As únicas raças que sempre foram selvagens são as dos cavalos das estepes, Tarpã e Przewalski (a primeira já extinta e a segunda atualmente em extinção).

Acredita-se que o cavalo começou a ser domesticado há quatro mil anos. O mais antigo desenho de um deles arreado data de 2000 a.C. Foi introduzido no Egito antes de 1600 a.C. e geralmente se aceita que os arianos foram os domadores de cavalos que revolucionaram a guerra nos tempos antigos, levando grandes impérios à derrota e criando novos domínios. Quando entraram na Índia, os arianos tinham carruagens e garanhões. Entretanto, pesquisas recentes realizadas pela Universidade da Califórnia, tendo como base modernas técnicas de análise que avaliam as marcas inconfundíveis deixadas pelo efeito corrosivo do metal nos dentes desses animais, levantam a hipótese de que o cavalo teria sido domesticado há seis mil anos. A confirmação dessa suposição pode trazer importantes contribuições históricas, entre as quais a compreensão da rápida e ampla influência exercida sobre os europeus e indianos pelos povos das estepes eurasianas, que dominavam a arte e a técnica de cavalgar. Essa influência consistiria na transformação de padrões lingüísticos e, principalmente, na transmissão do conhecimento da arte de montar.

O cavalo, forte e veloz, transformou profundamente a vida do homem no que diz respeito à locomoção, ao transporte de cargas pesadas e à agricultura. Distâncias antes percorridas a pé foram encurtadas com o seu uso.

O desenvolvimento das diversas raças eqüinas deve-se às diferentes necessidades humanas: cavalos de grande porte para sustentar o cavaleiro e a armadura na época medieval; rápidos e resistentes para a vida no deserto; leves e velozes para o esporte e a caça; fortes e robustos para tração etc.

A altura média do cavalo atual é de 150 centímetros, tendo como extremos os 180 centímetros do puro sangue inglês e os sessenta centímetros do pônei inglês. A vida média é de 30 anos, e ele alcança a maturidade por volta dos 4 ou 5 anos. Em geral, a idade pode ser avaliada pela evolução dentária. O cavalo tem audição, paladar e olfato bastante desenvolvidos.

Tem os maiores globos oculares dentre os mamíferos terrestres e boa capacidade de visão noturna. Os movimentos oculares são independentes, o que lhe permite focar duas direções ao mesmo tempo, resultando em grande amplitude visual. Move os olhos para os lados, para a frente e um pouco para trás, com visão binocular da área à sua frente e visão monocular das áreas laterais.

O casco é como uma unha enorme e muito dura, que cresce e precisa ser aparada nos cavalos domésticos. Quando em estado selvagem, o casco constitui proteção suficiente para as patas, mas, em terrenos duros e pavimentados, é preciso protegê-lo com a ferradura.

A corte sexual geralmente é iniciada pelo garanhão, que, em liberdade, tem cerca de doze éguas em seu "harém". Antes da cópula, ocorre um ritual de aproximação por meio do olfato e de mordidas.

O período de gestação dura onze meses. Pouco depois do nascimento, o filhote já se levanta desajeitadamente e tenta mamar. O desmame ocorre de forma gradual e termina entre 6 e 8 meses de idade. O cavalo é um animal basicamente herbívoro, exceto na infância. A égua é muito zelosa de sua cria e o potro a acompanha em todos os momentos; na ausência da mãe, procura uma substituta.

No processo de domesticação, a castração do macho é freqüente e tem por objetivo torná-lo mais dócil e adequado a diferentes funções. O cavalo é o animal que mais tem prestado serviços ao homem, acompanhando-o ao longo de toda a sua evolução. Para usá-lo como meio de transporte, ele é adestrado utilizando freios e rédeas; o freio é colocado na boca, sem tocar os dentes, na região sensível o bastante para perceber as menores variações dos movimentos das rédeas, pelas quais são transmitidas as ordens do cavaleiro.

Dos tempos mais remotos até os nossos dias, existe, em certas regiões rurais da Inglaterra, uma elite de domadores de cavalos conhecida como "sussurradores". Os membros desses grupos exercem sobre esses animais um poder que é visto como sobrenatural. Além de dominar o cavalo mais intratável, esses homens também conseguem, se assim o desejarem, paralisar seus movimentos – o que já foi considerado encantamento mágico. Segundo recentes investigações dessa prática, a verdadeira fonte de poder dos "sussurradores" estaria no conhecimento da psicologia e fisiologia eqüinas, e não em alguma espécie de magia ou bruxaria. Constatou-se que eles usam certos óleos aromáticos secretos, que têm a capacidade de atrair, repelir ou paralisar os cavalos.

Quando em liberdade, o cavalo é altamente gregário; sempre se reúne com outros, formando manadas. Mesmo domesticado, procura a companhia de seus semelhantes. A manada tem uma hierarquia estabelecida, com um papel definido para cada membro do grupo, o que evita brigas.

O cavalo é um animal inteligente, capaz de estabelecer relações de causa e efeito e associar determinados gestos e sons a objetivos específicos. Os movimentos das orelhas e da cauda revelam intenções e diferentes estados de ânimo.

É um animal muito sensível aos estímulos externos, que se assusta com qualquer objeto que atravesse de súbito seu campo visual. Muitas vezes foge do perigo, mas usa o coice e a mordida nas lutas tanto como meio de ataque como de defesa. Sendo pouco agressivo, antes de tornar-se violento costuma usar todo um repertório de gestos de aviso, como baixar as orelhas e simular coices.

Simbolismo

MITOS DE ORIGEM

Alá beliscou o vento e assim criou o cavalo. Deu-o ao guerreiro, dizendo: "Vai e sobre seu flanco usufruirás o gozo que reservo para ti em meu paraíso".

Outra lenda conta a origem do cavalo árabe, dotado de características específicas para resistir ao deserto: o profeta Maomé queria dar aos beduínos um cavalo que os ajudasse a ali sobreviver. Mandou soltar, perto de um riacho, algumas éguas que estavam sem beber há bastante tempo. Chamou-as de volta antes que chegassem à margem, mas apenas cinco mostraram ser resistentes e lhe obedeceram. Delas nasceram os primeiros cavalos árabes.

Na mitologia latina, o cavalo teria brotado da terra quando Netuno a golpeou com seu tridente.

No Japão, uma lenda ainu fala do homem que buscava a esposa desaparecida misteriosamente e apelou ao deus do carvalho. Dele recebeu um cavalo de ouro, que o ajudou a resgatá-la. Conta a lenda que todos os cavalos da terra dos ainos descendem desse cavalo dourado.

Há referências na literatura indiana de que o deus Brahma, identificado com *purusha*, criou todas as criaturas vivas que assumiram, uma a uma, suas formas. Assim teriam sido criados todos os animais, entre eles o cavalo.

MONTARIA DE GUERREIROS, HERÓIS, DEUSES E DEMÔNIOS

A pujança do cavalo como montaria expressa-se vividamente nesta citação do Livro de Jó: "[...] o fogoso respirar das suas ventas faz terror. Escava a terra com a pata, salta com brio, corre ao encontro dos homens armados. Despreza o medo, não cede à espada. Sobre ele fará ruído a aljava, cintilará a lança e o escudo. Espumando e relinchando devora a terra, e não faz caso do som da trombeta. Ouvindo o clarim, diz: 'Eia!' Fareja de longe a batalha, a exortação dos capitães e o alarido do exército" (Jó 39,20-25).

O cavalo foi um dos primeiros animais a se integrar na vida do homem, como símbolo de poder e riqueza. Seu valor era tamanho que durante os sete anos da fome no Egito ele podia ser trocado pelos grãos armazenados pelo faraó, como mostra esta passagem bíblica: "[...] (e José) deu-lhes alimento em troca de cavalos [...]" (Gn 47,17). Nessa época, os escravos eram proibidos de montá-los.

Diante do poder que se conferia ao cavaleiro na guerra e no transporte, foi proibida a criação de cavalos pelos israelitas, temerosos de que a admiração por ele sobrepujasse o amor devido a Deus. Isso fica bem claro nesta citação bíblica: "[...] estes confiam nas suas carroças e aqueles nos seus cavalos; nós, porém, invocaremos o nome do Senhor Nosso Deus" (Sl 19,8). Mas o rei Salomão, desrespeitando a lei hebraica, criou um imenso corpo de cavalaria, com o qual realizou grandes conquistas que levaram o império israelita ao apogeu.

Pela rapidez, força, firmeza e coragem na guerra, o cavalo tornou-se o animal favorito de reis e faraós, surgindo muitas vezes como elemento decisivo para o sucesso de uma batalha.

Uma lenda do folclore hebreu conta que Deus, depois de ter decidido colocar Enoch como rei de todos os anjos do céu, mandou um cavalo à Terra para buscá-lo. Depois de viajar seis dias, Enoch foi levado ao céu por uma carruagem de fogo puxada por cavalos fogosos.

Para alguns deuses – os gêmeos Ashvins, Agni, Indra, Posídon, Atena, Afrodite, os Dióscoros, Marte, Plutão, Zeus, Apolo, Hélio, Wotan e Odin – o cavalo é um animal sagrado e a primeira das montarias. Hécate, deusa grega do mundo das sombras, que concede a prosperidade material e preside às mágicas e aos encantamentos, ora aparece montada em um jumento, ora envolta em pele de cavalo.

Demônios e lâmias (fúrias noturnas que sugavam o sangue dos jovens) exauriam seus cavalos em desenfreados galopes noite adentro; as bruxas se transformavam em cavalos, montados por demônios, e tinham nas mãos as marcas das ferraduras. Acreditava-se também que as fadas, ao pronunciar palavras mágicas que incluíam o termo "cavalo", viajavam em velocidades fantásticas.

Vayu, divindade hindu do vento e do ar, leva Indra, deus cosmogônico, em um brilhante carro conduzido por um par de cavalos vermelhos ou por centenas de garanhões. É deles que vem a força de Indra. Nas batalhas, seus cavalos são invencíveis, bastando às vezes apenas alguns deles para assegurar a vitória. Outros deuses indianos também surgem montados em cavalos, pois esses animais lhes são naturalmente consagrados. Nas guerras, o "cavalo branco como o leite" prestava ao rei indiano o mesmo serviço do elefante – dava-lhe proteção e poder.

Na China, o cavalo é um animal *yang* (energia masculina), considerado uma montaria forte e veloz.

Em Roma, é um atributo de Diana Caçadora. Cavalos brancos conduzem a carruagem de Apolo e Mitra, bem como as bigas dos generais nos desfiles do triunfo, indicando que a guerra fora vencida e a partir daí reinaria a paz.

No cristianismo, o cavalo aparece como montaria e proteção de alguns santos. São Jorge, São Jaime e São Martim eram admirados nas guerras pela

perícia como cavaleiros e, em sua honra, fundaram-se várias ordens de cavalaria.

Ainda associado ao simbolismo cristão, temos no folclore brasileiro as "cavalhadas", nas quais o cavalo é usado como montaria. Trata-se de uma tradição comum em diferentes regiões do país, em festas cívicas e religiosas, e tem como objetivo dramatizar os torneios entre cristãos e mouros para libertar a donzela.

Durante o ciclo do gado no Brasil, o cavalo era o animal favorito. O bom cavaleiro tinha prestígio social, religioso e até jurídico. Nos combates, essa condição lhe assegurava superioridade sobre aqueles que não montavam o próprio animal. O cavalo significava, assim, o elemento de transição entre a condição de plebeu e a de nobre. O cavalo era a honra do cavaleiro. Montá-lo era um direito exclusivo do proprietário e, em tempos de paz, quem montasse o animal sem licença do dono estava sujeito a pesada multa.

Uma expressão popular, até hoje utilizada, aponta o grande valor atribuído ao cavalo, que dispensa qualquer outra qualificação: "A cavalo dado não se olham os dentes".

No folclore mineiro, o cavalo complementa, com sua força e valentia, a fraqueza e a timidez do dono.

Algumas histórias ilustram o processo de domesticação desse animal. Esopo, em uma de suas fábulas, conta que o cavalo queria punir o cervo que estragara seu pasto e pediu ajuda ao homem. Este concordou em ajudá-lo, desde que o cavalo o deixasse pôr a sela em seu lombo e o freio em sua boca. O cavalo concordou, mas o homem não cumpriu a parte no trato e desde então submeteu-o ao seu domínio. Entre as fábulas de La Fontaine, encontramos outra versão dessa história: o homem mata o cervo, mas escraviza o cavalo.

Ao domesticar o cavalo, o homem fez dele uma extensão do próprio corpo. Aprendeu com ele a ser forte e valente, e ampliou o contato com o mundo quando lhe foi possível percorrer longas distâncias em menos tempo. O cavalo também possibilita ao homem entrar em contato com seu lado instintivo, adquirindo maior domínio sobre si mesmo. A direção da relação entre cavalo e cavaleiro é determinante nesse processo. À medida que essa relação se estabeleça de modo positivo e o cavaleiro seja capaz de dirigir essa energia, os instintos passam a ser seus auxiliares nas situações difíceis; mas, se ela reprimir ou abafar os instintos, estes poderão aparecer sob a forma de um pânico selvagem, que atrapalhará sua vida.

O herói e seu cavalo muitas vezes têm o mesmo destino. Ao conduzir o herói através da neblina, do fogo e da água, ao permanecer a seu lado nas situações difíceis, ele entrelaça sua vida à do dono e chega até a morrer com este. Por isso, diferentes povos acreditavam que quando o herói deparava com o infortúnio, por um lado, seu cavalo entristecia-se e chorava pelo destino do dono; por outro, alegrava-se com a boa sorte do herói.

Diz Jung, em *Símbolos de transformação* (§678): "Cavaleiro e cavalo formam uma unidade centáurea, como o homem e sua sombra, o homem superior e o inferior, ou a consciência do eu e a sombra [...]".

O CAVALO SOLAR

Na Grécia, o cavalo está associado a Apolo, o deus solar, por conduzir sua carruagem. Cavalo e carro solar têm uma identificação tão íntima que muitas vezes não são vistos separadamente. Ambos conduzem o Sol em seu movimento diário pelo céu.

No *Rigveda* hindu, o carro do Sol é puxado por um ou sete cavalos. Os gêmeos Ashvins, retratados com cabeça de cavalo, são divindades que surgem no céu antes do amanhecer e conduzem a carruagem puxada por cavalos ou pássaros, ligados ao ciclo dia–noite. Essas divindades estão associadas, em primeiro lugar, à luz e a Surya (deus do Sol) e, em segundo, à agricultura, à fertilidade, aos poderes de cura e à preservação da juventude.

Tal como o próprio herói, o cavalo solar evolui no decorrer de um ciclo: nasce feio, fraco, magro, sem valor, deformado e inapto (representado por um asno), e daí evolui para um cavalo numinoso e heróico. Na relação com o ciclo dia–noite, o cavalo negro representa a noite escura; o cinzento, a noite que começa a clarear; o avermelhado, a manhã rosada que liberta o Sol ou o herói solar, trazendo finalmente o numinoso cavalo branco (o dia). O herói, perdido nas sombras da noite, é auxiliado pelo cavalo solar e conquista a princesa Aurora.

No ritual de Ashvamedha, o cavalo solar é um ser mítico, nascido dos deuses no céu, e, depois de sacrificado, ressurge rejuvenescido pela manhã. Assim como o Sol – fecundador quando brilha e destruidor ao esconder-se na noite –, também o cavalo tem duplo aspecto simbólico.

A mitologia escandinava refere-se ao cavalo Skinfaxi ("Crina Brilhante"), portador da luz do dia que, com sua crina, ilumina o mundo a serviço de seu mestre Dag, deus do céu iluminado.

O mito do cavalo solar mostra as diferentes etapas do processo de desenvolvimento do ego: emerge da sombra (o inconsciente) para a luz (a consciência). Representa a força que move a consciência rumo à sua ampliação e seu crescimento.

ASPECTO MALÉFICO E DEMONÍACO

O cavalo desempenhava um papel central nas antigas crenças demoníacas. Os anais da bruxaria mostram que os parentes das bruxas, ou elas próprias, podiam metamorfosear-se em potros diabólicos, que muitas vezes serviam como veloz montaria de demônios e lâmias (ver "Montaria de guerreiros, heróis, deuses e demônios").

Acreditava-se que as bruxas tinham o poder de transformar os seres humanos em cavalos atirando um cabresto mágico sobre a cabeça da vítima adormecida. Esses cavalos enfeitiçados seriam usados como montaria no sabá das feiticeiras.

Bruxas e demônios gostavam de embaraçar a crina desses animais e cavalgar noite adentro. Para evitar a invasão desses seres maléficos, era costume pendurar amuletos feitos de pedras escavadas no lado de dentro da porta do estábulo.

O folclore hebreu refere-se aos *kapelyushniklekh*, pequenos espíritos que passam a noite cavalgando cavalos cinzentos e só os largam ao amanhecer, exaustos e cobertos de suor (ver "A cor do cavalo – Cavalo cinzento").

No Apocalipse, há referências a terríveis cavalos com caudas "como serpentes" que atormentam a humanidade. O próprio demônio era às vezes retratado com a forma eqüina.

Um dos doze trabalhos de Hércules (Héracles) era capturar as quatro éguas antropófagas de Diomedes, cruel rei da Trácia. Elas eram alimentadas com a carne dos estrangeiros, quando as tempestades arremessavam os navios de encontro à costa. Hércules enfrentou Diomedes e o atirou às próprias feras. Depois disso, as éguas se acalmaram e foram capturadas pelo herói.

A literatura de cordel do Nordeste brasileiro faz referência a pessoas que, possuídas por forças demoníacas, transformam-se em animais, entre eles o cavalo.

Pela suscetibilidade ao medo, ao pânico e aos encantamentos, o cavalo é freqüentemente um símbolo da instintividade. No plano da psique individual, a imagem do cavalo desenfreado aponta para a dificuldade de domínio do eu diante da invasão de impulsos inconscientes. Nesse caso, conteúdos primitivos e indiferenciados emergem sob forma demoníaca, confundindo o pensamento ("a crina embaraçada") e causando indiscriminações. Essa dinâmica psicopatológica opõe-se à dinâmica discriminatória do cavalo solar (ver "O cavalo solar").

O CAVALO E A ÁGUA

Havia uma lenda, na Europa e no Extremo Oriente, de que o cavalo, ao bater o casco na terra, fazia jorrar água. É provável que essa lenda tenha nascido na Grécia, com Pégaso, a quem era atribuído o conhecimento do movimento das águas subterrâneas (ver "Deuses-cavalo – Posídon", "Cavalos famosos – Pégaso" e "Partes do cavalo – cascos").

Várias civilizações relacionavam o cavalo com a água. Na Finlândia, atribuía-se a ele a descoberta das fontes da juventude, cujo poder rejuvenescedor provavelmente estava associado às propriedades bioterapêuticas do leite de égua. Na Alemanha, os cavalos prenunciavam as inundações; na Rússia, indicavam as nascentes.

O cavalo está ligado à água por causa da associação desse elemento com o aspecto úmido e fertilizador. Na África e na Índia, ele aparece associado à chuva. Na tribo africana dos Ewo, é a montaria do deus da chuva; na Índia, participa dos rituais de invocação de Indra, o deus da chuva. Seu relinchar associava-se ao trovão, que informava aos homens que o deus-herói Indra começava uma batalha nos céus: "O cavalo solar relincha dentro da nuvem (trovão), tornando-a grávida, gerando chuva e ambrosia".

Quando Alexandre, o Grande, cruzou o Saara em busca da fonte da vida, os sábios disseram-lhe para cavalgar uma égua, pois somente ela poderia encontrar o caminho das águas (ver "Relação com o feminino").

A associação da forma eqüina com as divindades da água aparece nas lendas da Irlanda, dos países nórdicos e também da Grécia, onde se fala da ligação de Posídon com o cavalo, forma que esse deus assume em certas ocasiões.

Como descobridor de nascentes e relacionado com a chuva como elemento fertilizador, o cavalo simboliza, na psique individual, a possibilidade do despertar da criatividade humana. Desse modo, pode ser visto como um elemento que facilita o acesso à energia renovadora do inconsciente.

ENERGIA INSTINTIVA

Diz Jung, em *O homem e seus símbolos* e *O homem à descoberta de sua alma*, que o cavalo simboliza a força vital e a energia instintiva à disposição do ser humano, as quais podem ou não estar dissociadas do controle consciente. Assim, o cavalo selvagem representa as tendências instintivas indomáveis.

Segundo Gerard Adler (1957: 166): "O cavalo representa o ímpeto biológico, a energia natural ou, num sentido mais amplo, a esfera do inconsciente instintivo. Ele é a massa de energia primitiva que exige uma direção consciente, simbolizada pelo cavaleiro ou cocheiro, para se tornar produtivo ao sentido humano e espiritual".

A mitologia greco-romana e também a russa vêem o cavalo de cor negra como associado à libertação dos impulsos sexuais. É por isso que em algumas representações ele aparece atrelado à carruagem nupcial. No folclore do Rio Grande do Sul, surge associado à impetuosidade e à falta de controle dos instintos. É sobretudo na passagem da adolescência para a vida adulta que o cavalo aparece como símbolo dos impulsos sexuais, da força e do poder fertilizador (ver "A cor do cavalo – Cavalo negro").

Desse modo, é comum a projeção da sexualidade impetuosa do homem sobre o cavalo. Talvez venham daí as expressões populares "garanhão" e "potranca"; a primeira designa o homem dotado de grande potência sexual, e a segunda é utilizada pelos homens para se referir a uma mulher jovem e sensual (ver "Relação com o feminino").

Com a evolução da consciência, o homem se diferencia, sublima os instintos e alcança a espiritualidade. Essa etapa é representada simbolicamente pelo cavalo alado (ver "Cavalos famosos – Pégaso").

RELAÇÃO COM O FEMININO

Segundo a psicologia analítica, durante o desenvolvimento do ego, na etapa matriarcal, a criança sente o corpo da mãe como um prolongamento do seu. Na vida adulta, pode ocorrer uma continuidade dessa projeção sobre o cavalo. Ao carregar o cavaleiro, esse animal – tal como a mãe fazia com a criança – o embala e remete às lembranças e sensações infantis. Assim, passa a substituir a mãe como extensão do corpo e da libido do cavaleiro.

A associação mãe–mulher–cavalo pode continuar na vida adulta também dentro do contexto sexual. Na cultura brasileira, as expressões "montar" e "trepar" são utilizadas como sinônimos do ato sexual. Essa conotação aparece tanto na linguagem coloquial como em músicas populares. Por exemplo:

> Vou cavalgar por toda a noite
> Por uma estrada colorida
> Usar meus beijos como açoite
> E a minha mão mais atrevida
> Vou me agarrar aos seus cabelos
> Pra não cair do seu galope [...]

(Roberto Carlos e Erasmo Carlos, "Cavalgada")

Dia útil ele me bate
Dia santo ele me alisa
Longe dele eu tremo de amor
Na presença dele me calo
Eu de dia sou sua flor
Eu de noite sou seu cavalo [...]

(Chico Buarque de Holanda, "Sem açúcar")

A cultura patriarcal apresenta ditos populares que igualam o cavalo e a mulher como propriedade do homem. Muitas vezes a mulher chega a ser menos valorizada que o animal. Por exemplo:

Minha mulher, meu cavalo
morreram no mesmo dia.
Antes morresse a mulher,
o cavalo é qu'eu queria.
O cavalo custa dinheiro,
a mulher não faltaria.

(Câmara Cascudo, *Dicionário do folclore brasileiro*, p. 261)

Se diz que um cavalo, para ser bom e belo, deve ter três qualidades da mulher: peito amplo, cadeiras redondas e crinas compridas.

(Torres & Jardim, *Criação do cavalo e de outros eqüinos*, p. 30)

Quem quer viver sossegado
Tenha mulher feia e cavalo capado.

(Brandão, *Folclore de Alagoas*, p. 188)

Estou velho tive bom gosto,
Morro quando Deus quiser,
Duas penas levo comigo,
Cavalo bom e mulher [...]

(Meyer, *Guia do folclore gaúcho*, p. 36)

Há um provérbio chinês, de Lin Yutang (1942: 1.097), que expressa essa mesma idéia: "Um herói pode se dispor a perder o mundo, mas não desejará perder a concubina e o cavalo".

Montaria de Maomé, a égua Al Borak – descrita como tendo cabeça de mulher e rabo de pavão (este um atributo das deusas romanas) – simboliza o feminino que conduz o cavaleiro. Fica evidenciado que Maomé descobriu o caminho para o conhecimento divino conduzido pela força da sabedoria feminina representada por essa égua fantástica. Observa-se aqui que a integração da contrapartida feminina pode possibilitar ao homem o alcance da espiritualidade (ver "Cavalos famosos – Al Borak").

A face negativa e destruidora do feminino, representada por deusas terríveis e bruxas, aparece com freqüência sob a forma de um cavalo. Temos, por exemplo: Hécate, a deusa dos infernos, que é figurada com pele de cavalo; as fúrias, em seu galope desenfreado; e as bruxas que, para pavor dos homens, se transformam em cavalos (ver "Aspecto maléfico e demoníaco").

VÍTIMA SACRIFICIAL

Nos rituais de sacrifício, o homem sempre ofereceu aos deuses os bens mais preciosos. O cavalo, por seu alto valor, era uma oferenda especial – afinal, somente os ricos podiam imolá-los ainda jovens e aptos para o trabalho. O fato de estar associado aos deuses, ao trovão, ao céu e à fertilidade fazia do cavalo, principalmente o de cor branca, um dos animais favoritos para os sacrifícios.

A imolação do cavalo pode simbolizar o sacrifício consciente de externalização da energia, a fim de promover a introversão da mesma. Este processo ocorre naturalmente na metanóia, quando o indivíduo reavalia os feitos externos, reorientando a energia mais para o mundo interno em busca de novos significados (ver "Cavalos famosos – Baiardo").

A morte e o sacrifício do cavalo estão basicamente associados aos rituais de iniciação, fertilidade, expiação dos pecados, proteção da manada e ao culto aos deuses. A seguir alguns dos rituais mais conhecidos na história de diversos povos.

Rituais de iniciação

Nas crenças de vários povos agricultores, o simbolismo do cavalo e dos rituais com ele relacionados eram muito atuantes. Na Idade Média, a hierogamia da terra-mãe com o céu era revivida ritualisticamente nas cerimônias de coroação e nos rituais iniciatórios.

Na Irlanda do século XIII, o rei se "unia" a uma égua branca que a seguir era sacrificada. A carne da égua era distribuída ao povo, e o rei se banhava com a água do cozido, o que representa o retorno ao útero e à Grande Mãe, para depois renascer com os conhecimentos secretos da terra-mãe e imbuído de caráter divino.

Ao imolar o cavalo, o homem sacrificava sua ligação inconsciente ora com o aspecto maternal, ora com o instintivo, para integrar a energia que se encontrava investida nesses conteúdos.

O sacrifício do cavalo pode ter caráter não só de renovação individual, mas também de renovação do tempo e de todo o cosmos, como aparece na doutrina hindu das *Upanishads*, citada por Jung em *Símbolos de transformação* (§405):

> O rubor da aurora, em verdade, é a cabeça do corcel sacrificial; o Sol é seu olho, o vento seu hálito, sua goela o fogo universal, o ano é o corpo do corcel sacrificial. O céu é seu dorso, o espaço sua cavidade abdominal, a terra a saliência de seu ventre; os pólos são seus flancos, os entrepólos suas costelas, as estações do ano seus membros, os meses e quinzenas suas juntas, dias e noites são seus pés, os astros sua ossatura, as nuvens sua carne. Os alimentos que ele digere são os desertos de areia, os rios suas artérias, fígado e pulmões são as montanhas, os arbustos e árvores sua crina. O Sol nascente é sua parte anterior, o Sol em declínio o seu lado posterior [...] o oceano é seu parente, o oceano é seu berço.

Rituais de fertilidade

Em Roma, o cavalo era oferecido em sacrifício ao deus Marte, sendo chamado de October Equus por ser imolado no mês de outubro, logo depois das colheitas do outono europeu. Uma vez que Marte era o deus protetor das colheitas e das guerras, ofereciam-lhe um cavalo com a cabeça coberta de grãos. O cavalo foi tomado como símbolo da fertilização por resistir ao inverno e ser muito veloz. A rapidez de sua corrida associava-se ao tempo e à passagem do inverno, estação da morte. A cabeça do animal sacrificado era colocada no portal da cidade, a cauda era enviada ao rei e o sangue escorrido servia para fertilizar as pastagens. A cauda e o sangue representavam o espírito do milho ou de outros cereais (ver "Partes do cavalo – cauda").

Na Índia, o sacrifício do cavalo no ritual de Ashvamedha tinha como objetivos, entre outros, a fertilidade e a abundância. O rei que queria ter filhos tocava o garanhão e cheirava a carne e a gordura queimadas, como talismã para a realização desse desejo. Embora esse ritual pudesse ter como objetivo a entronização de um novo governante, ou a obtenção de alguma dádiva difícil de ser alcançada por rituais comuns, em geral a meta básica era a fertilidade do rei. Escolhia-se um garanhão por sua força, beleza e cor (branca ou castanha) e ele, depois de consagrado a vários deuses, era libertado e vagava de reino em reino seguido por centenas de cavaleiros e seus filhos e criados, os quais deveriam zelar por sua segurança e remover todos os obstáculos que surgissem na trajetória. Depois de 360 dias, normalmente no início da primavera, voltavam ao ponto de partida, em geral o centro da cidade, e ali se fazia o sacrifício, que durava cinco dias. O cavalo era banhado em um lago ou rio sacrificiais e depois preso a uma estaca, com outros quinze animais amarrados a várias partes de seu corpo, representando a aristocracia e a comunidade. Acreditava-se que durante o ritual ele assumia a forma de um grande pássaro, que conduziria o rei aos céus. O sacrificante o abatia com uma faca de ouro e abria suas entranhas no sentido longitudinal sobre um tecido dourado. As esposas do rei deitavam-se nessas entranhas, o que simboliza o ato sexual, na crença de que o cavalo era portador da semente e ligado aos dinamismos do Sol e da água. Seguia-se uma festa orgiástica, marcada pela transgressão das normas que seriam restabelecidas no dia seguinte, dando início ao novo ano. Acredita-se que esse ritual foi realizado durante muitos séculos; seu último registro data do século IV da era cristã.

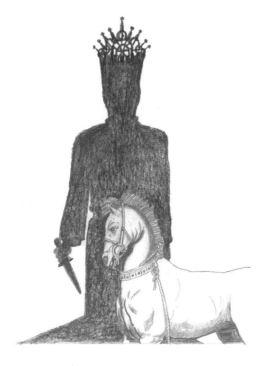

Um ritual semelhante ocorria entre os Buriata, tribo mongol que vive nas proximidades do lago Baikal. O cavalo era levado a uma colina sagrada habitada por deuses, os *burkans*, e, depois de fortemente amarrado, abria-se o peito para tirar o coração ainda pulsando. Os ossos eram queimados nos altares. Cozinhava-se a carne, que era comida pelos adoradores e lançada aos espíritos e às colinas. Durante o ritual, o oficiante cantava suplicando aos deuses que lhes dessem abundância, fertilidade e prosperidade. Os restos da carne eram cuidadosamente queimados para não serem comidos pelos cachorros – isso seria um sacrilégio que lhes traria desgraça.

No Japão, o cavalo era oferecido em cerimônias destinadas a trazer a chuva ou a fazê-la cessar. Para chover, sacrificavam-se cavalos brancos, pretos ou vermelhos; para estiar, somente vermelhos. Talvez devido à associação entre chuva e fertilidade, as mulheres estéreis iam aos templos e, na esperança de engravidar, tocavam uma escultura de cavalo em tamanho real, feita de bronze.

Rituais de expiação dos pecados

Outro objetivo do sacrifício do cavalo na Índia era a expiação dos pecados. Procurava-se um animal branco como a Lua, com o rabo amarelo e uma orelha preta. Pendurava-se em seu pescoço uma placa de ouro com o nome da pessoa que queria a remissão dos pecados. Durante um ano, o cavalo vagava pelo reino, seguido pelos exércitos reais. Cada território por onde ele passava tornava-se propriedade do rei; quem não concordasse em ceder terras teria de enfrentar os exércitos que o acompanhavam.

O *Mahabharata* descreve como um cavalo foi sacrificado depois da "Grande Guerra", a conselho do sábio Vyasa, para expiar a destruição dos guerreiros Pândavas e Kurus.

Ritual para proteção da manada

Na Europa Ocidental, havia o costume de queimar vivo um cavalo, como artifício mágico para eliminar as doenças do resto da manada e evitar a morte ou o roubo dos outros animais.

Culto aos deuses

Como era freqüente os deuses aparecerem com a forma de um cavalo, o homem vivenciava as oferendas ao divino por meio do sacrifício desse animal.

As imolações e cultos eqüídeos eram bastante comuns na Grécia. Os marinheiros gregos ofereciam cavalos a Posídon, deus do mar, e a Bóreas, deus do vento norte. Ares Hippius (nome grego do October Equus) era objeto de um culto associado ao de Atena Hippia, deusa da inteligência que, entre outras coisas, ensinou o homem a atrelar o cavalo.

O sacrifício do cavalo ocorria também entre irlandeses, cretenses, rodenses, hebreus e chineses. Os gregos e outros povos indo-europeus costumavam imergir o animal nas águas de um rio. Na ilha de Rodes, uma vez por ano ofereciam-se quatro cavalos ao Sol, lançando-os ao mar do alto do Monte Taletum. Na Sibéria e nos Montes Altai, o cavalo era sacrificado com fins xamanísticos. Essa prática se conservou até o século XX, quando o governo soviético tentou eliminá-la; por volta dos anos de 1920, as autoridades expunham peles de cavalos esfolados ao lado de cartazes com os seguintes dizeres: "Não existem deuses. Nenhum sacrifício de cavalos atenderá às necessidades do povo" (ver "Deuses-cavalo").

PODER DE CURA E PROTEÇÃO

Uma das propriedades atribuídas ao cavalo é a da cura. Na Toscana (Itália), acreditava-se que a coqueluche podia ser curada fazendo a criança beber a saliva do cavalo ou a água do bebedouro de onde ele tivesse se servido. Essa crença faz lembrar o princípio homeopático – *similia similibus curantur*, "a cura pelo semelhante" –, pois a tosse convulsiva, tal como a maioria das convulsões, provoca grande salivação. O poder da saliva eqüina como elemento curador tem origem em uma superstição: o cavalo místico se alimentava de ambrosia, o néctar dos deuses, e perdia a força quando ela lhe era negada.

Acreditava-se que o leite de égua tinha propriedades rejuvenescedoras e terapêuticas. No Brasil, ainda é usado como fortificante para crianças com coqueluche.

A castanha – calosidade na face interna das patas do cavalo – era utilizada em algumas regiões da Inglaterra como remédio popular contra o câncer (ver "Partes do cavalo – castanhas").

Os gêmeos Ashvins, divindades eqüinas indo-européias, são representados com cabeças de cavalo. Amigos da raça humana, eram excelentes médicos, devido ao conhecimento das plantas, em especial as que têm propriedades medicinais.

O sábio centauro Quíron, mestre e educador de vários heróis gregos (Aquiles, Héracles e Asclépio/Esculápio), também representa o curador. Quíron tinha uma ferida incurável e queria morrer, mas era imortal; o sofrimento lhe deu o dom de compreender a dor dos pacientes (ver "O cavalo fantástico").

Também se atribui poder de cura à ferradura do cavalo. No Marrocos, existe a crença em um método para a cura da impotência: o homem pega uma velha ferradura, escreve nela um certo encantamento, aquece-a no fogo e depois a mergulha em uma vasilha cheia de água; passados alguns minutos, bebe essa água.

Para curar as crianças que definhavam sem razão aparente, os irlandeses preparavam uma poção com velhos cravos de ferradura, esterco de galinha

e sal. Essa poção, claro, não era para ser ingerida, e sim colocada dentro de um saquinho e pendurada na parede.

A cura da coqueluche na Alemanha seguia outro preceito: a criança era alimentada em um prato que tinha a marca de uma ferradura.

Várias culturas usam a ferradura como objeto apotropaico: ela traz sorte quando virada para cima; traz azar quando virada para baixo. Seu poder está relacionado com antigas crenças populares como: a íntima associação com o cavalo, animal sagrado; a semelhança com a lua crescente e, portanto, a ligação com as deusas lunares que protegem e dão poder; e as qualidades mágicas do ferro. Acreditava-se que os ferreiros possuíam poderes sobrenaturais, pois trabalhavam com o metal e o fogo, dois elementos misteriosos.

A ferradura sempre serviu de poderosa proteção contra a maldade de bruxas e espíritos maléficos. Era colocada na porta das casas para evitar o ingresso das bruxas; na entrada dos estábulos para impedir que as feiticeiras roubassem os cavalos nas noites do sabá; e no mastro dos navios para protegê-los de tempestades e naufrágios. É um talismã muito usado por guerreiros e caçadores. A crença popular, de origem inglesa, de que a exibição dos órgãos genitais é uma forma eficaz de repelir o mal talvez venha da analogia entre a forma da ferradura e a genitália feminina.

Objetos apotropaicos feitos de bronze ou latão com figuras de cavalos eram muito usados pelos ingleses para absorver o "mau-olhado", com base na crença de que esse animal é particularmente sensível às energias negativas.

PSICOPOMPO

As primitivas civilizações asiáticas, indo-européias e mediterrâneas costumavam imolar e enterrar o cavalo com o cavaleiro, pois se acreditava que ele guiaria a alma do dono para o mundo subterrâneo – agindo assim como um psicopompo (condutor das almas dos mortos). A mitologia germânica também lhe dá a função de conduzir seu cavaleiro ao Valhala. Na Grécia, o cavalo simbolizava o morto no reino dos espíritos imortais.

O cavalo conduz o cavaleiro nas viagens para outros mundos, onde este aprende os grandes segredos da vida, da morte e da magia, tornando-se apto a voltar à Terra dotado de sabedoria divina.

A associação do cavalo ao mundo ctônico é encontrada em algumas tradições xamanísticas. Nos ritos funerários dos Beltir (Ásia), sacrificava-se um cavalo que tivesse pertencido ao morto, para que sua alma servisse de guia à alma do antigo dono.

Nos funerais militares das antigas tradições pagãs, o cavalo do morto acompanhava os rituais, com as botas ou sandálias do antigo dono presas de frente para trás nos estribos. Acreditava-se que ele o conduziria ao mundo dos mortos.

Quando conduz o cavaleiro ao outro mundo, o cavalo pode estar atuando como símbolo da função transcendente. Estaria funcionando como elo entre o ego e o inconsciente.

ADIVINHO E CONSELHEIRO

O folclore de vários povos reconhece que os cavalos possuem certos poderes de clarividência, os quais lhes permitem perceber intrusos invisíveis do mundo espiritual. Conta-se que os cavalos param obstinadamente nas encruzilhadas "assombradas", não obedecendo ao chicote nem à espora. Houve muitos casos em que depois se comprovou que por aquele lugar passaria um funeral.

Encontra-se em muitas culturas a arte da hipomancia – um sistema divinatório realizado com base na observação do comportamento dos cavalos. Os celtas faziam os cavalos sagrados caminhar atrás de uma carruagem e determinavam o futuro pelos seus movimentos. Os sacerdotes germânicos observavam o primeiro passo de seus cavalos sagrados ao saírem dos templos: se saíam com a pata direita, o presságio era favorável; se com a esquerda, desfavorável.

Na Antigüidade clássica, o cavalo era visto como um adivinho que podia aconselhar o dono e prever o futuro. Xanto, a quem Hera concedera o dom da fala, comunicou a seu dono Aquiles a morte iminente. A visão do destino do dono incluía conhecer o momento de sua morte – este era um pesado fardo para o cavalo, que não tinha o poder de mudar a vontade dos deuses e só podia comunicá-la aos homens.

Segundo o grego Artemidoro, a pessoa doente que sonha com um cavalo está sendo avisada de sua morte.

Nas lendas cristãs, o cavalo é visto como adivinho e confidente. Um exemplo é o de São Colombo, que chorou copiosamente em seu peito ao pressentir a morte.

Os cavalos mais inteligentes, na Idade Média, eram considerados bruxas e queimados em praça pública.

O cavalo ocupa um lugar de destaque nos ritos xamanísticos dos grupos altaicos da Mongólia, devido ao poder de clarividência. O xamã era acompanhado de um espírito benéfico que tinha olhos de cavalo, os quais lhe permitiam ver o futuro e zelar pelo bem da tribo.

Também as tradições germânicas e persas acreditavam que o cavalo tinha o dom de adivinhar o futuro. Supondo-se que manifestava a vontade dos deuses, agindo como intermediário entre eles e os homens, atuava como oráculo. Um exemplo é o cavalo de Dario I, rei da Pérsia, que foi o primeiro a fazer isso durante o desfile para a escolha do novo monarca; ele teria revelado a vontade divina de que seu cavaleiro, Dario, devia ser o escolhido.

O conto norueguês *Grimsborken, o baio* narra a história de um cavalo dotado de poderes mágicos, que dá sábios conselhos ao dono e o ajuda a cumprir uma série de tarefas tidas como impossíveis, recebendo enfim, como prêmio, a mão da princesa e metade do reino.

O conto *A pena dourada*, do folclore hebraico, relata a história de um casal que tinha doze filhos: onze deles eram belos e ganharam bons cavalos; mas o caçula era tolo e ganhou um animal feio. Entretanto, o cavalo feio tinha dotes mágicos e podia orientar o dono. O rapaz não lhe dá ouvidos e se envolve em confusões. Só se livra delas quando passa a seguir os conselhos do animal.

Uma lenda africana descreve as aventuras de uma princesa que estava descontente com a vida austera que levava na casa dos pais. Ingênua e imatura, ela vê no casamento a solução para seus problemas. Casa-se com um belo príncipe desconhecido que era, na verdade, uma serpente ávida de carne humana. No entanto, a princesa levara como dote uma velha égua que tinha poderes mágicos, a qual conseguiu salvá-la de uma infinidade de perigos.

O folclore alemão deixa perceber, em algumas superstições, resquícios da antiga crença nas faculdades divinatórias do cavalo. Por exemplo, se o padre é chamado a atender um doente e seu cavalo abaixa a cabeça até o chão, é prenúncio de morte. Se o cavalo que puxa um carro funerário olha mais de uma vez para alguém que acompanha o cortejo, é prenúncio de morte iminente dessa pessoa.

Pode-se pensar que a função de psicopompo e o poder de clarividência atribuídos ao cavalo estejam relacionados com a sua peculiar capacidade visual acrescida de sua visão noturna. O poder de clarividência também pode estar ligado ao fato de simbolizar a instintividade do ser humano. Companheiro e guia do homem na vida e na morte, o cavalo o ensina, assim como a intuição ajuda a razão.

DEUSES-CAVALO

Em razão de seu alto valor terreno, o cavalo foi simbolicamente projetado nos céus sob forma divina e incorporado pelas antigas religiões aos deuses do firmamento.

São vários os mitos em que deuses e deusas aparecem representados sob a forma de um cavalo ou com sua cabeça. A presença de três deusas poderosas em forma de égua revela que esta pode carregar a projeção de uma força feminina protetora e fértil, vital para a sobrevivência humana (ver "O cavalo e a água").

Deméter

Deméter, filha de Crono e Reia, era a deusa grega da agricultura e da fertilidade, símbolo da Grande Mãe. Aparecia muitas vezes representada com cabeça de cavalo. Em algumas regiões da Grécia, Posídon e Deméter eram cultuados como um casal de cavalos e representavam a fertilidade.

Na busca da filha Perséfone, Deméter assume a forma de égua para fugir da perseguição de Posídon. Mas ele se transforma em um garanhão, a alcança e dessa união nasce o cavalo Aríon. Zangada com a perseguição, Deméter refugia-se em uma caverna por um tempo tão longo que os frutos da terra perecem. Essa versão do mito explica a antiga imagem de madeira de Deméter, que a mostra como uma mulher com cabeça de cavalo.

Na Arcádia, a Deméter Negra era retratada com corpo de mulher e cabeça e crina de cavalo, e também identificada como uma das Erínias.

Épona

Na mitologia celta, Épona, "a amazona", aparece como uma deusa montada em um cavalo branco ou como uma égua branca, sendo também a protetora das águas e da agricultura. Segundo alguns autores, seu nome corresponderia a Hipocrene, a "fonte cabalina" grega.

Os exércitos romanos a adotaram quando da conquista da Gália, embora a reduzissem ao papel de protetora da raça eqüina, e estenderam seu culto da Espanha à Europa Oriental e do Norte da Itália à Inglaterra.

Épona identifica-se com algumas outras deusas protetoras dos cavalos, como a gaulesa Rhiannon e as irlandesas Macha e Medb.

Posídon/Netuno

Irmão de Zeus e consorte da Terra, Posídon é o deus do mar e o responsável pelos terremotos. Contudo é também um protetor dos cavalos, que às vezes aparece com forma eqüina, sendo adorado em várias regiões da Grécia, em especial na Arcádia.

Como fertilizador, Posídon muitas vezes é representado por um cavalo, touro ou golfinho. A ele é atribuído o dom de fazer brotar fontes de água, dom esse que será estendido ao filho Pégaso, o cavalo alado. Por essa ligação com a água, os gregos chamavam as ondas de "cavalos brancos". Para eles, o cavalo sugeria sempre uma conexão entre os espíritos da fertilidade e os das águas (ver "Cavalos famosos – Pégaso").

Tsan Nu

Na China, a criação do bicho-da-seda é protegida pela deusa Tsan Nu ("Senhora Cabeça de Cavalo"). Diz a lenda que uma jovem morria de tristeza porque o pai fora raptado por piratas. A mãe prometeu dar a filha em casamento àquele que o trouxesse de volta. O cavalo da moça, que a amava, foi quem o libertou dos piratas. Mas quando cobrou a recompensa prometida, o pai encolerizou-se, matou-o e pôs sua pele para secar ao sol. Alguns dias depois, a pele saltou sobre a jovem e a carregou. O Pai Celestial Supremo (Imperador de Jade), que tudo observava, transformou a moça em um bicho-da-seda e a levou para o céu, onde ela se tornou uma das concubinas celestes, com o nome de Tsan Nu.

CAVALOS FAMOSOS

Dentre os inúmeros cavalos famosos citados na história, nos mitos e nas lendas, destacam-se os seguintes.

Al Borak

Seu nome significa brilhante ou luminoso. É a égua alada que serviu de montaria a Maomé durante sua jornada noturna de Jerusalém ao sétimo céu. Tem rabo e pés de camelo, e algumas vezes é representada sem asas, mas com cabeça de mulher.

Al Borak, ou El Boreq, também é descrita como uma égua alada, mágica, branca, luminosa, com cabeça de mulher e rabo de pavão.

Baiardo

Ariosto conta que Baiardo era um cavalo alado, que enfrentava os inimigos com suas patas poderosas, cruzava o espaço em saltos gigantescos e fazia jorrar água da terra com a batida de seus cascos.

Baiardo pertencia a Aymon e foi herdado por seu filho mais novo, Renaud. Era considerado um cavalo demoníaco, pois seus atributos mágicos conferiam ao dono o poder de perturbar a paz da cidade. Quando o imperador ameaçou punir toda a família, os irmãos de Renaud resolveram apoderar-se do cavalo e entregá-lo para ser sacrificado.

O imperador, acreditando que o cavalo era a causa de todos os seus problemas, mandou amarrar-lhe chumbo nas patas e jogá-lo ao Sena. Duas vezes ele veio à tona e encontrou o olhar fixo de seu dono. Mas na terceira vez Renaud então se ajoelhou e não viu Baiardo emergir; sem o olhar do dono, ele afundou para sempre. Renaud sentiu uma dor profunda e se tornou ermitão.

Essa história ilustra com clareza a mudança de uma atitude extrovertida e mundana para uma atitude introvertida e reflexiva por meio do sacrifício do cavalo. A morte do animal, que antes conduzia o cavaleiro para a realização de grandes feitos, obriga-o a voltar-se para o mundo interno.

Bucéfalo

Bucéfalo, o cavalo de Alexandre, o Grande, rei da Macedônia, tinha esse nome por ter protuberâncias semelhantes a chifres de boi. Alexandre foi o único a conseguir domá-lo: percebeu que o animal tinha medo da própria sombra, e então virou-lhe a cabeça para o sol. Acalmou-o e fez dele sua montaria em todas as campanhas no Oriente. Bucéfalo tombou no campo de batalha, mas, mesmo mortalmente ferido, ainda salvou Alexandre. Sua fama igualou-se à de seu cavaleiro e, em sua honra, Alexandre fundou a cidade de Bucéfala, no Norte da Índia.

O cavalo de Tróia

Embora simples representação em madeira, o cavalo de Tróia tornou-se importante como instrumento e símbolo de conquista.

Apesar dos avisos da profetisa Cassandra e de Laocoonte, sacerdote de Apolo, os troianos levaram para dentro dos portões da cidade o gigantesco cavalo de madeira deixado na praia pelos gregos, acreditando que seu oferecimento à deusa Atena tornaria Tróia indestrutível. Mas no bojo do cavalo escondia-se uma tropa grega, que saiu na calada da noite e dominou a guarda troiana. Tróia foi tomada e destruída.

Nesse sentido, o cavalo de Tróia e a expressão popular "presente de grego" associam-se à idéia de engodo e traição.

Incitatus

Incitatus, assim como Bucéfalo, foi um dos cavalos que participaram de forma importante em episódios da história da humanidade. Ganhou fama e significado quando seu dono, o imperador Calígula, nomeou-o cônsul, num insulto deliberado aos senadores romanos.

Pégaso

Filho de Posídon, deus-cavalo e deus das águas, e da górgona Medusa. Quando o herói Perseu cortou a cabeça da górgona, dela nasceu Pégaso, o cavalo branco com asas douradas, cujos cascos ao bater no solo fazem brotar fontes de água. Nos bosques secretos das musas, a Hipocrene (fonte cabalina nascida de um coice seu) favorecia a inspiração poética e musical de todos que dela bebessem.

Foi cavalgado por Perseu para libertar Andrômeda do monstro marinho. Serviu de montaria a Belerofonte na expedição até o covil da Quimera. Ambicioso e exaltado com o sucesso, Belerofonte cavalga Pégaso até o Olimpo, mas Zeus o faz retornar à Terra. Pégaso, porém, fica no Olimpo e é escolhido por Zeus para trazer as nuvens de tempestade, as chuvas e os raios.

Encontram-se imagens de Pégaso em muitos túmulos romanos, pois foi ele o escolhido para transportar os homens até a "terra da morte".

Seu simbolismo está ligado à fecundidade, à poesia, à espiritualidade e à imaginação. Pégaso pertence ao mundo ctônico-fálico, e representa a liberação da libido da Grande Mãe. É com sua ajuda que os heróis vencem o feminino terrível (Quimera e Górgona) e promovem a vitória do espírito masculino sobre os poderes matriarcais. Seu vôo representa a capacidade humana de passar do plano ctônico para o celestial, num mecanismo de transformação e sublimação.

A destruição da Górgona significa não só a liberação da libido mas também sua ascensão, como ocorre no processo criativo. Combinando o simbolismo do pássaro com o caráter terrestre do cavalo, Pégaso torna-se um símbolo de iniciação, transcendência e sublimação. O cavalo branco alado é a expressão simbólica da saída do estado de inconsciência.

Cabe lembrar os perigos de inflação do ego provocados por esse vôo ilimitado. Belerofonte perde a criatividade por causa de sua ambição sem limites. Esse mito é uma metáfora do homem que excede em suas ambições e, levado por fantasias irreais, ignora os limites terrestres. Ao esquecer que o cavalo é feito de carne e osso, ele perde de vista que a principal característica desse animal é o trabalho árduo. Somente uma atitude humilde diante da energia criativa pode tornar real o processo de individuação.

Sleipnir

Montaria de Odin, o garanhão cinzento de oito patas escoltava as almas dos mortos até o céu. Na mitologia germânica, essa dupla função estava relacionada com o fato de Odin e seu cavalo personificarem os poderes da escuridão e da morte. Os camponeses ofereciam grãos de cereais para que Sleipnir não os molestasse durante a jornada para o além (ver "A cor do cavalo – Cavalo cinzento").

A COR DO CAVALO

Em várias culturas, o significado da cor do cavalo está intimamente relacionado com a posição do sol e da lua. A noite escura é representada pelo cavalo negro, que, ao amanhecer, torna-se cinzento e depois avermelhado até finalmente surgir claro e brilhante, libertando das trevas o sol ou o herói solar.

As lendas indianas dizem que o sol, no começo da noite, cavalga um cavalo (ou asno ou mula) negro; no seu decorrer, um cinzento; e, de manhã, surge montado em um cavalo branco e luminoso, muitas vezes com rabo negro. O cavalo negro da noite também é representado com a cabeça ou as patas brancas, e com as orelhas e a nuca douradas, formando um colar de pérolas.

Em diferentes lendas, o primeiro cavalo do herói é de cor escura, como as montarias do demônio ou de Plutão. A cor cada vez mais clara do animal acompanha a evolução da consciência do herói. Um bom exemplo desse simbolismo é encontrado em um conto russo, *A bela Vassilissa*, no qual o dia nasce com o aparecimento do cavalo branco, o sol surge com o alazão e a noite cai com o cavalo negro.

Platão expressou, nos *Diálogos*, o contraste entre o branco e o negro como cores do cavalo: um homem conduz uma carruagem puxada por dois deles, um branco, de boa índole, e outro negro, de má índole. Seu trabalho é tentar controlar essas duas forças, numa metáfora do esforço necessário para equilibrar rebeldia e obediência.

Nos folclores brasileiro e europeu existem muitas regras para identificar um bom cavalo por sua cor ou por meio de manchas e sinais em sua pelagem:

Cavalo alazão, carga no chão.
Cavalo castanho escuro,
pisa no mole e no duro,
carrega o dono seguro.

(Carvalho, *O matuto cearense e o caboclo do Pará*, p. 55)

Cavalo com pé direito branco é manhoso.
Cavalo com pé direito branco traz desgraça para si e para o dono.

(Brandão, *Folclore de Alagoas*, p. 187)

Cavalo alazão (avermelhado)

Associado à idéia de sangue, o alazão aparece como anunciador da guerra e do Apocalipse: "Partiu então outro cavalo, vermelho, e ao que o montava foi dado tirar a paz da terra, de modo que os homens se matassem uns aos outros, e foi-lhe dada uma grande espada" (Ap 7,4).

Sua cor amarelo-avermelhada lembra o fogo que, se por um lado representa a emoção primitiva, animal e incontrolada, por outro exprime, quando adequadamente canalizado, o ardor da realização criadora.

O carro de Ushas, deusa indiana da aurora, é atrelado a cavalos de cor púrpura e precede o carro de Surya, deus do Sol, que por sua vez é puxado por éguas vermelhas.

Agni, o deus hindu do fogo, ajuda o herói em sua jornada, ou dando-lhe um cavalo vermelho ou assumindo ele mesmo essa forma. Quando surge sob forma humana, sua carruagem é conduzida por cavalos alazões, que deixam no solo um rastro escuro, abrindo caminho para seus seguidores através da selva.

Tarpã, o garanhão vermelho, também conhecido como "cervo sem galhos", uniu-se a uma mulher, Irguit, para fundar a tribo mongol dos Turgute, que criava e adestrava cavalos para o imperador da China.

No Japão, o sacrifício do alazão tinha como finalidade trazer as chuvas ou fazê-las cessar.

Cavalo baio (castanho)

Quando associada ao cavalo, a cor marrom, que evoca a terra firme e sólida, representa a estabilidade emocional.

Cavalo branco

Montado por reis e heróis, o cavalo branco está associado aos aspectos cósmico, solar e uraniano. Representa a vida imaculada e luminosa, a pureza, a inocência e o intelecto. Aparece atrelado à carruagem do deus-sol, mostrando a beleza que resulta do domínio do espírito sobre a natureza.

Buda deixou o palácio paterno montado em um cavalo branco, que mais tarde viria salvá-lo em sua luta contra os demônios antropófagos. Vishnu, o deus hindu preservador do Universo, surgirá em seu décimo e último avatar como Kalki, o gigantesco cavalo branco que trará ao mundo a paz e a salvação. Em outra versão, ele cavalga Kalki e empunha uma espada flamejante, com a qual eliminará o mal e restabelecerá a religião pura.

Kuan Yin, a Grande Mãe chinesa, deusa da compaixão, tanto aparece como cavalo branco como com cabeça de cavalo, ou ainda trazendo uma figura eqüina em sua coroa. No Japão, o cavalo branco é a montaria da deusa Bato ("cabeça de cavalo") Kwannon, correspondente a Kuan Yin, e ambas derivam da figura de Avalokiteshvara, do budismo indiano.

Os japoneses adoravam o cavalo branco, considerando-o um purificador de almas. Acreditavam que ele ouvia as confissões dos homens e, graças às grandes orelhas, levava fielmente os segredos humanos aos *kami* (forças ou seres mais elevados da natureza). Quando não lhes era possível manter um cavalo vivo em seus santuários, colocavam em seu lugar um animal de madeira pintado de branco, que era oferecido a Tatsudahima, a deusa do vento, para trazer as chuvas.

Na mitologia iraniana, quatro cavalos brancos – representando a chuva, o vento, as nuvens e o granizo – puxavam a carruagem de Ardvisura Anahita, deus dos contratos e das amizades, protetor da verdade e inimigo da mentira.

Na Grécia, o cavalo branco significa luz, *lógos*, razão e instintos sublimados ou controlados. Cavalos brancos puxavam a carruagem solar do deus

Apolo, e eram cavalgados pelos Dióscuros, os gêmeos Castor e Pólux. O cavalo branco está também associado ao princípio úmido e a Posídon, deus do oceano e dos terremotos, e ligado ao brotar das fontes límpidas que trazem o conhecimento libertador.

Os guerreiros romanos desfilavam em carros puxados por quatro cavalos brancos, representando a vitória e a paz. Também na mitologia romana, esse animal conduzia as carruagens dos deuses solares Apolo e Mitra.

Na sagração dos reis da Irlanda, por volta do século III d.C., sacrificava-se uma égua branca com banho ritualístico e hipofagia.

O cavalo branco era a montaria de Svantonit, deus lituano da guerra, e das valquírias germânicas.

Na vida e nas lendas dos santos cristãos, ele tem um importante papel. Foi montaria e conselheiro de São Jorge (Jorge da Capadócia), honrado em toda a cristandade, a quem deu ajuda para libertar a virgem de um dragão (o demônio).

De acordo com a superstição popular de vários países, é bom presságio encontrar ou sonhar com um cavalo branco. Mas, em certas crenças inglesas e alemãs, isso pode ser presságio de morte se estiver relacionado com o cavalo branco do Apocalipse; nesse caso, a brancura é resultado da palidez associada à frieza e à ausência de cor, diferentemente da brancura solar diurna, que é a soma de todas as cores. O branco, por um lado, como ausência de cor, representa a "não-vida", a falta de ligação com a natureza e a instintividade; por outro, como somatória de todas as cores, é a expressão da pulsão instintiva, que transcende rumo ao espiritual.

Nas antigas e tradicionais procissões inglesas, mulheres nuas cavalgavam cavalos brancos personificando a Rainha de Maio para assegurar boas colheitas. Esse ritual, proibido pelos puritanos em meados do século XVII, foi posteriormente retomado e subsistiu até o início do século XIX.

Cavalo cinzento

Sleipnir, o cavalo cinza de Odin, era um símbolo da morte e da força. Os povos germânicos acreditavam que as nuvens cinzentas se assemelhavam a cavalos-fantasmas, formados pelas almas dos mortos que galopavam sobre as árvores (ver "Cavalos famosos – Sleipnir").

Os cavalos de cor cinza também eram a montaria dos espíritos maléficos no folclore hebreu (ver "Aspecto maléfico e demoníaco").

Cavalo dourado

O cavalo dourado aparece associado à virilidade e à fertilidade.

Na mitologia iraniana, é uma das formas assumidas por Tishtrya, um corpo celeste talvez identificado com Syrius, na constelação do Cão Maior. Quando Tishtrya se tornava visível no horizonte, era sinal de chuva.

Nas histórias russas, é um símbolo do herói ressuscitado e está associado à qualidade viril.

Cavalo negro

O diabo, assim como os espíritos do mal, sempre monta um cavalo preto, ligando-se desse modo às forças telúricas. O cavalo negro também representa o demônio e a noite escura e terrível. Acreditava-se que eram bruxas metamorfoseadas, que comiam crianças (ver "Aspecto maléfico e demoníaco").

Na Grécia, representa os desejos incontrolados. Em Roma, assim como em alguns contos russos, depois da cerimônia nupcial, os noivos eram conduzidos em uma carruagem puxada por dois cavalos negros, que simbolizavam a impetuosidade do desejo.

No culto a Tatsudahima, deusa japonesa do vento, um cavalo negro era sacrificado para fazer parar a chuva.

No folclore bretão, ele é visto como uma alma condenada.

No folclore do extremo Sul do Brasil, o cavalo negro está associado aos impulsos e à falta de controle dos instintos. No conto gaúcho *O cavalo encantado*, por exemplo, o índio atribui a um animal negro o poder de conquistar sua amada, mas sua velocidade e impetuosidade impedem que alcance o objetivo, e ambos acabam desaparecendo no fundo da lagoa.

De modo geral, várias crenças afirmam que a Morte monta um cavalo negro e que sonhar com ele é mau presságio.

PARTES DO CAVALO

Na mitologia hindu e helênica, a CABEÇA do cavalo está associada ao simbolismo da ressurreição. O animal morre e ressurge com o herói solar, podendo estar representado apenas por sua cabeça. O crânio, em especial, está associado à idéia de imortalidade.

Na Alemanha, era costume colocar uma cabeça de cavalo nas janelas, como amuleto contra o mal. Os camponeses costumavam jogar alguns ossos da cabeça do cavalo sobre o telhado da cabana, para espantar os fantasmas da noite.

Existe, em vários países, a idéia de que a batida dos CASCOS do cavalo no chão faz jorrar água. É lendária a força fálica dos cascos do cavalo, que servem tanto para combater os inimigos como para abrir fendas na terra, fazendo jorrar fontes de ambrosia. Na mitologia hindu, os cascos são associados ao derramar do vinho e, na época da seca, às chuvas (ver "O cavalo e a água").

No folclore inglês, há a crença de que uma infusão das CASTANHAS (calosidades na parte interna das patas) do cavalo em cerveja ou leite quente serviria para curar o câncer.

A mitologia romana atribui à CAUDA do cavalo um poder fertilizador. No ritual dedicado a Marte, a cauda é levada ao rei para proporcionar fertilidade e uma boa colheita (ver "Vítima sacrificial – Rituais de fertilidade").

Entre turcos e mongóis, a cauda do cavalo simboliza a potência guerreira e viril, e é usada na confecção de estandartes.

Essas projeções provavelmente são devidas a um deslocamento, para a cauda desse animal, do poder viril e fertilizador que lhe é atribuído (ver "Energia instintiva").

Outro atributo da cauda do cavalo é encontrado no ritual de Ashvamedha da mitologia hindu: os deuses se agarravam a ela para ser conduzidos ao céu, pois o cavalo era o único que conhecia o caminho.

Em várias regiões da Inglaterra, existe a crença de que os fios da CRINA podem ser colocados em volta do pescoço para curar o bócio ou misturados à comida das crianças para fazê-las expelir vermes.

Os OLHOS, com sua capacidade de visão noturna e grande amplitude, fazem desse animal um símbolo da consciência moral e do poder de clarividência, e também o caracterizam como um condutor de almas. Essas funções são encontradas no xamanismo e nas mitologias germânicas e asiáticas (ver "Psicopompo" e "Adivinho e conselheiro").

Na região da Toscana (Itália), acreditava-se que a SALIVA do cavalo tinha poder de cura, principalmente nos casos de tuberculose, coqueluche e dor de ouvido. Talvez essa crença tenha surgido do mito do cavalo solar, cuja saliva é vista como ambrosia ou orvalho matinal (ver "Poder de cura").

RELAÇÃO COM OUTROS ANIMAIS

Quando aparece interagindo com outros animais, a inteligência e a esperteza do cavalo tornam-se evidentes.

É interessante notar como são poucas as histórias e lendas que fazem essa mesma relação com outros animais. Isso provavelmente se deve à projeção de um vínculo intenso entre cavalo e homem. Ao se tornar um auxiliar, o cavalo se distancia dos outros animais e chega até mesmo a traí-los.

O cavalo e o lobo

Na fábula de La Fontaine *O cavalo e o lobo*, o lobo faminto quer devorar o cavalo e põe seu plano em ação: finge ser um grande conhecedor de doenças e remédios. O cavalo percebe o ardil, mas decide castigar o lobo e diz ter um tumor nas patas traseiras. O lobo, entusiasmado, vai examiná-lo. E quando está agachado, o cavalo lhe acerta um terrível coice que o coloca fora de combate.

O cavalo e o macaco

No Pará, encontra-se esta lenda: o cavalo propõe ao homem, em troca da liberdade, ajudá-lo a livrar-se dos macacos que estão acabando com seu roçado de milho. Finge-se de morto no meio do milharal. Os macacos chegam, vêem-no caído, receiam que estrague o sabor do milho e decidem tirá-lo de lá. Para isso, cada um amarra uma corda na cintura e prende a outra ponta no pretenso cadáver. Entretanto, antes que possam arrastá-lo, o cavalo se levanta e sai a galope rumo à cabana do lavrador. O homem mata os macacos e o liberta.

O CAVALO FANTÁSTICO

Dentre os cavalos fantásticos destacam-se os alados, que simbolizam o processo de transformação da libido, quando a energia instintiva torna-se espiritualizada, o que corresponde ao nascimento do intelecto e da compreensão.

O centauro ilustra claramente a relação do homem com a instintividade. Conta a mitologia grega que Ixíon, traiçoeiro e sacrílego rei da Tessália, tentou violentar a deusa Hera, mas Zeus o enganou, recriando em uma nuvem a imagem da esposa. Ixíon uniu-se àquela imagem e gerou um monstro. Foi este monstro que, unindo-se às éguas da Magnésia, deu origem aos centauros: seres com tronco, braços e cabeça de homem, e o restante do corpo em forma de cavalo.

De natureza violenta, os centauros estão ligados à idéia de rapto e violação da mulher. Representam a natureza animal, instintiva e selvagem, que não consegue ser controlada pela força do espírito.

Há apenas dois centauros que se diferenciam dos demais, tanto na origem como na índole. Um deles, Folo, filho do sátiro Sileno e uma ninfa, acolheu Héracles em sua viagem à Arcádia e o ajudou a derrotar os centauros. Foi atingido por uma flecha envenenada e Héracles, em sinal de gratidão, deu-lhe um funeral majestoso.

A segunda exceção aos intempestivos centauros é Quíron, nascido da união de Crono (metamorfoseado em cavalo) com Fílira, filha do Oceano. O sábio Quíron conhecia a arte da medicina, da música, da ética, da guerra e da caça, e tornou-se o educador de muitos heróis.

Folo e Quíron representam, ao contrário da idéia genérica atribuída aos centauros, a expressão nítida da harmonia do homem com sua instintividade.

Na Inglaterra, é antiga a tradição dos cavalos-fantasmas. Geralmente brancos, eles surgiam galopando noite adentro, e deram origem a diferentes lendas que persistem até hoje.

Na Irlanda, existia um espírito mágico, Pooka, que geralmente aparecia como cavalo. Vê-lo era um presságio de morte. Essa crença se conserva até os dias de hoje, e acredita-se que Pooka surge nos pântanos e brejos.

Na Escócia, o espírito da água às vezes aparecia como um cavalo branco, cuja crina se assemelhava à espuma das ondas.

Uma lenda japonesa conta que Kanaoka pintou um cavalo na parede do castelo do imperador Uda. Esse animal ganhava vida à noite, saía do castelo e devastava os campos vizinhos. Um dia, descobriram rastros de lama nas patas da figura pintada, e perceberam que ela tinha poderes mágicos. O pintor Kanaoka foi chamado e, com a espátula, raspou os olhos da pintura. Nunca mais as plantações foram destruídas.

Os cavalos de oito patas são freqüentes na mitologia, desde os países nórdicos até o Japão. Montaria de xamãs e curadores, seu galope podia ser ouvido a longas distâncias. Dentre eles destaca-se Sleipnir, a montaria de Odin.

Nas ilhas do Oceano Índico, fala-se de uma espécie de cavalo verde, que habita aquelas águas, diferente dos minúsculos cavalos-marinhos das águas tropicais. As éguas verdes são altamente valorizadas por sua beleza e resistência. Numa ilha da costa leste da África, os garanhões verdes só vêm pastar em algumas noites do ano. Os criadores trazem as éguas no cio, e ali as deixam sozinhas durante a noite. Sabem que os garanhões marinhos não sairão da água para fecundá-las se houver seres humanos por perto. Os potros resultantes dessa união são o ideal de todo cavaleiro: galopam sem nunca sentir cansaço e jamais perdem o fôlego, pois não têm pulmões. Os gregos e egípcios os conheciam pelos nomes de *Hippocampus* e *Sabgarifiya*, respectivamente.

Na mitologia chilena, encontra-se o cavalo-do-mar da ilha de Chiloé. Galopando com igual facilidade por terra e água, ele serve como mensageiro e meio de transporte para os bruxos. É invisível e clareia as estradas com uma lanterna alimentada por gordura humana.

No folclore brasileiro, é comum a figura dos cavalos-fantasmas que assustam e afugentam os viajantes nas ruas, rios e estradas.

No Nordeste, existe a figura do Zumbi, um cavalo-fantasmas que assusta tropeiros e vaqueiros com saltos e coices, enfeitiçando e paralisando suas montarias.

O cavalo-de-cão é conhecido em todo o Brasil, nas cidades e na zona rural. Preto, muito elegante, pacífico e quieto, só ataca quando provocado, mas então se torna uma fera violenta. Vem daí a expressão usada para designar o indivíduo normalmente pacífico que perde o autocontrole quando provocado: "Ele virou o cavalo-de-cão".

A lenda da mula-sem-cabeça, que tem origem européia segundo alguns autores, aparece com muita freqüência nas regiões central e sudeste do Brasil. O cavalo-sem-cabeça, ou a mula-sem-cabeça, seria a transfiguração do padre que pecou contra a castidade, ou da mulher que viveu em pecado com um padre.

O cavalo-de-três-pés, e às vezes sem cabeça, aparece sobretudo no folclore paulista. Ele assusta e ataca quem viaja pelas estradas, causa medo nas encruzilhadas e traz infelicidade àquele que pisa em suas pegadas.

O cavalo-d'água é um ser fabuloso, que domina o rio São Francisco e faz virar as embarcações que não têm sua cabeça esculpida na proa. No folclore gaúcho, ele é encantado, negro, finge ser manso para enganar aquele que tenta dominá-lo, arrastando-o para o fundo da lagoa.

Em Angra dos Reis, no litoral do Estado do Rio de Janeiro, encontra-se a história de um "cavalo-fantasma". Embora invisível, podem-se ouvir suas passadas, e dele emana uma luz clara que enche de medo quem cruza seu caminho.

Entre os índios guaranis e seus descendentes da faixa litorânea gaúcha, existe a crença de que a névoa é o alimento do cavalo Anhá, que significa diabo ou espírito do mal. Os guaranis o imaginam como um animal branco que sai da laguna Iberá, considerada a matriz de tudo que é misterioso naquela região.

Podem-se sintetizar as qualidades dos cavalos-fantasmas: impetuosos, assustadores e/ou associados a bruxas e demônios. Essa relação aponta para uma possível repressão da libido, que, ao desaparecer do plano consciente, emerge sombriamente causando estagnação no processo de desenvolvimento da personalidade.

O ELEFANTE

▼

Ordem: *Proboscidea*
Família: *Elephantidae*

Principais características biológicas

O elefante é o maior animal terrestre e existe há cerca de cinco milhões de anos. O macho adulto pesa entre cinco e sete toneladas e alcança até quatro metros de altura, ao passo que a fêmea pode atingir 3,6 toneladas e 3,5 metros de altura. Sua pele tem cor cinzenta ou castanha. Os chamados "elefantes brancos", muito raros, são na realidade espécies albinas ou mal pigmentadas, cuja cor resulta de um tom pardo com manchas rosadas.

Há duas espécies principais: a africana (*Loxodonta africana*), de maior porte, e a indiana ou asiática (*Elephas maximus*).

Tem reduzido poder visual, mas olfato apurado. A longa tromba e as orelhas grandes compensam os olhos pequenos e separados. A tromba está ligada ao nariz, cujas narinas prolongam-se por todo o seu comprimento. Ela se forma pela fusão do lábio superior com o nariz e é extremamente sensível, devido aos muitos condutos nervosos. Nos lados da tromba, o elefante tem duas presas de marfim (ausentes na fêmea da espécie indiana), e na sua extremidade há um apêndice (ou dois, na espécie africana), semelhante a um dedo, que o animal usa para pinçar os mais diferentes objetos. Com a tromba, ele suga água (cerca de sete litros por vez), alcança alimentos, carrega e empurra objetos, e pesquisa o solo onde pisa. É capaz de detectar e identificar odores a quilômetros de distância.

Suas orelhas são um poderoso órgão de percepção e comunicação, e ele as usa de várias maneiras para expressar diferentes significados, tais como saudar um companheiro, chamar os filhotes, ou ainda intimidar um elefante inimigo. Cada elefante possui algumas particularidades no formato de suas orelhas, que o distinguem dos outros e lhe dão sua identificação. A espécie africana tem as orelhas bem mais desenvolvidas.

Os elefantes passam muitos anos sem se deitar e nunca o fazem na idade fértil. Dormem cerca de quatro horas por dia e, mesmo durante o sono, permanecem sempre em pé.

Despendem a maior parte do tempo procurando alimentos, principalmente folhas, raízes e frutas. Ingerem por dia uma quantidade equivalente a cerca de 5% de seu peso e consomem de 110 a 190 litros de água. Grande parte do que ingere é excretada, e seus dejetos distribuem sementes e fertilizam o solo. Em razão de seus hábitos alimentares e grande necessidade de água, às vezes as manadas precisam percorrer enormes distâncias, mudando assim seu local de permanência. Por se alimentarem de plantas e ervas de baixo teor calórico, passam até dezoito horas diárias nessa atividade.

A espécie indiana costuma viver nos bosques e florestas, ao passo que a africana habita os mais diferentes locais: montanhas, pântanos, florestas e savanas. Os elefantes dão forma peculiar ao ambiente onde vivem. Na busca de alimento, derrubam e erradicam árvores, propiciando o aparecimento de pastos e arbustos e deixando a luz alcançar o solo. Escavam o chão com suas presas, trazendo à superfície reservas subterrâneas de água, que sustentarão muitas outras espécies animais. Buscam água com freqüência para o banho, para assim se livrar dos insetos e parasitas que ferem sua pele sensível.

São ágeis e têm grande senso de equilíbrio. Movem-se silenciosamente, têm uma inteligência notável e são dotados de ótima memória. Estão entre os melhores animais terrestres nadadores.

No acasalamento, a fêmea é atraída pelos fortes odores exalados pelo macho quando sexualmente excitado.

A maturidade sexual do macho surge por volta dos 14 ou 15 anos, mas é só depois dos 25, quando ocorrem os períodos de *musth* – palavra do híndi que significa o frenesi sexual do macho –, que ele se torna apto a competir com os mais velhos pela posse da fêmea. São períodos de intensa virilidade, excitação e agressividade, decorrentes da presença de altos níveis de testosterona, cuja duração varia de alguns dias a cinco meses.

A fêmea, com um cio de quatro dias, pode ser fecundada a cada quatro anos. O tempo de gestação da espécie indiana varia de 607 a 641 dias; o da espécie africana, de 630 a 660 dias. Cada gravidez produz um único filhote.

A amamentação do filhote costuma prolongar-se até os 3 anos, embora a alimentação, já a partir dos 3 meses, também inclua vegetais.

O elefante vive em manadas, com uma complexa rede de vínculos sociais. A unidade básica de sua organização social é a família, dominada por uma fêmea mais velha, que é obedecida e respeitada por todos os membros da manada, com exceção dos machos adultos, até a sua morte. Além da própria família, essa "matriarca" também congrega outros elefantes que vivem juntos e assim realizam diferentes atividades, tais como pastar, proteger as mães e os filhotes em fase de amamentação e afugentar os inimigos. Ao se encontrarem, os elefantes trocam cumprimentos efusivos, entrelaçam as trombas ou usam-nas para acariciar o corpo ou a boca uns dos outros; demonstram afeto colocando a tromba na boca do companheiro ou do tratador; e, sempre bramindo, costumam bater ruidosamente as orelhas e estalar as presas. Seus fortes vínculos de amizade podem durar por toda a vida.

Há pesquisas em curso sobre a comunicação vocal entre eles que tentam descobrir o significado de vários sons; já foram identificados 25 chamados diferentes. Sabe-se hoje que grande parte dessa comunicação está abaixo do limiar da audição humana; o alcance desses chamados infra-sônicos é de 2,5 quilômetros, no mínimo, e suspeita-se que possa chegar até cinco quilômetros. Uma hipótese é que esse recurso tenha como função coordenar e organizar à distância o comportamento de toda a manada. Esses estudos levam a crer que o elefante é dotado de habilidade e inteligência ainda não totalmente explicadas.

É um animal com forte instinto protetor. A aliá cuida de seu filhote e o educa até os 4 anos se é um macho e até os 10 se é fêmea; esses cuidados também são dispensados aos filhotes pelos outros membros da manada. Por volta dos 12 anos, o elefante macho abandona a manada e passa a viver sozinho ou num grupo "masculino", submetendo-se ao poder dos mais velhos até ser capaz de equiparar-se a eles.

Os elefantes indianos, facilmente domesticáveis, são utilizados há séculos como animais de carga e transporte. Em geral, só se encontra um comportamento violento no animal ferido e ameaçado, nos machos solitários e na fêmea que protege a cria.

O homem é o único animal em condições de atacar e matar um elefante. Essa caça é considerada perigosa, pois quando acossado ele se torna violento e contra-ataca com patadas ou com suas presas aguçadas. Ele não se contenta em matar o agressor – destroça-o.

Sua vida média é de 50 a 70 anos. É bem conhecido o hábito do elefante velho e doente de afastar-se do grupo, acompanhado por alguns mais jovens, em busca de um local onde tenha abrigo e fácil acesso à água. Depois os jovens se retiram, deixando-o sozinho para morrer. As lendas sobre os "cemitérios de elefantes" talvez tenham nascido do fato de muitos deles terem escolhido morrer num mesmo lugar.

Em suas migrações vão destruindo a fauna e a vegetação, e assim ameaçam o equilíbrio ecológico. Por isso, durante muito tempo estiveram em vigor medidas, como o abate sistemático, para evitar a superpopulação e garantir o ecossistema.

Mas essa situação começou a se modificar em épocas mais recentes. As matanças para obtenção do valioso marfim tomaram grandes proporções e acabaram por sensibilizar a opinião pública e mobilizar, no plano mundial, os órgãos de conservação da natureza. Nos dias de hoje, o número de elefantes existentes nas regiões de seu hábitat foi drasticamente reduzido e, segundo pesquisadores, esse animal encontra-se em risco de extinção a curto prazo.

Na tentativa de controlar essa situação e favorecer a conservação da espécie, alguns países vêm mantendo populações de elefantes em reservas dirigidas e vigiadas, embora mesmo em algumas dessas áreas protegidas a perda ainda seja significativa.

Assim como outros animais da África, o elefante constitui uma parcela vital do ecossistema particular do continente; derrubando árvores, eles contribuem para o aspecto peculiar, misto de floresta e savana, e abrem espaço para outros grandes mamíferos.

Simbolismo

MITOS DE ORIGEM

A mitologia hindu conta que, ao romper-se a casca do ovo do pássaro solar Garuda, Brahma, o Criador, pegou as duas metades e, entoando sete melodias sagradas, deu à luz Airavata, o elefante divino que serve de montaria para o grande deus Indra. Da casca na mão direita nasceram outros sete elefantes; da casca na mão esquerda, oito aliás. Esses oito casais tornaram-se os ancestrais de todos os elefantes e também dos *diggajas* – os elefantes (*gaja*) das direções espaciais (*dig*) –, que sustentam o universo nos quatro pontos cardeais e nos quatro intermediários.

Segundo outra tradição, o elefante Airavata é filho de Iravati, "aquela que possui o fluido", e por meio dela liga-se ao fluido cósmico da vida. No mito do Oceano de Leite, Airavata surge com a esposa Abhramu do leite do universo, numa referência mais específica à origem do elefante branco ou albino (ver "O elefante branco").

O mito védico de Vivasvat (a forma de sol nascente assumida por Surya, deus-Sol indiano) também faz referência à origem mítica do elefante. Aditi teve oito filhos e rejeitou um deles por ser uma massa informe. Essa massa foi depois moldada por um artesão divino e surgiu Vivasvat; a parte não utilizada pelo artesão caiu sobre a Terra e deu origem ao elefante. Em virtude da natureza divina desse animal, sua caça não era permitida. Outra versão conta que os sete filhos de Aditi moldaram o irmão deformado na forma humana; as sobras de carne jogadas fora se transformaram no elefante. Daí a crença de que parte de sua natureza seja humana.

No Quênia, encontra-se um mito segundo o qual os elefantes se originaram da transformação de uma mulher: o marido, cansado da pobreza, procurou Ivonya-Ngia, "o que alimenta os pobres", e este lhe ofereceu uma centena de vacas e ovelhas. O homem rejeitou essa oferta e pediu o segredo do enriquecimento. Ivonya-Ngia deu-lhe um ungüento e mandou que o esfregasse nos caninos da mulher para fazê-los crescer; depois, era só arrancá-los e vendê-los. Os caninos cresceram, longos como presas. O marido os arrancou e vendeu por bom preço. E então eles cresceram novamente, maiores do que antes. Mas dessa vez a mulher não permitiu que ele os arrancasse. Conservou na boca as longas presas, e logo também seu corpo se transformou, tornando-se grande e pesado, e sua pele ficou grossa e acinzentada. Ela abandonou o lar e a vida humana e foi viver na floresta, onde deu à luz muitos filhos, todos eles elefantes.

Um mito da Tanzânia conta que originalmente o elefante era um ser humano; quando teve o braço esquerdo decepado, o direito se transformou na tromba (ver "Relação com o ser humano").

No conto *O filhote do elefante*, Rudyard Kipling narra a lenda indiana sobre a origem da tromba. Antigamente, no tempo em que os elefantes tinham um nariz pequenino que não servia para nada, um filhote muito curioso perguntou aos pais qual era o alimento do crocodilo. A resposta, claro, foi uma tremenda surra. Mas ele era persistente. Foi caminhando em direção ao rio e, quando lá chegou, procurou o crocodilo e lhe perguntou o que comia no jantar. O crocodilo chegou mais perto, abriu a bocarra e cravou-lhe os dentes no nariz. Desesperado, o filhote fez de tudo para se soltar. Tanto puxou que seu nariz foi esticando e esticando cada vez mais, até que apareceu a serpente. Ela se enrolou no elefantinho e fez força até conseguir libertá-lo dos dentes do crocodilo. O pobrezinho fez de tudo para o nariz voltar ao tamanho normal, mas não adiantou. Ficou com ele comprido. A manada inteira riu e zombou, mas então o elefantinho descobriu a enorme utilidade da tromba e o imenso poder que ela lhe conferia.

Vendo isso, todos os outros elefantes começaram a ir ao rio pedir ao crocodilo para lhes esticar o nariz.

FORMA E TAMANHO

"A maior obra-prima da natureza – o elefante. O único ser imenso que é inofensivo, um gigante entre os animais [...]" (John Donne, 1572-1631, citado em "Trail of shame" – VV.AA., p. 36).

No simbolismo hindu, encontramos diversas imagens do elefante como suporte do mundo: em uma delas, quatro deles estão sustentando o mundo nas costas, apoiados sobre uma imensa tartaruga que rasteja continuamente através do caos; em outra, um único elefante suporta o universo; em mais outra, quatro sustentam os quatro cantos da Terra, numa estrutura semelhante à do cosmo – quatro pilares sustentando uma esfera, o símbolo do universo.

Na prática da ioga tântrica, o elefante está relacionado com dois dos sete principais chacras, os centros corporais da energia vital. No primeiro chacra, *muladhara*, ele aparece como Airavata, montaria de Indra, deus do firmamento, ligado à cor ocre e ao elemento terra e símbolo da estabilidade e imutabilidade. Localizado na base do períneo, esse chacra é considerado a sede das energias primitivas e das necessidades básicas de sobrevivência; sua ativação torna a pessoa capaz de andar com firmeza e suportar pesadas tarefas. O elefante também está associado ao quinto chacra, *vishuddha*, como o mais pri-

mitivo dos mamíferos sobreviventes, aquele que traz consigo o conhecimento ancestral da natureza e estabelece uma sintonia com ela, tornando-se símbolo da memória, da paciência e da autoconfiança.

Seu corpo volumoso faz que o homem ocidental o associe à idéia de peso, força bruta, torpeza, desajeitamento e lentidão. O uso de expressões populares tais como "dose de elefante" e "não há elefante que agüente", referindo-se a grandes quantidades e a tarefas excessivamente pesadas, está ligado ao tamanho desse animal. Ele é usado para designar pessoas obesas e pouco ágeis. Na linguagem popular, a expressão "elefante branco" significa um presente volumoso e sem nenhum valor prático. No Oriente, o elefante é um símbolo de força e longevidade.

La Fontaine, na fábula *O elefante e o macaco de Júpiter*, caracteriza-o como um ser arrogante e onipotente, devido ao seu tamanho. Quando o elefante e o rinoceronte disputavam os direitos de supremacia sobre a Terra, Júpiter enviou o macaco, e é claro que o elefante logo pensou tratar-se de um mensageiro que vinha saudá-lo por sua grandeza. Qual não foi sua humilhação e decepção quando descobriu que Júpiter enviara o macaco para resolver uma pendência entre as formigas! A verdade é que no reino dos deuses, onde pequenos e grandes têm a mesma consideração, ninguém levava a sério a disputa entre o elefante e o rinoceronte.

Destacando o sentido sugerido por La Fontaine, temos estes dois conhecidos ditos populares: "Tamanho não é documento" e "Se tamanho fosse documento, o elefante seria dono do circo".

Mas o próprio La Fontaine, em *O rato e o elefante*, apresenta o reverso da medalha. O rato inveja sua força e robustez, tão admiradas pelos homens. Tenta diminuir a enorme diferença entre eles, desvalorizando a potência do elefante, e envolve-se de tal modo nessas preocupações que se descuida e acaba sendo devorado pelo gato. Essa fábula evidencia a diferença real entre o tamanho de um e o de outro, mostrando que ela deve sempre ser considerada.

Mas o tamanho do elefante, aparentemente sua principal defesa, pode tornar-se seu ponto fraco: ele está sempre exposto e tem dificuldade em esconder-se. Embora possa sustentar o peso de todos, não é sustentado, contido ou carregado por ninguém; assim, expressa unilateralmente o pólo de poder e auto-suficiência.

Seu porte e volume característicos, além da aspereza e rugosidade de sua pele, não favorecem um contato mais próximo com o ser humano. Mas isso não impede que ele seja visto com carinho e simpatia, e até mesmo seja considerado um animal amistoso e um possível companheiro do homem.

Desse modo, em razão de sua forma e tamanho, o elefante evoca projeções referentes principalmente a solidez, estabilidade, suporte, apoio, segurança, força e proteção. Na face negativa, essas mesmas qualidades podem ser percebidas como ameaçadoras à integridade física do homem, levando a associações com o poder opressivo e a força esmagadora.

Pode-se pensar também numa possível associação entre sustentar, ser sustentado e a obesidade. Em uma dinâmica psíquica na qual se sente fragilizado – ou por carência e falta de apoio afetivo ou por causa de situações emocionalmente estressantes –, o indivíduo pode querer procurar o alimento como fonte de energia. O excesso alimentar é, portanto, uma forma ilusória de sustento. Aqui fica explícita a relação entre tamanho e força.

MONTARIA DE REIS, GUERREIROS E HERÓIS

Devido à sua força física, os elefantes foram usados desde a Antigüidade nas frentes de batalha. Alexandre, o Grande, foi o primeiro rei a utilizá-los nas guerras, e essa tradição se manteve entre os sucessores. O faraó Ptolomeu II promovia grandes caçadas aos elefantes, que depois eram treinados para combate. Com a mesma finalidade, Dario III, rei dos persas, e o general cartaginês Aníbal desenvolveram técnicas de domesticação e adestramento.

O elefante participou das Guerras Púnicas como animal de carga e os romanos o associaram à vitória militar. Cartagineses e romanos fizeram uso dele em procissões e jogos circenses. Era emblema de César e aparecia pisando sobre uma serpente, que representava seus inimigos, em moedas da época.

Na Índia, possuir e montar um elefante eram prerrogativas de reis e marajás, os quais dele se serviam nas grandes cerimônias para afirmar o poder político e econômico sobre seus súditos. Também eram usados na cavalaria, como um tipo de divisão armada, e mantidos em reservas militares para épocas de guerra.

Ainda hoje o elefante, tanto o africano como o indiano, continua a ser utilizado na Ásia como montaria e animal de carga militar, tal como acontece em Mianmá (ex-Birmânia). Na Tailândia, participa de encenações de batalha como animal de guerra. No Sri Lanka, um grande número de elefantes ornamentados toma parte no festival Perahera, em homenagem ao dente de Buda que teria caído do céu numa tempestade. O maior desses elefantes é eleito rei do festival e tem o privilégio de transportar o dente sagrado de Buda.

Na Índia, os marajás ainda mantêm elefantes domesticados, que são ornamentados com as cores e adornos representativos de cada príncipe.

Símbolo de grande força e poder, o elefante transmite a idéia de superioridade e invencibilidade, e por isso é a montaria de reis, guerreiros e heróis. O andar compassado e estável sugere mudanças lentas, porém duradouras.

AGRESSIVIDADE

Uma das lendas sobre a vida do Buda Sakyamuni conta que um elefante real, embriagado e enfurecido, foi instigado contra ele para destruí-lo. Mas, ao perceber quem era o alvo, o animal dominou sua fúria e ajoelhou-se diante do sábio.

Encontram-se, na Índia, referências ao elefante como símbolo de energias físicas que, embora devastadoras, se sujeitam à lei.

Na mitologia hindu, o elefante assume um aspecto agressivo quando outros animais passam a ser protegidos pelos deuses. Seu aspecto destruidor aparece numa lenda, em que ele agita as águas do Lago da Lua com a tromba e corre pela praia, esmagando as lebres sob suas patas.

Esse mesmo aspecto agressivo e destruidor aparece em um cântico do folclore iorubano:

> Elefante, aquele que traz a morte.
> Elefante, um espírito à espreita.
> Com uma única patada arranca duas palmeiras do chão.
> Tivesse duas patas, rasgaria o céu como um velho tapete.
> Espírito que come o cão.
> Espírito que come o carneiro.
> Espírito que come uma palmeira inteira e seus espinhos.
> Com suas quatro patas mortais, esmaga a grama
> e por onde passa a grama fica proibida de crescer.
>
> (citado em VV. AA., "The elephant", *A parabola bestiary*, v. 813, p. 66)

A escassez de histórias referentes à agressividade do elefante mostra que esse não é um aspecto marcante de sua simbologia, talvez por ser um animal não predatório e relativamente pacífico. Ele está sujeito, portanto, a projeções de mansidão, ternura e afabilidade. Quando se enfurece, às vezes sua ira pode ser contida, tal como ocorreu ao perceber que tinha Buda diante de si. No entanto, quando se sente ameaçado, pode ter um rompante agressivo e destrutivo, com uma fúria devastadora similar ao comportamento intempestivo das pessoas habitualmente pacatas.

PODER FECUNDADOR

Sua grande fecundidade na estação do acasalamento associa os elefantes à potência da energia sexual.

Os egípcios sempre os adoraram como deidades carregadas de simbolismo sexual, e os antigos indianos os viam como um símbolo dessa poderosa energia.

O *Kama Sutra* usa as expressões "homem-elefante" e "mulher-elefanta" para designar as pessoas que possuem órgãos genitais maiores que a média e intenso apetite sexual. Nessa literatura, portanto, o elefante representava a capacidade sexual máxima e o desejo que não esmorece.

Nos dois séculos que antecedem a era cristã, o elefante aparece freqüentemente associado à figura de Lakshmi, deusa indiana da fertilidade e riqueza. Num ritual dessa época, devotado à chuva e à fertilidade da terra, dos rebanhos e dos homens, o elefante era pintado de branco e levado em procissão pela cidade; seguiam-no homens vestidos de mulher, a fim de honrar o princípio feminino, procriador e maternal. Acreditava-se que se todos executassem as reverências adequadas haveria uma grande e geral fertilidade, pois a Grande Mãe Lakshmi estaria satisfeita com as homenagens prestadas à sua montaria.

Montaria de Indra, deus hindu da fertilidade e da chuva, o elefante simboliza a força e a solidez terrestres. Sua agitação frenética durante o acasalamento é comparada à movimentação das nuvens antes da tempestade: uma imagem representativa do grande deus Indra (ver "Deuses associados ao elefante – Indra").

Quando associado à chuva, o elefante era um elemento simbólico da antiga cosmologia das águas.

Em *A imagem mítica*, Joseph Campbell narra o mito da concepção de Buda: a rainha Maya adormeceu e viu descer do céu um luminoso elefante branco com quatro presas brilhantes. Ao chegar à Terra, ele circundou três vezes o leito da rainha, tocou-lhe o lado direito do corpo com a tromba e penetrou em seu ventre, gerando Buda.

A imagem do elefante aparece nas representações hindus do chacra *muladhara*: uma flor de lótus com quatro pétalas, tendo no centro um quadrado amarelo (o elemento terra) e um elefante branco com sete trombas, que carrega nas costas um triângulo invertido, símbolo do útero e de Yoni, deusa-mãe do universo. Dentro do *yoni*, vê-se o primeiro *lingam*, o falo divino do princípio masculino universal.

Em *A prática da psicoterapia*, C. G. Jung faz referência ao chacra *muladhara*, associando-o à imagem onírica relatada por uma paciente: um elefante branco saía de seu órgão genital. A paciente, que vivera os anos da infância na Malásia, apresentava sintomas psicossomáticos que incluíam uma excitação indefinida na região do períneo, e Jung relacionou esse sonho com o despertar da sexualidade.

Um bestiário do século XII associa o elefante à mandrágora, uma planta fertilizadora muito usada em bruxarias: a fêmea colhe a mandrágora, come uma parte e oferece a outra ao macho; a sedução mútua é imediata e ocorre a concepção. Temos aqui uma analogia com o mito de Adão e Eva no Paraíso, provando o fruto da Árvore do Conhecimento.

A tromba do elefante, que é sua característica mais proeminente, faz dele um objeto de projeção da força fálica. Em diferentes mitos, quer como chuva fertilizadora quer como o falo que fecunda a rainha Maya, o elefante representa o *phallus* divino arquetípico e assim se liga ao arquétipo do Pai criador.

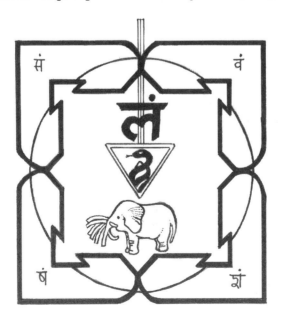

PODER MÁGICO

Ao elefante, montaria de reis e heróis, atribuía-se o poder de atender a desejos e trazer paz e prosperidade. Essas crenças se conservam até hoje: em estátuas e amuletos com sua imagem, no pêlo de seu rabo em adornos apotropéicos. As tradições medievais viam o marfim de suas presas como portador de poderosa magia.

Na Tailândia, acredita-se que a mulher grávida deve passar três vezes sob um elefante domesticado para garantir boa sorte no parto.

Diz-se que a imagem do elefante com a tromba abaixada significa atraso e, portanto, má sorte. Já a tromba levantada é sinal de boa sorte.

O poder mágico atribuído ao elefante está associado às características positivas de força, poder, equilíbrio e estabilidade. Desse modo, possuir um objeto com sua imagem, ou parte de seu corpo, é uma tentativa do homem de incorporar essas qualidades.

RELAÇÃO COM O SER HUMANO

A mitologia africana muitas vezes mostra o elefante como criatura nobre e gentil, que se caracteriza pela piedade e compaixão e também por se deixar enganar pela malícia dos outros.

Já mencionamos o mito da Tanzânia sobre a origem humana do elefante (ver "Mitos de origem").

Os Ashanti de Gana também acreditam que o elefante foi no passado um chefe humano e, por isso, quando encontram um deles morto na selva, dão-lhe os funerais próprios dos chefes de tribo.

Outras lendas africanas se referem à união do elefante com o ser humano. Numa delas, o caçador escondeu no celeiro uma pele de elefante que encontrara perto do lago. Logo depois viu uma moça, bastante robusta, chorando por ter perdido as roupas. Ele lhe propõe casamento e promete dar-lhe roupas novas. O tempo passa e eles têm vários filhos, todos grandes e fortes. Certo dia, a mulher encontra aquela pele escondida no celeiro. Veste-a, volta a ser um elefante e vai viver na selva. Seus filhos passam a ser os ancestrais do clã, cujo totem é o elefante.

Outro conto do Sudeste africano fala da moça que não conseguiu casar por ser demasiado alta e gorda. Sem marido, foi expulsa da tribo e passou a viver na floresta. Certo dia, encontrou um elefante que lhe deu atenção, tratou-a bem e a ajudou a conseguir alimento. Aceitou ficar com ele e deu à luz quatro seres humanos altos e fortes, que se tornaram os ancestrais do Indhlovu, o clã dos chefes supremos.

A relação do elefante com o ser humano caracteriza-se por uma atitude amistosa e solidária. A ênfase maior está no relacionamento erótico entre o elefante e a mulher, o que atesta o caráter fálico desse animal (ver "Poder fecundador").

DEUSES ASSOCIADOS AO ELEFANTE

O elefante, objeto de veneração muito enfatizado nas sagradas escrituras védicas e hindus, está associado a importantes deuses do panteão indiano.

Brahma

Deus hindu que dá origem a todas as formas de vida; criador personificado do universo, tem como atributo o poder de criação de Brahman, o Absoluto abstrato, o Princípio Universal Eterno.

Compõe, com Vishnu e Shiva, a tríade divina, e representa o equilíbrio entre dois princípios opostos – Vishnu e Shiva simbolizam forças antagônicas: renascimento e destruição, existência e aniquilamento, luz e trevas, concentração e dispersão.

Brahma é às vezes representado tendo nas mãos as duas metades da casca do ovo cósmico, do qual ele próprio nasceu e com as quais teria criado as esferas celeste e terrestre, bem como Airavata e os primeiros elefantes (ver "Mitos de origem").

Indra

Indra é um importante deus de origem indo-ária, que aparece sob diversas formas e exerce múltiplas atividades. Segundo o *Rigveda*, suas principais características são o poder e a força.

Divindade criadora da chuva, Indra cavalga um enorme elefante sobre nuvens com explosões luminosas, representadas por uma pedra preciosa na testa do animal.

No período pós-ariano, a montaria no comando das guerras é Airavata, o grande elefante branco, protótipo de todos os demais e grande símbolo de poder e vitória da realeza (ver "Poder fecundador" e "O elefante branco").

Lakshmi

Esposa de Vishnu e deusa dos elefantes, Lakshmi é representada radiante de beleza, sentada no centro de um lótus, entre dois elefantes sagrados que derramam sobre ela a água purificadora do Ganges. Também é conhecida como Grande Mãe e Deusa do Lótus.

Lakshmi surgiu quando os deuses bateram o Oceano de Leite para obter o elixir da imortalidade.

Considerada protetora das casas, costuma-se desenhar sua imagem na porta para evitar a entrada de influências maléficas. É também a deusa da boa sorte, da fortuna e da prosperidade.

DEUSES-ELEFANTE

O elefante aparece como montaria ou companheiro de alguns deuses. Krishna e Vishnu costumam assumir sua forma, ao passo que outros deuses são representados apenas com cabeça de elefante, tais como Ganapati, Ganapatihrdaya e Ganesha.

Ganapati

Primogênito da deusa Parvati, foi encarregado pela mãe de impedir que o deus Shiva voltasse a perturbar seu banho. Shiva enfureceu-se e o atacou, arrebentando sua cabeça. Diante do pesar de Parvati, Shiva corta a cabeça de um elefante e a coloca sobre os ombros de Ganapati, o qual retorna à vida com cabeça de elefante e corpo de menino. Essa imagem pode expressar a reconciliação dos opostos: a cabeça de elefante seria o macrocosmo e o corpo de criança, o microcosmo (a espécie humana).

Ganapati, também identificado com Ganesha, é considerado o "Senhor dos Ganas", os semideuses auxiliares de Shiva, ou seja, exércitos celestes, espíritos e deuses secundários.

Ganapatihrdaya

Representada no budismo tântrico com cabeça de elefante, Ganapatihrdaya é uma deusa associada ao aspecto feminino da energia divina de Ganesha.

Ganesha

Esse deus com corpo humano (o microcosmo) e cabeça de elefante (o macrocosmo) é uma das divindades mais populares do panteão indiano.

A cabeça de elefante sustenta uma coroa de pedras preciosas, na qual se destaca uma cabeça de serpente. Ganesha tem uma única presa (a outra ele teria arrancado, para com ela escrever o *Mahabharata*) e sua tromba repousa sobre a barriga protuberante. Possui quatro braços: uma mão está livre, outra segura a lança, a terceira empunha o machado e a quarta exibe uma flor de lótus.

Existe uma versão segundo a qual Ganesha, filho de Shiva e Parvati, fecundou a deusa Maya e gerou Buda (ver "Poder fecundador").

Um mito puruna conta que Ganesha, quando criança, foi decapitado pelo planeta Saturno. Para salvá-lo, Vishnu cortou a cabeça do elefante de Indra e colocou-a sobre seus ombros.

A fuga da Sagrada Família para o Egito, importante passagem do cristianismo, tem na iconografia hindu um paralelo interessante: a imagem da criança divina com cabeça de elefante, nos braços da Virgem Mãe, montada num touro branco puxado por Shiva.

Deus da sabedoria, do conhecimento e da aprendizagem, Ganesha traz boa sorte, abre caminhos e supera obstáculos. Quando invocado e adorado, torna-se também o protetor dos negócios e do lar. É honrado no início das jornadas e empreendimentos; coloca-se sua imagem no chão ao começar a construção de uma casa. Tem fama de possuir grande apetite.

Sua montaria é um rato, símbolo de sua capacidade de "roer" os obstáculos para desobstruir caminhos. Mas esse rato é também um demônio por ele conquistado e enfeitiçado, que representa a noite e a escuridão sendo dominadas pelo Sol. Quando esquecido, Ganesha revela o lado demoníaco, causando os mais terríveis tormentos. As tradições judaico-cristãs o associaram ao demônio Behemot, também representado com cabeça de elefante, que simboliza a energia sexual.

Ganesha era chamado de "senhor dos exércitos", talvez devido à intensa participação dos elefantes nas guerras.

Krishna

O deus Krishna e a esposa Radha podem metamorfosear-se em elefantes e, nesse sentido, representam a corporeidade do amor divino. Sua forte associação com os animais revela o vínculo existente entre o reino da natureza e o dos deuses.

Entre seus feitos heróicos está a destruição de demônios e forças do mal. Personagem decisivo do *Bhagavad Gita*, Krishna é o amigo e conselheiro dos Pândavas e o divino auriga de Arjuna na guerra contra os Kurus.

Shiva

Talvez a mais antiga imagem venerada no mundo, Shiva é visto em uma dança cósmica (*lila*) que expressa o ritmo e a unidade da Vida.

Pai de Ganapati, a criança divina com cabeça de elefante, Shiva às vezes aparece transformado nesse animal, depois de matá-lo e vestir sua pele.

Como deus da fertilidade, Shiva é adorado sob a forma do *lingam* e tem uma função criadora. O tantrismo o vê como um deus altamente sexual; encontram-se várias referências à sua união com Shakti, o princípio ativo feminino, e dessa união – o ato criador – surge a semente do universo.

Seu aspecto feroz o liga à morte e à destruição causada pelo tempo; às vezes, está associado a rituais de sangue. Os guerreiros costumavam invocar sua proteção antes da batalha.

O ELEFANTE BRANCO

Em várias regiões do Oriente, o elefante branco está associado ao poder fecundador e fertilizador. Já mencionamos a tradição budista sobre a concepção de Buda durante o sono da rainha Maya. O budismo tailandês acredita que a última encarnação, aquela que antecede o Nirvana, se dá no corpo de um elefante branco (ver "Deuses-elefante – Ganesha").

No Sião, Laos e Camboja, acredita-se que o elefante branco traz as chuvas e proporciona boas colheitas. Na Índia, dá-se um valor especial ao elefante albino, porque ele teve origem no Leite Universal. Abhramu, a elefanta branca divina, tem um poder especial que se reflete em seu nome (*abhra*, nuvens; *mu*, fazer): o poder de fabricar nuvens, que é da maior importância, principalmente na época das secas (ver "O elefante voador").

O elefante branco ainda se destaca como montaria de deuses e reis. Airavata, que no período pós-ariano tornou-se a montaria do deus Indra, seria o protótipo da espécie: é branco, tem quatro presas e foi mais tarde entronizado como rei dos elefantes. Os grandes elefantes que sustentam o mundo também são brancos e têm quatro presas (ver "Mitos de origem").

Na antiga Birmânia, o elefante real branco, extremamente raro, era sagrado e montado pelos reis apenas nos desfiles de gala. Com isso, passou a ser considerado participante do divino. Acredita-se que o culto ao elefante branco, praticado pelos reis tailandeses e pela última dinastia birmanesa, tenha se originado da adoração a Airavata.

O elefante branco também é um dos sete símbolos que surgem para Cakravartin, o rei divino do mundo para os hindus, no momento em que lhe é revelada sua missão. No livro sagrado do *Rigveda*, ele é chamado de Hastinmrga, "animal com uma mão", elefante-tesouro ou elefante branco divino. Sua função é transportar o rei divino durante sua jornada pelos céus.

O elefante branco também era considerado a antiga montanha sagrada dos deuses pré-ários.

Ele ainda está presente na representação do chacra *muladhara*, relacionando-se com a natureza na busca incessante de alimentos para o corpo e para a alma. A ativação desse chacra levaria o indivíduo a desenvolver características atribuídas ao elefante, tais como a firmeza no andar e a possibilidade de adquirir grande controle, à medida que consegue estender seus limites até o máximo suportável (ver "Poder fecundador").

Nessas culturas, o elefante branco parece ser um símbolo do *Self*, por causa de sua cor, que indica o estado de perfeita pureza, e por ser considerado suporte do mundo e representante da totalidade.

PARTES DO ELEFANTE

Os antigos gregos acreditavam que a CARNE do elefante tinha o poder de curar a lepra, devendo ser ingerida, ou então pulverizada e aplicada externamente sobre os locais afetados.

O PÊLO DO RABO do elefante é popularmente considerado um portador de boa sorte (ver "Poder mágico").

Na Idade Média, julgava-se que as PRESAS de marfim eram portadoras de poderes mágicos. Raras e extremamente valiosas, as presas do elefante são até hoje utilizadas na manufatura de adornos e objetos de arte.

A TROMBA está amplamente associada ao simbolismo fálico.

RELAÇÃO COM OUTROS ANIMAIS

Na relação do elefante com animais menores, evidencia-se a projeção de poder, que lhe é conferida em função de seu enorme tamanho. Embora sua força não possa ser ignorada, o elefante nem sempre é invencível; muitas vezes se vê derrotado pela astúcia e inteligência contrapostas à força bruta.

A projeção de poder suscita sentimentos de inveja e rivalidade naquele que se identifica com o pólo frágil, o que leva freqüentemente a atitudes destrutivas. Mas há uma saída criativa na integração dos opostos – poder e fragilidade – que leva a uma transformação da consciência (ver "Forma e tamanho").

O elefante e a águia

Para os antigos vedas, o elefante Airavata, como montaria de Indra, tinha uma natureza divina. Mas com a queda desse deus e a ascensão da trimúrti Brahma-Vishnu-Shiva, Airavata começou a ser caçado pela ave divina Garuda, montaria de Vishnu.

O *Ramayana* descreve o vôo de Garuda: uma águia que leva nas garras o elefante e a tartaruga. A mesma lenda é desenvolvida no *Mahabharata*: dois irmãos, em disputa por seus bens, trocam maldições e transformam-se em dois animais gigantescos, um elefante e uma tartaruga; continuam a lutar ferozmente, até que Garuda os agarra e leva-os para o topo da montanha.

A versão vishnuíta dessa lenda conta que Garuda, depois de agarrar o elefante e a tartaruga, pousou no galho de uma árvore para descansar. Com o peso, o galho quebrou. Nele penduravam-se vários anões eremitas, nascidos de Brahma, e Garuda os salva. Diz a lenda que aqueles mesmos anões tinham amaldiçoado Indra, que passou montado em seu elefante e lhes negou ajuda num momento de grande perigo; furiosos, rogaram o nascimento de um novo deus. Surgiu então Garuda, pássaro montaria de Vishnu, que declarou guerra ao elefante, montaria de Indra.

É assim que o elemento ar, sob a forma da águia (Garuda), aparece como inimigo mortal do elefante, da serpente e da tartaruga. A relação entre a águia e o elefante pode ser a expressão da oposição e interação entre os poderes ctônicos e espirituais (ver "Deuses associados ao elefante – Indra").

O elefante, a baleia e o coelho

A relação entre esses três animais, que se caracteriza pelo confronto entre a força física e a esperteza, foi bem exemplificada pelo conto norte-americano *O cabo-de-guerra entre o elefante e a baleia* (ver "A baleia – Relação com outros animais").

O elefante e o macaco

Durante o período bramânico, o macaco aparece na Índia como inimigo do elefante. Segundo Gubernatis, em *Zoological mythology* (p. 93), "o vento, sob a forma do macaco, dilacera (o elefante) com suas garras, arranca suas presas e o faz tombar como uma montanha de neve. O elefante branco, associado à neve na montanha, é dissolvido pelo vento".

Já a arrogância desse animal, nascida de seu senso de onipotência, é exemplificada pela fábula de La Fontaine *O elefante e o macaco de Júpiter* (ver "Forma e tamanho").

O elefante e o pardal

Há um conto indiano, relatado no *Pancatantra*, no qual os pássaros aparecem como inimigos do elefante por causa das devastações que ele provoca. O elefante arrancou uma árvore e destruiu o ninho e os ovos do pardal. Enfurecida e querendo vingança, a ave pediu auxílio à mosca e à rã. Os três juntos atacaram o elefante. A mosca entrou em sua orelha e o deixou enlouquecido. O pardal bicou seus olhos e o cegou. E a rã coaxou para atraí-lo a uma lagoa profunda, onde ele se afogou.

O elefante e o rato

Uma fábula de La Fontaine conta que o minúsculo ratinho estava intrigado com a admiração que o elefante despertava nos homens. Quando o animal sai a passeio levando em seu dorso o gato, o cão, o papagaio e o macaco, o invejoso ratinho pergunta a si mesmo: "Que diferença há entre mim e ele?" Apesar da diferença de tamanho, o rato não consegue ver um único motivo que o faça ser menos importante que o elefante. Entretido nesses pensamentos, não percebe a aproximação do gato, que pula sobre ele e lhe mostra, num instante, qual a diferença entre um rato e um elefante.

A fábula chinesa *Os ratos que libertaram os elefantes* relata que uma região, habitada por ratos havia muitas gerações, foi transformada em via de acesso dos elefantes até o lago. Certa vez, a passagem de uma manada provocou a morte de milhares de ratos. Seu chefe, temendo que a tragédia se repetisse, procurou o rei dos elefantes e lhe pediu para mudar a rota. O rei dos elefantes achou justo o pedido e encontrou outro acesso ao lago. Pouco tempo depois, toda a manada caiu numa armadilha e ficou presa pelas cordas às árvores da floresta. Um dos elefantes conseguiu escapar e, a mando do rei, foi pedir ajuda ao chefe dos ratos, que prontamente atendeu ao apelo. Os ratos correram até lá e num instante roeram as cordas e libertaram os elefantes. Dessa história originou-se o dito popular: "Faça amigos, não importando se fortes ou fracos".

E temos então a conhecida história de Walt Disney sobre a amizade desenvolvida entre o rato e o elefante. Dumbo nasceu diferente dos outros ele-

fantes; tinha orelhas enormes. No circo onde vivia com a mãe, todos riam dele e Dumbo andava triste e isolado, tendo como único amigo o ratinho Timóteo. Certo dia, alguém inadvertidamente joga vinho no bebedouro dos elefantes; os dois bebem, ficam zonzos e, sem saber como, acordam no alto de uma árvore, rodeados de corvos barulhentos. Os corvos contam que Dumbo tinha voado até o topo da árvore, mas ele não acredita que tem o poder de voar. Timóteo pede ajuda aos corvos, que dão a Dumbo uma "pena mágica", dizendo que ela conferia o poder dos pássaros – claro que não passava de uma pena comum; a idéia secreta dos corvos era fazer Dumbo ganhar autoconfiança. Ele acredita na magia, segura a pena com a tromba e se põe a voar. De volta ao circo, faz um número especial naquela mesma noite. Um sucesso. Mas de repente a "pena mágica" se solta e cai. Dumbo entra em pânico, mas Timóteo, montado em seu lombo, conta-lhe a verdade. E ele, agora seguro de si, bate ritmicamente as orelhas, continuando a voar.

É importante lembrar que, na mitologia hindu, o rato é a montaria do deus-elefante Ganesha.

Essas três histórias mostram que o oposto do elefante pode surgir sob a forma de um animal pequeno, como o rato, e sugerem que a interação entre os opostos – o pequeno e o grande – permite ao grande adquirir leveza e agilidade e transformar seus limites.

Analiticamente, o rato pode ser aqui entendido como o representante da sombra. A *persona* grande e dominadora, quando usada como um mecanismo de defesa, pode se mostrar inútil em determinadas situações.

E é então que se faz necessária a emergência da função inferior atuando de forma compensatória e favorecendo a solução do conflito. Desse modo, sempre que um aspecto da sombra é conscientizado e integrado pelo ego, ele promove o desenvolvimento da personalidade. Esse processo gera ansiedade e muitas vezes até pânico, como ilustrado pela crença popular de que o elefante tem medo de que o pequenino e ágil rato lhe suba pelo corpo.

O elefante e a tartaruga

A tartaruga é outro animal a que os mitos dão a função de sustentar o mundo nas costas. Na Índia, ela é vista como rival do elefante quando este está próximo ou dentro da água. Uma lenda conta que dois irmãos que viviam num grande lago, em eterna disputa e amaldiçoando-se mutuamente, transformaram-se no elefante e na tartaruga.

Um conto africano relata que a tartaruga foi desafiada pelos outros animais a entrar na Cidade dos Bichos montada em um elefante. Ela aceita o desafio, procura o animal e lhe diz que todos estão falando que ele nunca vai à cidade porque é feio e grandalhão. O elefante explica que nunca foi até lá porque não conhece o caminho. A tartaruga se oferece para guiá-lo, ele aceita e os dois se põem em marcha. Quando estão diante dos portões, a tartaruga alega cansaço e pede para subir em seu dorso. E faz uma entrada triunfal na cidade. Na praça central, com todos os bichos reunidos, ela grita: "Eu não disse que ia entrar montada no elefante, como se fosse um cavalo?" O elefante fica furioso por ter sido enganado e ameaça atirá-la nas pedras. A tartaruga responde que só morre se for atirada num lamaçal. O elefante dispara até o pântano e a atira no lodo. Mas, quando ergue a pata para esmagá-la, ela já está nadando até a outra margem, rindo e zombando dele. O elefante se dá conta de que nunca poderá vingar-se dela, volta para a selva e conta o ocorrido aos outros elefantes. Os povos africanos acreditam que é por isso que esses animais não se aproximam das cidades.

O ELEFANTE VOADOR

Dentre muitas outras associações, os indianos identificavam o elefante com as nuvens, talvez devido à cor acinzentada e à forma arredondada. A tromba e as presas evocariam os raios de luz, a chuva e os relâmpagos. Foi com base nessas idéias que surgiu a crença na existência de elefantes voadores.

Um antigo mito hindu dizia que os elefantes eram capazes de voar e alterar sua forma, tal como as nuvens. Certo dia, um grupo de elefantes voadores pousou no ramo de uma grande árvore, sob a qual pregava um asceta. O galho não suportou o peso, quebrou e caiu, matando vários discípulos. O asceta indignou-se com a indiferença dos elefantes ante a tragédia e os amaldiçoou, fazendo-os perder os poderes de voar e mudar de forma. Os elefantes se transformavam em nuvens, condenadas a girar em torno da Terra, representando a "descida" de uma bênção que traz as chuvas.

Também a história de Dumbo mostra o elefante que é capaz de voar, batendo as orelhas. O ponto fraco – as orelhas enormes que eram motivo de zombaria – torna-se uma qualidade criativa e transformadora.

Nesses dois casos, a capacidade de voar refere-se à possibilidade de transcender os limites materiais, levando à união dos opostos. Assim, o elefante voador poderia estar representando a integração de leve e pesado, de sutil e denso, de espírito e matéria (ver "Relação com outros animais – O elefante e o rato").

O LOBO

▼

Ordem: *Carnivora*

Família: *Canidae*

Principais características biológicas

Considerado um animal selvagem, o lobo pertence à mesma família do cão – os canídeos. É inteligente e excelente caçador, com visão e audição bem desenvolvidas e olfato muito apurado, que lhe facilita a caça e a localização de outros da sua espécie.

A ferocidade do lobo está relacionada à sua sobrevivência, assim, normalmente foge do homem e só o ataca quando faminto.

Quando capturado, o filhote do lobo parece poder ser domesticado, mas sua mansidão é aparente e temporária.

As muitas subespécies são encontradas em grandes regiões da Europa, Ásia e América do Norte, e também no Brasil, Argentina e Uruguai. Diferem em tamanho, forma e cor; a variedade de cores inspirou diferentes nomes: lobo ártico (branco puro), lobo da floresta ou lobo cinzento (do castanho ao cinza-amarelado, ou ainda preto e branco), e lobo vermelho (fulvo ou castanho-avermelhado). É nesta última categoria que se encontra o guará brasileiro.

O comprimento do lobo adulto varia de 1,2 a 1,5 metro, incluindo a cauda, que mede de quarenta a cinqüenta centímetros; a altura varia de 65 a noventa centímetros e o peso oscila entre 20 e 75 quilos. É capaz de correr durante horas a fio, mantendo uma velocidade de trinta quilômetros por hora.

Embora semelhante ao cão pastor alemão, o lobo possui ossatura mais forte, maxilas mais poderosas, cabeça mais larga, orelhas triangulares e sempre eretas, olhos oblíquos, pernas mais alongadas, patas maiores e a cauda comprida e bastante pilosa. Além do uivo, outro aspecto que o torna diferente do cão é a forma como bebe água; ele não a lambe, mas a aspira.

Os lobos vivem em bandos e estabelecem fortes laços familiares. Participam efetivamente da criação dos filhotes e cuidam da alimentação dos enfermos, constituindo assim verdadeiras famílias, nas quais a coesão grupal é um agente de cooperação e facilitação nas caçadas a grandes animais. Geralmente, para não deixar pegadas, andam em fila indiana, o que despista os inimigos. A caça é um hábito noturno, pois têm uma visão penetrante que lhes permite enxergar na penumbra. Armam situações astutas para atrair a presa, como fingir-se de morto para incitar a aproximação de uma ave faminta e então apanhá-la e dilacerá-la em poucos minutos.

Em geral, o lobo adulto se alimenta de animais de pequeno e médio porte, aves e carniças, ou, quando faminto e sem outra opção, de frutas, raízes e restos de lixo.

Durante o período de reprodução, macho e fêmea lutam um com o outro. Essa luta tem a finalidade de excitá-los para o acasalamento. É freqüente o duelo dentro da própria alcatéia, principalmente entre fêmeas no cio.

Depois de uma gestação de dois meses, nascem de três a oito filhotes. O parto, que geralmente ocorre no inverno, se dá em tocas naturais, que podem ser um oco de árvore, um buraco no chão ou cavernas construídas para esse fim; todos os membros da alcatéia participam da preparação do ninho. A amamentação se prolonga por quatro ou seis semanas, e após esse período a alimentação passa a ser um bolo de carne: os pais saem à caça e trazem a carne já digerida, regurgitando-a para os filhotes poderem engolir com mais facilidade. Todos os membros do grupo tomam parte na busca de alimento e na educação das novas crias.

O lobo só é considerado adulto quando atinge a maturidade sexual, o que ocorre por volta dos 22 meses. Deixa de ser superprotegido pelo grupo e passa a participar das atividades, obedecendo a leis e hierarquias bem definidas. É nesse período que ele pode se separar do grupo e, solitário, buscar novo território e companhia.

Os vínculos sociais entre os lobos são muito fortes. Habitualmente um animal, ou o casal dominante, pode impedir, por meio de ataques e agressões, que animais de posições inferiores venham a se acasalar. A fêmea às vezes tem poder de liderança, reunindo o bando com seu uivo.

A comunicação entre os lobos não se dá somente pelo uivo, mas também por expressões corporais, tal como a posição da cauda: erguida indica que o animal vai atacar ou está irritado; enfiada entre as pernas sinaliza medo ou submissão. A cauda erguida identifica também o lobo de posição hierárquica superior.

Hoje em dia o lobo corre perigo de extinção; as grandes caçadas organizadas em diferentes países da Europa e a fúria dos fazendeiros ao ver seus rebanhos atacados são responsáveis por sua matança indiscriminada. Atualmente seu maior inimigo é o homem, e por certo as projeções de ferocidade e destrutividade colocadas sobre esse animal têm contribuído consideravelmente para isso. Mas, com o desenvolvimento de uma nova consciência do papel do lobo no sistema ecológico e de seu real grau de periculosidade, novas atitudes vêm surgindo, como a sua reintrodução nos parques nacionais norte-americanos.

O lobo brasileiro, guará ou lobo vermelho, também em extinção, é considerado o maior canídeo da América do Sul. É encontrado nos campos e matas desde o Piauí até a Argentina e o Uruguai, onde é chamado de caxito. Conta-se que os indígenas brasileiros interpretavam seus uivos como "gua-á, gua-á", daí resultando seu nome. Adulto, pode medir 1,2 metro de comprimento, 75 centímetros de altura e pesar pouco mais de vinte quilos. Sua constituição física lhe dá um perfil esguio: pernas longas, focinho comprido e fino, orelhas grandes e eretas. A pelagem é macia e densa, com uma coloração castanho-dourada no corpo e as patas bem mais escuras. O pêlo ao redor do pescoço é mais longo, formando uma juba. Com as longas pernas, o guará é um caçador ágil e veloz que chega a atingir setenta quilômetros por hora durante a perseguição à presa.

O guará não tem o olfato tão apurado quanto o do cão e dos outros lobos. A visão noturna é que lhe permite a caça ao entardecer e nas noites estreladas. Bem adaptado ao seu ambiente, regiões pantaneiras e cerrados, o guará também é um hábil saltador que consegue capturar aves aquáticas muito rápidas, consideradas as presas prediletas. É um animal solitário. Só anda aos pares no período da reprodução, quando a fêmea procura o macho, executando os movimentos corporais característicos do acasalamento. Quando dois guarás se encontram, tornam-se ameaçadores um ao outro, e aquele que se vê em desvantagem foge para não ser ferido.

Não ataca o homem e, diante do perigo, se está com alguma presa, prefere fugir a lutar por ela. Também foge diante da aproximação de uma jaguatirica ou outro animal feroz. Muitas vezes é responsabilizado pelo desaparecimento de vacas, ovelhas e galinhas, o que nem sempre é verdade: é raro encontrar um guará em regiões habitadas pelo homem.

Simbolismo

MITOS DE ORIGEM

Conta uma lenda européia, de origem desconhecida, que Deus entregou a Adão um bastão de vime, e lhe disse para batê-lo no mar quando tivesse fome, que o alimento surgiria. Recomendou, contudo, que Eva não deveria usá-lo. Adão bateu três vezes nas águas, surgiu uma ovelha e ele se deu por satisfeito, porque o animal lhe daria leite e queijo. Mas Eva, ambiciosa, queria ainda mais. Aproveitou-se do sono de Adão, pegou o bastão e bateu com força no mar. Dessa vez saiu das águas o lobo, escuro, selvagem e cruel, que imediatamente atacou e devorou a ovelha.

De acordo com antigas lendas iranianas, o benévolo Ahura Mazda criou os animais úteis ao homem; Ahriman – o lado escuro, destrutivo e mau da criação – criou o lobo como oposição àqueles animais e para que os devorasse, causando prejuízo ao homem. Essa crença é semelhante a outras encontradas na Sibéria.

De modo geral, a origem do lobo está associada a algum tipo de maldade. A lenda européia supracitada destaca a relação entre o lobo e a mulher e a conseqüência da repressão da criatividade feminina pelo patriarcado. Assim, quando a mulher é impedida de se expressar, sua criação surge sombriamente como um lobo vingativo que destrói os feitos do homem.

ASPECTO MATERNO

Em alguns mitos das civilizações antigas, o lobo aparece como símbolo do princípio materno, ora representado em seu aspecto negativo e devorador, ora positivo e provedor.

Há várias histórias de heróis que foram amamentados por uma loba, a qual lhes garantiu a sobrevivência. Entre eles temos Tura, o fundador da Turquia; Siegfried, herói germânico amamentado pela loba divina; e os irmãos

Rômulo e Remo, fundadores de Roma. Essas culturas acreditavam que o leite da loba conferia ao herói qualidades guerreiras semelhantes às do lobo. Essas lobas representam o aspecto nutridor e protetor da Grande Mãe. Simbolizam a "Alma Mãe" da natureza, que se torna compassiva e acolhedora quando um de seus filhos se encontra completamente desprotegido e então o nutre com a energia básica e revitalizadora.

Em contrapartida, várias lendas projetam sobre o lobo o aspecto destrutivo e devorador da mãe. O melhor exemplo é *Chapeuzinho vermelho*. A menina atravessa o bosque para visitar a avó doente e, desobedecendo às recomendações maternas, conversa com o lobo; este devora a avó, veste suas roupas para enganar a menina e também a devora; acaba sendo morto por um caçador que, em algumas versões do conto, as retira ilesas da barriga do animal. Diz Marie-Louise von Franz, em *A individuação nos contos de fadas* (p. 255): "[...] a avó que se acha na barriga do lobo é, por assim dizer, substituída por ele. É como se dissesse que a Grande Mãe, repentinamente, mostra seu aspecto devorador por assumir a figura do lobo". Por um lado, esse aspecto devorador aparece naquelas mães que, em nome do amor e dedicação aos filhos, os aprisionam junto de si. Essas mulheres impedem o crescimento e a independência dos filhos, "engolindo-os", mantendo-os como parte de si mesmas. Por outro lado, trata-se também da incapacidade desses filhos de se libertar do inconsciente da mãe, que os retém num estado pueril de inconsciência.

Em diferentes mitos e histórias, é bastante comum o tema da criança abandonada pelos pais e adotada por lobos – como Mogli, de Kipling – que

depois retorna à sociedade humana. Encontramos a correlação simbólica dessas histórias naquelas crianças que não tiveram chance de se "humanizar" porque seus pais possuíam um inconsciente mais primitivo. Essas crianças tornam-se solitárias, isoladas, vorazes, incapazes de estabelecer um contato social adequado. Uma infância infeliz, sem afeto genuíno, cria na criança uma grande frustração, um vácuo, um ressentimento amargo que pode levá-la a duas possíveis atitudes diante da vida: devorar tudo, querer ter tudo, e nunca se sentir saciada, ou isolar-se como um "lobo solitário" (ver "Voracidade").

ASPECTO PATERNO

Alguns sonhos infantis apontam o lobo como símbolo paterno. Em *Freud e a psicanálise* (§475, p. 203), C. G. Jung cita o sonho de uma menina de 5 anos: "Fui com meu irmão procurar amoras no mato. De repente, um lobo apareceu e correu atrás de mim. Fugi escada acima mas ele me apanhou. Eu caí da escada e o lobo mordeu a minha perna. Acordei morta de medo".

Também Sigmund Freud relata, no volume XVII de suas *Obras completas* (p. 45), o primeiro sonho de ansiedade que um paciente relembra ter tido aos 4 anos:

> Sonhei que era de noite e eu estava deitado (minha cama ficava de frente para a janela, e eu podia ver uma fileira de velhas nogueiras. Sei que era inverno quando tive esse sonho, e noite). De repente, a janela se escancarou e eu fiquei aterrorizado quando vi lobos brancos sentados na grande nogueira diante da janela. Seis ou sete deles. Os lobos eram muito brancos e mais parecidos com raposas ou cães pastores, porque tinham a cauda grande como a raposa e as orelhas empinadas, como um cão pastor prestando atenção. Com medo de ser comido pelos lobos, acordei aos berros.

Esse paciente já havia apresentado sintomas fóbicos em relação a um lobo que ilustrava um livro de contos infantis.

Nos dois casos citados, o animal foi relacionado com a figura paterna durante a associação livre. Assim, o medo do lobo é o medo do pai, visto aqui como negativo e devorador. O lobo simbolizaria o pai que, na visão da criança, é capaz de violentar a mãe e colocar um bebê dentro de sua barriga – e esta terá de ser aberta para que o bebê possa nascer.

No plano mitológico, encontramos o mesmo tema relacionado com a deusa grega Reia. Temendo que o marido Urano devorasse o filho Crono, tal como fizera com seus irmãos mais velhos, Reia lhe apresenta pedras envolvidas num pano e consegue enganá-lo. A atitude devoradora de Urano assemelha-se à do lobo no conto infantil dos irmãos Grimm, *O lobo e os sete cabritinhos*: ele é a figura que ameaça os frágeis filhotes, incapazes de se proteger quando a cabra precisa se afastar por algumas horas. Apesar dos inúmeros conselhos da mãe sobre a astúcia do lobo, os cabritinhos vão sendo enganados e devorados um a um. Só o caçula consegue esconder-se e, quando a mãe volta, ele a ajuda a retirar os irmãozinhos da barriga do lobo adormecido e a colocar pedras em seu lugar. O animal acorda sedento, vai ao poço beber água e o peso das pedras o faz cair e afogar-se.

Observamos aqui duas qualidades do lobo como representante do aspecto paterno: uma se refere ao lado agressivo e devorador, que pode levar à destruição do ego; e a outra se refere ao lado que promove o renascimento e surgimento de um ego mais fortalecido. A ingenuidade dos cabritinhos dá lugar à astúcia em defesa própria; o ego é agora capaz de usar um aspecto sombrio a serviço de seu crescimento. O mesmo fenômeno pode ser visto numa outra leitura de *Chapeuzinho Vermelho*: o lobo surge para tirar a menina da guarda materna; assim, a violência paterna que rompe a relação mãe-filha pode ser compreendida como a "salvação" da filha, ao retirá-la do estado simbiótico inicial (ver "O lobo e a mulher").

FORÇA E PODER

Refletindo sobre o conflito do homem com o poder divino, C. G. Jung, em *Psicologia da religião ocidental e oriental* (§661, p. 420), refere-se à imagem de força e poder do lobo: "O cordeiro pode turvar a água de que se serve o lobo, mas não pode causar-lhe nenhum outro dano. Assim, a criatura pode decepcionar o criador, mas dificilmente será capaz de causar-lhe uma injustiça dolorosa. Esse dano só o criador pode fazer contra a criatura desprovida de poder".

Representado nos totens sagrados de muitos clãs europeus da Idade Média, o lobo também é um dos animais mais significativos na mitologia indígena norte-americana.

Por vezes aparece associado ao poder divino, como em alguns mitos de criação do mundo. Os Arikara, povo das planícies norte-americanas, contam que antes existia apenas um lago imenso, no qual viviam pacificamente dois patos. Surgiram então o Homem-Feliz e o Homem-Lobo, que pediram aos patos para lhes trazer o lodo do fundo do lago, pois queriam criar a terra. O Homem-Lobo fez uma grande planície onde os animais poderiam viver; o Homem-Feliz criou os vales e montanhas onde, no futuro, os índios poderiam caçar e abrigar-se. Entre essas duas regiões surgiu o grande rio que existe até hoje. Depois, os Homens foram para debaixo da terra à procura de duas aranhas e lhes ensinaram o maravilhoso poder da fertilização. Elas, iluminadas pelo conhecimento, deram origem a todos os animais.

Um mito dos povos caçadores das florestas do Canadá relata que toda a Terra foi coberta pelas águas por efeito de uma magia do Grande Castor contra o trapaceiro Wisagatcak, que rompera uma represa. Tentando escapar, Wisagatcak construiu uma jangada e recolheu vários animais que corriam o risco de se afogar. No entanto, as águas não baixavam, e então Wisagatcak fez sua própria mágica, pedindo ajuda ao lobo, que deu voltas e mais voltas em torno da jangada, com uma bola de musgo na boca. O musgo cresceu, tornou-se terra e expandiu-se pelo mundo inteiro.

O temor diante do poder do lobo é freqüente nas crenças e ritos de vários povos. Os índios Cherokee, dos Estados Unidos, evitam matar um lobo porque acreditam que os parentes do animal vingariam sua morte, e que a arma usada se tornaria ineficaz até ser purificada e exorcizada pelo curandeiro da tribo. Desse modo, somente as pessoas que conheciam os rituais de purificação e proteção é que poderiam matar esse animal.

A tribo dos Koryak, do Nordeste da Ásia, tem um ritual curioso para quando um de seus membros mata um lobo: a pele do animal é retirada e vestida por um deles, enquanto os demais dançam ao seu redor, afirmando ao "morto" que quem o matou não foi um Koryak e sim algum outro (geralmente um russo).

Pela força e vigor revelados em combate, o lobo é considerado um símbolo guerreiro, conforme mostram os cantos de guerra dos índios norte-americanos: "Eu sou o lobo solitário que vagueia em muitas terras". O mesmo simbolismo aparece em poesias da Turquia e da Mongólia (ver "O lobo celeste").

O poder do lobo está ligado a uma força criativa que se expressa na materialização, construindo um espaço que é a base na qual a vida pode desenvolver-se. Os rituais de apaziguamento, realizados quando um lobo é morto, nos lembram a atitude temerosa necessária diante de um poder maior, que não pode ser menosprezado. Na psique individual, essa força, quando bem assimilada, fornece a base para o enfrentamento dos conflitos cotidianos.

PODER DESTRUTIVO, MALDADE E ASPECTO DEMONÍACO

Desde a Antiguidade o lobo tem-se caracterizado como símbolo do mal e da destrutividade, e as lendas lhe atribuem um caráter perverso, demoníaco, impetuoso e inescrupuloso.

A Bíblia sempre o associa a personagens destrutivos, pecadores, ou ao povo inimigo: "Acautelai-vos contra os falsos profetas, que vêm a vós com vestes de carneiros, mas por dentro são lobos vorazes" (Mt 7,15) ou "O lobo jamais terá amizade com o cordeiro; assim é com o pecador e o justo" (Ecl 13,21). E lembrando que a mãe mitológica de Roma é a loba, essas imagens estão ligadas ao sofrimento do povo judeu sob o jugo da ocupação romana, e também à perseguição movida por Roma às primeiras comunidades cristãs (ver "Aspecto materno").

A imagem má e pecaminosa do lobo é comum no folclore e na literatura de vários povos. É provável que sua aparência vigorosa e temerária, seus constantes ataques ao homem e aos outros animais, e a impossibilidade de domesticá-lo tenham feito do lobo o objeto de projeção maciça da sombra coletiva, destrutiva.

Durante séculos, o lobo perseguiu as populações rurais da Europa e do Oriente, assentando a imagem universal de animal selvagem e perigoso. Na França do século XV, formaram-se grupos militares especialmente para dizimar a "besta do Gévaudan". Na Inglaterra, enforcavam-se lobos ao lado de criminosos, para mostrar que também eles transgrediam a lei.

Sua maldade é notória nas mais diversas mitologias. As lendas nórdicas chegam a identificá-lo com a Besta do Apocalipse. Ysengrin, que significa "ira de ferro", era um dos nomes mitológicos do lobo e está associado ao aspecto frio, diabólico e furioso que acompanha o sentimento oculto de ira ou raiva. A pessoa mal-humorada ou que se manifestava com frieza e determinação férreas, tendo por trás uma raiva reprimida, era popularmente chamada de Ysengrin no Norte da Europa (ver "Lobos famosos – Fenrir").

A mesma metáfora lhe é atribuída nas fábulas e contos de fadas, nos quais aparece às vezes disfarçado de carneiro, macaco ou pastor. Vejamos uma fábula de La Fontaine, *O lobo feito pastor*: o lobo trama um plano diabólico para apoderar-se de todo o rebanho. Veste a roupa do pastor, sem esquecer do chapéu e do cajado. Mas, quando tenta chamar as ovelhas, não consegue imitar a voz humana e fracassa redondamente. Moral da história: "Quem é lobo, proceda como tal; é mais seguro e leal".

Há uma infinidade de ditos populares, dos mais diversos países, que expressam a característica agressiva do lobo: "Cair na goela do lobo", "Tem lobo na malhada", "Quando um lobo ensina um pato a rezar, logo o come em pagamento", "Quando o lobo tem pena do jumento, deixa-lhe a cauda e a crina", "Quem de ovelha se faz, o lobo come" e "Louca a ovelha que ao lobo se confessa".

A imagem maléfica o faz ser associado ao demônio e, em certas lendas, à bruxaria e à magia negra. O termo latino *lupula* ("pequena loba"), por exemplo, também significa "bruxa". Vários povos europeus acreditavam que o demônio habitava a área entre os olhos do lobo, ou aparecia disfarçado sob a pele de um deles. Uma lenda conta que o demônio criou o lobo misturando vários ingredientes: a cabeça foi feita de um tronco de árvore; o coração, de uma pedra; e o peito, de raízes.

Por devorar os cadáveres nos campos de batalha, o lobo era visto como criatura sinistra e sobrenatural, tal como os demônios dos mortos ligados a Odin ou às Parcas. Na Normandia, acreditava-se que terríveis espíritos disfarçados de lobos rondavam os cemitérios para devorar os cadáveres, ao passo que na Finlândia o lobo era a alma perdida da criança que morreu sem ser batizada.

Durante a Idade Média, os bruxos eram freqüentemente personificados em lobos na festa do sabá, ao passo que as bruxas se enfeitavam com tiras de pele do animal. Na Espanha e na Alemanha, ele seria a montaria dos feiticeiros. Acreditava-se também que as feiticeiras tinham o poder de transformar a si mesmas e os outros em lobos.

Alguns textos sagrados da mitologia hindu referem-se ao lobo como um ser diabólico. Um deles descreve que a alma do homem bom pode interromper sua jornada para os céus pelo medo de encontrar-se com um lobo. No *Rigveda*, o deus-Sol Pushan é chamado para afastar o lobo diabólico do caminho dos devotos.

Certos comportamentos destrutivos de caráter inescrupuloso e selvagem podem ser interpretados como manifestações da sombra, análogas ao aspecto maléfico do lobo. Marie-Louise von Franz assinala que é comum que indivíduos com tendência paranóica projetem seu aspecto "maléfico" e destrutivo (lobo) nos outros, envolvendo-se com freqüência em brigas e rixas. Essa atitude predatória pode levar esses indivíduos a ser marginalizados pela sociedade, por não considerarem os valores coletivos e serem insensíveis aos outros.

Em contrapartida, a determinação férrea em defesa de um valor genuíno pode ser uma qualidade altamente necessária e produtiva.

VORACIDADE

Muitas lendas e mitos mostram a voracidade do lobo como sua principal característica, traduzindo-a em expressões populares tais como: "Fartura de lobo três dias dura", "Lobo faminto não pára", "Lobo tardio não volta vazio", "Comer como um lobo", "Ter um lobo na barriga", "Lobo com fome qualquer coisa come", "Manter um lobo longe da porta (afasta a miséria e a fome)", "Ter uma fome de lobo" e "Onde o lobo acha um cordeiro, procura outro".

No Brasil, o nome dado aos bueiros de rua é "boca de lobo", idéia provavelmente relacionada com a voracidade desse animal.

Os chineses costumam relacionar a voracidade do lobo com a cobiça, ao passo que, no mundo ocidental, o lobo simboliza o impulso indiscriminado de "devorar", de obter tudo e nunca se sentir saciado. Esse tipo de comportamento pode denotar imaturidade em pessoas que não tiveram pais provedores de afeto e por isso experimentam grande carência, um vácuo interno e uma profunda frustração que se manifestam na eterna insatisfação, no ressentimento e na amargura. Essa voracidade é a expressão de um desejo incontrolável de atingir um objetivo sem considerar os meios utilizados, uma grande necessidade de êxito social e poder; enfim, uma ambição sem limite.

"Síndrome do lobo" é a designação dos analistas para os sintomas de anorexia e bulimia, distúrbios caracterizados pelo descontrole da voracidade alimentar.

Em muitas lendas, o lobo acaba sendo enganado justamente por causa de sua voracidade. Num conto popular piemontês, o herói Picolino consegue ludibriar e matar o lobo ao se aproveitar de sua avidez. Nos contos infantis *O lobo e os sete cabritinhos* e *Os três porquinhos*, o lobo faminto está tão ansioso para devorar as presas que não percebe as falhas de seus planos e acaba morrendo (ver "Aspecto paterno"). Essas histórias mostram que o lobo, quando se deixa dominar pela voracidade desmedida e por uma avidez desenfreada, não utiliza os recursos evidentes de inteligência e esperteza.

No plano humano, essa atitude simboliza a unilateralidade baseada numa impulsividade incontida, na qual apenas um aspecto da personalidade é exercido, sem fazer uso de outros recursos. Dessa forma, o indivíduo torna-se presa fácil de sua própria voracidade.

Outro aspecto relativo à voracidade desse animal é encontrado nos tratados alquímicos; o lobo está associado ao processo de *calcinatio*, ou seja, a transformação da consciência pelo sacrifício de atitudes adaptativas ao mundo externo. Representa o elemento que "devora" aquilo que deixou de ser necessário, ou o princípio dominante da consciência. No texto alquímico *As doze chaves*, de Basílio Valentino (*apud* Edinger, 1984), por exemplo, esse processo aparece sob a forma de um feroz lobo cinzento que devora o corpo do rei. Aponta-se aqui para a dissolução regressiva da personalidade consciente, em que o ego seria devorado por uma "concupiscência faminta", como descreve Edward F. Edinger em *Psicoterapia e alquimia*.

Ainda segundo Edinger, o lobo estaria aqui representando o desejo que consome a consciência e gera uma grande tensão na personalidade; esta, para dar continuidade ao processo de individuação, precisará suportar as pulsões das energias instintivas.

ASPECTO BENÉFICO

Símbolo de coragem para os egípcios e romanos, o lobo aparecia como guardião em muitos de seus monumentos.

Há lendas cristãs que mostram o lobo bondoso, que cuida do homem e o protege. A Irlanda tem histórias famosas sobre o relacionamento entre os santos e os lobos: como a do cego Santo Hervé, que era guiado por um desses animais; ou a do lobo que foi induzido por um santo a fazer o trabalho do animal que matara; ou ainda a de São Columbano, no século VI. Batizado com um nome que lembrava o da pomba (*columba*, em latim), mais tarde adotou o nome Crinthanm ("lobo", em celta), sugerindo a necessidade de combinar a agressividade do lobo com a gentileza da pomba para ser um bom cristão (ver "Lobos famosos – O lobo de Gubbio").

O caráter benéfico dos lobos no mundo cristão é enfatizado pela crença de que eles eram enviados por Deus para punir hereges e pecadores – crença reforçada por episódios tais como o dos lobos que atacaram os monges heréticos de um mosteiro em 617 ou no qual despedaçaram os exércitos sacrílegos de Francisco Maria, Duque de Urbino, na Itália.

O lobo aparece como animal positivo no conto de fadas *O gigante que não levava consigo seu coração*. Ele consegue conter sua voracidade, serve de montaria ao herói e, por possuir o conhecimento da natureza, é capaz de orientá-lo e conduzi-lo ao seu objetivo.

Várias lendas da Índia mostram-no como herói. Uma delas conta que o lobo, embora faminto, não atacou a donzela que viajava para cumprir uma promessa (ver "Guardião, guia e psicopompo").

O lobo pode simbolizar um aspecto benéfico quando representa a firmeza que, apesar de perigosa, é útil ao indivíduo nos momentos em que é preciso fazer prevalecer alguns valores fundamentais. A impiedade do lobo é necessária para impedir a indulgência do indivíduo com seu lado doentio, quando sua estrutura de personalidade suporta a interação com essa qualidade. Se aplicada no momento certo, a ferocidade do lobo é identificada com a "ira sagrada" e, nessas ocasiões, é positiva.

Nos sonhos, quando o lobo aparece com seu aspecto positivo, pode representar a inteligência ou sabedoria daquele que conhece o mundo interior.

Em seu aspecto benéfico, o lobo pode também simbolizar a possibilidade da contenção necessária dos impulsos, conduzindo ao desenvolvimento e à integração de novos recursos internos, o que permite um funcionamento pleno e criativo do indivíduo.

PODER DE CURA

Em *The way of the animal powers*, Campbell conta uma lenda dos Kwakiutl, do Pacífico e do Pólo Norte. Deparando com um lobo desesperado, o índio o ajudou a retirar o osso que estava atravessado em sua garganta. Naquela mesma noite, sonhou com um espírito que agradeceu sua ajuda e lhe prometeu caça abundante. E assim aconteceu. Porém, muito tempo depois, a tribo foi dizimada pelo sarampo e ele foi o único sobrevivente. Dois lobos vieram cuidar dele e o curaram, lambendo-o e regurgitando um líquido espumoso sobre seu corpo. Depois de curado, o Espírito do Lobo lhe disse em sonhos que ele tinha adquirido o poder de curar todas as doenças. Ele se tornara um xamã. E, para exercer os poderes, deveria executar o mesmo ritual dos dois lobos que o curaram.

Algumas tribos irlandesas, norte-americanas e canadenses acreditavam que o lobo era seu animal ancestral, e por isso usavam sua pele e dentes como amuletos de cura.

Diz a lenda que a Sociedade dos Lobos das tribos Quileute e Makah, da costa noroeste da América do Norte, surgiu quando o "Transformador" matou o Grande Lobo e dançou vestido com sua pele, obtendo assim o poder de cura. A partir daí, essa Sociedade passou a realizar rituais curadores, nos quais um xamã vestido com pele de lobo desempenha o papel do antigo "Transformador".

No indivíduo, a assimilação da força agressiva, representada pela figura do lobo, mobiliza o arquétipo do curador em seu aspecto combativo e energético (ver "Partes do lobo"). Essa interpretação é confirmada pela antiga tradição européia de que a mordida do lobo tornaria a pessoa imune às bruxarias.

MORTE E RENASCIMENTO

Diferentes mitologias associam o lobo à morte e a seus deuses primitivos. Na iconografia hindu, por exemplo, o lobo representa mau agouro e presságio de morte. Na mitologia nórdica, ele está sempre presente nos campos de batalha, devorando os cadáveres. Nesse contexto, simboliza a ameaça mortal constante. O deus da morte dos etruscos tem orelhas de lobo. E enxergar Fylgjir, o ser demoníaco norueguês que aparece montado em um lobo e com cobras como rédeas, é prenúncio de morte.

O lobo também aparece associado à morte como processo de transformação, em diversos rituais. Os eslavos executavam um ritual de renascimento que consistia em enrolar as crianças recém-nascidas em pele de lobo. Esse ritual visava, originalmente, à assimilação das crianças ao totem do lobo, mas depois da conversão dos eslavos ao cristianismo passou a ter como justificativa protegê-las das bruxas.

Chapeuzinho Vermelho – com o tema da ressurreição na goela do lobo – provavelmente deriva de algum ritual iniciático de povos primitivos pertencentes ao clã desse animal, e parece associar-se ao uso de capuzes vermelhos por certas sacerdotisas bretãs (ver "Aspecto materno" e "O lobo e a mulher").

No ritual iniciático dos Nootka, tribo norte-americana provavelmente pertencente ao clã totêmico do lobo, o chefe simula matar o próprio filho. Depois, o jovem, que tem na cabeça uma máscara de lobo, é levado para a floresta por alguns membros da tribo, todos vestidos com peles e máscaras desse animal. No dia seguinte, ele é trazido de volta, já iniciado pelos lobos, para que a tribo possa "revivê-lo".

Lendas da antiga Rússia contam que as bruxas se banhavam numa lagoa mágica e se transformavam em lobas, exemplificando o renascimento na forma animal. Na mitologia egípcia, Osíris ressuscita com a forma de um lobo, para ajudar Ísis e Horo a combater o perverso Set (ver "Deuses e espíritos associados ao lobo").

Aqui, o lobo revela o aspecto cru e destrutivo da morte. O corpo em decomposição é devorado por ele, o que representa a finitude da matéria como etapa necessária para o desenvolvimento. Desse modo, os rituais de iniciação e o lobo como símbolo de morte e renascimento significam a passagem da infância, da inocência, para uma etapa mais adulta e diferenciada. Entrar em contato com o lobo pode significar a entrada no inconsciente, o contato com a sombra, para depois "renascer" com os aspectos "lupinos" assimilados pelo ego.

GUARDIÃO, GUIA E PSICOPOMPO

Nas lendas de algumas regiões do Japão, o lobo apresenta-se como protetor do homem contra outros animais selvagens. Na Inglaterra, o rei Edmundo, santo e mártir, era vigiado e protegido por um lobo. O beneditino francês Santo Oddo foi atacado por raposas, mas um lobo o salvou e o escoltou até a Abadia de Cluny (ver "Aspecto benéfico").

Com a função de guia, o lobo é encontrado a serviço dos sacerdotes de Ceres, a deusa romana da agricultura.

Quando as características de guia e protetor são projetadas no plano cósmico, temos o lobo na função de psicopompo. Para os índios Algonquim, do Canadá, o lobo é irmão do demiurgo Menebuch, o Grande Coelho, que governa o reino dos mortos. Na mitologia dos índios das florestas norte-americanas, o lobo se afoga, ressuscita e torna-se o chefe da terra dos mortos. Também nos mitos europeus, como se pode ver num canto mortuário romano, o lobo exerce a função de psicopompo, conduzindo a alma ao paraíso.

No plano mítico, o homem sente-se protegido quando tem um lobo como guia, pois vê ao seu lado um animal que conhece a agressividade e a crueldade, e é forte o bastante para afastá-las. Do mesmo modo, no plano psicológico, podemos interpretar que ter o lobo como guia e guardião sinalizaria uma integração de aspectos agressivos e sombrios à consciência, ampliando a percepção dessas qualidades em si mesmo e no outro.

O LOBO E A MULHER

Em algumas regiões asiáticas, o lobo está associado à fecundidade. Na província turca da Anatólia, as mulheres estéreis costumavam invocá-lo para que fossem fecundadas. Já na província siberiana de Kamchatka, um lobo de feno era confeccionado na festa anual de outubro e conservado durante todo o ano com a finalidade de "desposar" as jovens da aldeia.

Certas culturas, como a esquimó, têm lendas em que o homem, depois de casado, revela ser um lobo. Ele nunca se mostra na forma animal, mas certas características despertam suspeitas: quando caça, deixa no chão pegadas de lobo; cuida da família, mas às vezes desaparece misteriosamente. No final ele adoece, a mulher o cura e ele nunca mais a abandona.

Entre os índios Xavante brasileiros – e, com pequenas variações, entre os índios Toba da Argentina –, há a lenda das três mocinhas que encontram um homem-lobo. Ele tenta seduzi-las, mas só uma delas se deixa envolver. Mais tarde, ela dá à luz bebês-lobos que são mortos pela tribo. A mocinha é condenada à morte mas, quando a atiram na fogueira, transforma-se num falcão de cauda branca, que levanta vôo e desaparece ao longe.

A voracidade sexual do lobo surge nas lendas em que ele ataca jovens virgens. Em *A procissão de Marie-Verité*, por exemplo, a menina participa pela primeira vez de uma procissão na qual toda a aldeia pede a Deus uma colheita abundante; ela se distrai, afasta-se do grupo e é atacada por um lobo. São várias as lendas em que, tal como *Chapeuzinho vermelho*, a menina desobedece ao pai ou à mãe e sofre o ataque do lobo.

Esses contos parecem ter a função de impedir um rompimento prematuro do vínculo primal ou, numa outra leitura, visam regular o desenvolvimento da sexualidade infantil.

A expressão "idade do lobo" designa o homem de meia-idade que, diante do temor de envelhecer, vê exacerbar-se seu lado sedutor como forma de afirmar a virilidade. Surgiu recentemente na cultura ocidental o equivalente feminino. Regina Lemos, em *Quarenta: a idade da loba*, discute essa idéia: trata-se das mulheres na faixa dos 40 anos que estão desenvolvendo a sexualidade de modo mais livre e menos preconceituoso, buscando a realização de seus desejos e superando a crise da meia-idade com soluções criativas.

Em contrapartida, o lobo pode simbolizar o lado masculino inconsciente na mulher (*animus*) que, quando não integrado à personalidade, costuma manifestar-se em uma atitude devoradora, que às vezes inclui um comportamento sexual promíscuo e destrutivo. É provável que esse aspecto negativo da mulher, com a avidez e a voracidade sexuais atribuídas às prostitutas, tenha levado os antigos romanos a dar-lhes o nome de *lupa* ("loba", em latim), para diferenciá-las das *matronas*, as mães e esposas honestas. Daí vem também a palavra *lupanare*, que designa o prostíbulo, bordel ou lupanar.

Quando o aspecto lupino-devorador de uma mulher é vivido como projeção na relação com o homem, ela buscará relacionamentos em que terá o papel de vítima inocente de um homem-lobo voraz, inescrupuloso e destrutivo.

Em *Mulheres que correm com os lobos* (p. 16), Clarissa Estés aponta certos aspectos comuns entre o lobo e a mulher:

> Os lobos saudáveis e as mulheres saudáveis têm certas características psíquicas em comum: percepção aguçada, espírito brincalhão e uma elevada capacidade para a devoção. Os lobos e as mulheres são gregários por natureza, curiosos, dotados de grande resistência e força. São profundamente in-

tuitivos e têm grande preocupação para com seus filhotes, seu parceiro e sua matilha. Têm experiência em adaptar-se a circunstâncias em constante mutação. Têm uma determinação feroz e extrema coragem.

A autora sugere ainda que, tal como ocorreu com os lobos, esses aspectos intuitivos da mulher foram perseguidos e quase extintos por desconhecimento de seu real valor.

O LOBO CELESTE

Várias culturas apresentam o lobo como ancestral ilustre dos heróis. Algumas tribos norte-americanas acreditam que seus heróis e os chefes de linhagem nasceram da união do Lobo Azul (o aspecto celeste) com a Cerva Castanha (o aspecto terreno).

Turcos e mongóis alegam ser os legítimos descendentes do clã dos lobos. O imperador mongol Gengis-Khan assumiu como seu ancestral o lobo de caráter celeste. Uma lenda turca conta que o único sobrevivente da invasão mongol foi levado para um local paradisíaco pela loba celeste e daquela união nasceu um povo que, guiado por um lobo cinzento, estabeleceu-se na região que hoje é a Turquia.

Os chineses acreditavam que os eclipses ocorriam quando a loba celeste começava a devorar o Sol; para afugentá-la, tocavam tambores e atiravam flechas para o céu. Segundo certos mitos europeus, demônios em forma de lobo tentavam devorar o Sol e a Lua durante os eclipses, e deviam ser afugentados com o soar de chocalhos.

DEUSES-LOBO

Há vários deuses-lobo nas culturas greco-romana e egípcia, todos relacionados com a morte, a luz e a proteção. A associação entre o lobo e os deuses da morte tem que ver com o aspecto negativo da Grande Mãe, e com o fato de ele ser um animal que se alimenta de carniça.

Encontra-se em várias línguas um paralelo etimológico entre as palavras "lobo" e "luz", o que vem reforçar a associação entre o lobo e os deuses da luz. A palavra grega *lykos* ("lobo") está associada ao latim *lux* ("luz").

O lobo era um dos animais mais populares nos totens da Europa pré-cristã, como é indicado ainda hoje pela prevalência dos nomes Wolf, Wolfe, Wulf, Wulfstan, Wolfram, Wolfstein etc. Também no Brasil é comum o sobrenome Lobo.

Apolo

Na mitologia greco-romana, o lobo era um dos animais consagrados a Apolo. Essa relação parece ter sido estabelecida desde o nascimento do deus, filho de Zeus e Leto e irmão gêmeo de Ártemis. A deusa Leto, para fugir à fúria da ciumenta Hera, esposa de Zeus, transforma-se numa loba e foge com os filhos para a Lícia, "terra dos lobos". Os epítetos de Apolo, Licógenes ("nascido da loba") e Lício (do grego *Lykeios*), estão associados a esses eventos.

Apolo transforma-se em lobo, seja para defender a ninfa Cirene do ataque de um leão, seja para matar o ladrão que saqueara seu templo em Delfos. Apolo Lício tem papel fundamental na escolha de Dánao para rei de Argos e, em agradecimento, este fez construir para ele um templo suntuoso. Como lobo, Apolo Lício é o deus que protege os rebanhos e afasta o lobo devastador; como luz, simboliza o brilho dos olhos de Apolo durante a noite.

O dramaturgo grego Sófocles chama Apolo de "o matador de lobos", embora vários mitos descrevam como os filhos desse deus, gerados por mães mortais, foram cuidados e protegidos por esses animais.

Em *A sombra e o mal nos contos de fadas* (p. 275), Marie-Louise von Franz associa o lobo a Apolo, deus do Sol e princípio da consciência: "[O lobo] é um animal noturno, mas também da luz. Na realidade o lobo real tem uma inteligência incrivelmente desenvolvida. Talvez isso, entre outras coisas, faça com que carregue a projeção da luz da natureza".

Ártemis

Conhecida como Diana entre os romanos, a deusa grega da caça e irmã de Apolo (ver "Apolo") está também associada ao lobo, e tem como epíteto Licótona ("a que mata os lobos"). Transformada numa loba, Ártemis encontra o irmão Apolo no ritual de purificação de Orestes pelo assassinato de sua mãe Clitemnestra.

Diana Gaulesa

Deusa da Gália, considerada a mãe dos animais selvagens, Diana tinha o epíteto de Lupa (loba) e foi cultuada tanto na Antigüidade como na era medieval. Segundo Barbara Walker, em *The woman's encyclopedia of myths and secrets* (p. 1.070): "Os amantes da Loba encontravam-na no Monte Lupo, onde os jovens aprendiam os segredos da magia, pela celebração do *hierosgamos* (casamento sagrado): os jovens masturbavam-se sobre a estátua da deusa e nela ejaculavam seu sêmen. Ela então os guiava e protegia, desde que não pisassem na Igreja Cristã. Seus devotos mudavam de forma segundo as fases da lua" (ver "O lobisomem").

Hécate

Deusa ctônica, Hécate é a deusa grega da magia. É também a deusa dos mortos, sendo-lhe atribuída uma aparência fantasmagórica: é representada segurando uma tocha em cada mão e seguida por cadelas, lobas e éguas; ou como uma mulher com três cabeças.

Lupa

Também chamada de Ferónia, a Grande Loba era adorada como Deusa Mãe nos cultos primitivos romanos, sendo vista como a parteira divina e Aca Larência, a pastora que criou Rômulo e Remo. Na Gruta de Lupercal realizavam-se anualmente festivais em sua homenagem, nos quais os jovens vestiam-se com pele de lobo.

Lupa era casada com Sorano (um dos nomes latinos de Plutão), o velho deus da floresta, associado à noite e ao mundo subterrâneo, a quem o lobo também era consagrado (ver "Deuses e espíritos associados ao lobo – Fauno").

Osíris

Deus supremo do mundo dos mortos, Osíris é denominado Khenti-Amenti, que significa "Senhor do Oeste", o lugar onde o Sol se põe e a luz dá lugar às trevas.

Osíris teria guiado seu povo para o antigo Egito e fundado Assiut, a que os gregos mais tarde dariam o nome de Licópolis ("cidade do lobo"). Seu nome designa "aquele que abre o caminho", ou "aquele que abre o corpo", afinal era o primogênito de Ísis-Néftis. Deus da guerra, também identificado com Hórus ou Anúbis, tinha sua esfinge carregada em cerimônias reais e religiosas.

A mitologia egípcia conta que Osíris, deus dos mortos e da fertilidade, ressuscitou sob a forma de um lobo para auxiliar a mulher Ísis e o filho Horos a combater Set, seu irmão perverso.

Mais tarde seria identificado com Upuant, um ser coberto de pêlos de lobo que ajuda a conduzir a barcaça na viagem noturna.

DEUSES E ESPÍRITOS ASSOCIADOS AO LOBO

O lobo está associado a vários deuses nos mitos e lendas das civilizações orientais e ocidentais, sendo com mais freqüência consagrado aos deuses da guerra, da luz e da morte.

Sua associação ao deus da guerra está relacionada com uma projeção da ferocidade, voracidade e desejo de poder do animal.

A enorme importância do simbolismo do lobo na cultura romana primitiva deve-se ao fato de os fundadores de Roma terem sido amamentados por uma loba, que assim lhes transmitiu seu poder, o qual iria traduzir-se no poderio bélico e nas atitudes agressivas e vorazes do antigo Império Romano.

Espírito do Cereal

Os povos europeus costumavam identificar o lobo com o "Espírito do Cereal" – um espírito que estaria presente nos processos de plantação, colheita e armazenamento de grãos, e cujo nome variava de acordo com o cereal. Havia, assim, o Lobo-do-Milho, o Lobo-do-Centeio etc.

Os camponeses acreditavam que o Espírito do Cereal vagueava pelos campos durante o plantio, o que podia ser-lhes tanto benéfico como maléfico. Na Alemanha, por exemplo, isso era indicado pela posição do rabo do animal: abaixado, teria poder fertilizador e seria uma bênção; erguido, era mau sinal e então o camponês tentava matá-lo.

Alemães e franceses pensavam que o Espírito-do-Lobo se escondia na última espiga colhida, no último feixe amarrado e no último fardo levado ao celeiro. Quem tinha a má sorte de ficar por último nessas tarefas era chamado de "lobo" até a colheita seguinte e, em certas regiões, obrigado a imitar o comportamento desse animal.

Muitos acreditavam que o Espírito do Cereal morria no processo da debulha; outros, que ele seria aprisionado se o feixe fosse batido fortemente. Este era então conservado durante todo o inverno para, com a chegada da primavera, renovar sua ação fertilizadora.

Fauno

Identificado com o deus grego Pã, Fauno é o deus romano dos bosques e arvoredos, protetor da fertilidade dos campos, rebanhos e povos. Também identificado com os Lupercos, "o que afasta os lobos", em sua honra realizavam-se todos os anos festivais na Gruta de Lupercal, onde a loba teria amamentado Rômulo e Remo (ver "Marte"). Nesse festival, que tinha início em 15 de fevereiro, sacrificavam-se bodes e cachorros, e alguns jovens vestiam as peles desses animais e eram aspersos com seu sangue, e depois corriam em volta do Monte Palatino. Era um típico ritual purificatório, com a liberação dos impulsos animais (ver "Deuses-lobo – Lupa").

Marte

A mitologia romana consagra os lobos a Marte e apresenta várias lendas sobre a participação do deus e seus lobos nas vitórias militares romanas. As insígnias romanas traziam a imagem do lobo e, nos mitos, esses animais puxavam o carro de guerra do deus Marte.

A própria lenda da fundação de Roma já nasce com Marte e a figura do lobo. O trono de Alba Longa cabia por direito a Amúlio, mas seu irmão Numitor dá um golpe e o expulsa; para evitar futuros conflitos, mata o sobrinho e obriga a sobrinha, Reia Sílvia, a tornar-se Virgem Vestal. Mas o deus Marte se apaixona por Reia Sílvia, e da união nascem os gêmeos Rômulo e Remo. Por ordem do rei, são postos num cesto que é atirado ao rio Tibre. A correnteza os leva para a margem e eles são encontrados e amamentados por uma loba. Adotados por um casal de pastores, Fáustulo e Aca Larência, crescem fortes e vigorosos e mais tarde se tornam os responsáveis pela fundação de Roma. Sua força foi herdada de Marte; o vigor e a coragem, da loba que os amamentou.

Segundo alguns autores, Marte teria sido a princípio um deus protetor da natureza, homenageado em rituais como a sagração da primavera, em que os jovens deixavam a terra natal e iam em busca de seu destino, seguindo os lobos e outros animais consagrados ao deus.

Odin

A mitologia germânica associa o lobo a Odin, ou Wotan, deus da guerra, da sabedoria, da poesia e da magia. As muralhas de seu castelo eram protegidas por cabeças de lobo. Sentado em seu trono no Walhala, Odin tem a seu lado o cavalo Sleipnir, seu melhor amigo; dois corvos, Hugin (a reflexão) e Munnin (a memória), que lhe conferem a sabedoria falando do passado e do futuro; e dois lobos, Gere (o glutão) e Freke (o voraz), símbolos de seu poder e de seus impulsos instintivos irrefletidos. Esses mitos contam que, na batalha do fim do mundo, Odin é devorado pelo lobo Fenrir (ver "Lobos famosos – Fenrir").

Zeus

Na mitologia grega encontramos algumas passagens em que o lobo está associado a Zeus, o maior dos deuses do Olimpo.

Um dos epítetos de Zeus é Licaios, palavra etimologicamente associada a lobo. Zeus teria sido na sua origem o protetor das lavouras, nascido no monte Lykaios, na Arcádia, onde se realizavam festivais em sua homenagem, durante os quais um homem transformava-se em lobo e assim permanecia por nove anos.

Outra lenda conta que Licáon, rei da Arcádia, ofereceu um banquete a Zeus e serviu-lhe carne humana. O deus, indignado, transformou-o em um lobo.

LOBOS FAMOSOS

Todos os lobos famosos aqui citados revelam em sua base qualidades ameaçadoras, destrutivas e vorazes, tanto no plano individual como no coletivo. Os lobos famosos carregam a sombra coletiva. Sobre eles projetam-se a agressividade e o desejo de poder reprimidos e não aceitos pela comunidade. A possibilidade de adaptação dessas forças à vida consciente e cotidiana depende da capacidade de transformar essa energia bruta e impulsiva, a fim de controlar a voracidade inconsciente.

A "Besta de Gévaudan"

O Gévaudan é uma região montanhosa da França onde, em 1764, muitas mulheres e crianças foram atacadas e mortas por animais ferozes, os quais se supunha serem lobos, comuns naquela parte do país. Organizaram-se equipes de busca e extermínio; muitos lobos foram abatidos, mas os ataques continuavam. O povo acreditava tratar-se de uma fera cruel e gigantesca, que deixava rastros assustadores. O medo dominou a região. O rei Luís XV ofereceu um prêmio vultoso a quem a capturasse; batalhões militares foram enviados para vasculhar as montanhas; contrataram-se hábeis caçadores de lobos. Mas tudo em vão. Durante três anos, a fera continuou atacando e matando, e fugindo com a mais surpreendente habilidade. Foi então que trezentos homens fortemente armados localizaram no bosque de Ténazeyre um lobo gigantesco e o abateram com uma bala benta. As mortes, então, cessaram.

Fenrir

O lobo Fenrir destaca-se na mitologia nórdica como um monstro cruel e voraz, que representa o princípio do mal em sua forma mais extrema. É considerado a encarnação do demônio e inimigo implacável dos deuses, e sua saga está ligada à destruição final. Fenrir associa-se à serpente Jormungand e a Hel, deusa do mundo subterrâneo; esses três monstros destroem os homens, os deuses e o mundo.

Nascido da união de uma Gigante com o gênio do fogo, Loki, o insaciável Fenrir perambulava pelo universo devorando tudo com sua imensa goela:

uma mandíbula alcançava a terra e a outra, o céu. Na evolução do mito, Fenrir prepara-se para vingar sua raça, pois os Gigantes foram expulsos do Asgard (o Olimpo dos germanos), que passou a ser a morada dos deuses. Travam-se muitas batalhas. Os deuses conseguem prendê-lo com grossas correntes de ferro, mas ele sempre as arrebenta com sua força descomunal. Odin pede ajuda aos anões ferreiros do mundo subterrâneo, e estes lhe fabricam uma corrente mágica que contém o lobo Fenrir, até ele se libertar para o confronto final entre deuses e Gigantes.

Como havia sido profetizado, Odin e seus exércitos partem para o último combate com o grande inimigo. Odin é devorado por Fenrir, mas seu filho Vidar consegue matar o lobo, trespassando-lhe a garganta com sua espada. O grande e derradeiro combate do "Crepúsculo dos Deuses" termina com a morte de todos os gigantes e de todos os deuses numa batalha sangrenta que provoca a total devastação do Céu e da Terra. Só assim surgiria um novo mundo, mais sábio e menos violento.

O lobo de Gubbio

Diz a lenda que São Francisco de Assis pacificou e domesticou um lobo selvagem.

A população da pequena república italiana de Gubbio estava aterrorizada por um lobo que atacava e devastava as redondezas já há algum tempo, e que ninguém conseguia matar.

São Francisco decide então ajudá-los. Sai sozinho e desarmado para a floresta e, quando finalmente se encontram, o animal hesita diante da figura do santo, o qual lhe propõe um pacto: o lobo deixaria de atacar a população e os rebanhos e em troca seria protegido e

alimentado. Ele concorda, senta-se mansamente aos pés do santo e lhe estende uma pata. A partir de então a região viveu em paz.

Essa lenda é considerada uma metáfora do tratado de paz que, com mediação de São Francisco de Assis, foi firmado entre a república de Gubbio e um perigoso salteador que aterrorizava as estradas locais.

PARTES DO LOBO

Na mitologia escandinava, a BOCA do lobo simboliza a reintegração cíclica, pois representa a noite, a caverna, o inferno que devora a luz. Com esse mesmo sentido, o lobo surge no *Rigveda* devorando a codorna.

Contam muitas lendas que o uso do COURO do lobo confere poder de cura e proteção contra as doenças. Na Itália, acreditava-se que a pessoa mordida por um cachorro louco devia envolver-se na pele de um lobo, pois ela agia como um amuleto contra a hidrofobia. Em algumas localidades, as crianças usavam sapatos feitos com o couro de lobo para crescerem fortes, valentes e aguerridas; e dizia-se que os animais domésticos também saravam quando seu tratador usava esses sapatos.

Já mencionamos a tradição eslava de envolver o recém-nascido na PELE de um lobo, para indicar seu segundo nascimento e sua assimilação ao totem do lobo. E os povos germânicos, que o viam como um animal da noite e do inverno, acreditavam que os deuses que vestiam a sua pele simbolizavam o Sol a esconder-se na noite ou no gelo.

Em certas regiões do Brasil, acredita-se que uma tira de couro de lobo amarrada acima da picada da cobra impede que o veneno se espalhe, e que o couro cru do lobo cura as hemorróidas quando colocado entre os arreios do cavalo.

Já o PÊLO do lobo, colocado numa canoa, serviria de proteção contra o fogo (ver "Poder de cura").

Há uma antiga tradição, de origem desconhecida, segundo a qual deve-se esfregar um DENTE de lobo nas gengivas da criança para aliviar a dor normal da fase de dentição. Os dentes do lobo também eram usados como talismã protetor; dizia-se até que um dente dele debaixo do travesseiro provocava sonhos que permitiam identificar um ladrão.

No Brasil, havia o costume de amarrar ao pescoço um dente de lobo para evitar doenças das vias respiratórias (ver "Poder de cura").

Para a cura da asma, acreditava-se, ainda no Brasil, que o FOCINHO de um lobo devia ser torrado, moído, misturado ao leite e ingerido (ver "Poder de cura").

Na América do Sul, usa-se o OLHO do guará como amuleto de boa sorte.

RELAÇÃO COM OUTROS ANIMAIS

Em sua relação com os mais diferentes animais, o lobo carrega a projeção das forças impulsivas e primárias, que não cedem à reflexão e à argumentação, mas podem ser subjugadas pela inteligência e astúcia.

O lobo e a águia

Na mitologia germânica, a águia aparece como a companheira do lobo, pousada sobre ele. E a lenda latina sobre a fundação da cidade de Lavinium conta que o lobo, enquanto trazia gravetos para alimentar o fogo na floresta, era auxiliado pela águia, que abanava as chamas com as asas.

O lobo e o cão

O cão é muitas vezes visto em oposição ao lobo, por estar ligado positivamente ao homem, ao passo que o lobo carrega a projeção de sombrio e de ameaçador. Várias lendas da mitologia hindu contam que o lobo, apesar de invejar as regalias do cão domesticado, não abre mão de sua liberdade; os dois são vistos como inimigos mortais. Em outras fábulas, o cão usa a inteligência e a malícia para vencer o lobo, que ingenuamente se deixa enganar.

O lobo e o coelho

Muitas histórias européias, americanas, africanas e hindus mostram o lobo sendo enganado pela astúcia do coelho. Um bom exemplo é esta lenda dos índios Creek, dos Estados Unidos: o homem quer caçar o coelho que destrói sua plantação de ervilhas; preso na armadilha, o coelho consegue convencer o lobo a trocar de lugar com ele, e o homem, acreditando que é algum disfarce mágico do coelho, mata o lobo com água fervendo.

Várias lendas africanas mostram o lobo tentando devorar o coelho, mas sempre é vencido pelos truques, pela inteligência e até mesmo pela maldade do coelho. Uma delas conta que o coelho se finge de doente e convence o lobo a servir-lhe de montaria; a noiva do lobo não suporta aquela humilhação e acaba casando com o coelho.

O lobo e o cordeiro

Símbolo da força destrutiva e devoradora ligada ao demônio e ao mal, o lobo opõe-se ao cordeiro, que aparece como portador do bem e representante de Cristo na religião cristã. Nos Evangelhos, Cristo usa a imagem do lobo selvagem como advertência a seus discípulos: "Eu vos envio como ovelhas no meio de lobos" (Mt 10,16).

Em diversas histórias infantis, o lobo vence o cordeiro pela força bruta e irracional, sem dar ouvidos à sua argumentação lógica e irrefutável – "como posso sujar a água que você bebe se estou rio abaixo?" –, mostrando que o mais forte é sempre mau e vence o mais fraco por desrespeitar a ética e os valores morais (ver "O carneiro – Relação com outros animais – O carneiro e o lobo").

O lobo e o corvo

Já comentamos que ambos acompanhavam Odin nas lendas germânicas e escandinavas, os corvos associando-se ao pensamento e à reflexão, e os lobos, aos impulsos instintivos e irrefletidos.

O lobo e o jaguar

Nas lendas européias, tanto o lobo como o jaguar carregam o simbolismo de animais devoradores ou deuses infernais.

O lobo e a raposa

A inteligência, a esperteza e a astúcia do lobo são freqüentemente comparadas às da raposa. Em várias lendas, o lobo tenta utilizar contra o cordeiro os mesmos estratagemas que a raposa utiliza para apanhar galinhas ou outros animais; mas ela é bem-sucedida e ele fracassa.

Certas histórias mostram que a esperteza do lobo é subjugada pela voracidade. Quando tem fome, o lobo é facilmente enganado pela raposa – como no conto "A pescaria de Ysengrin", da coletânea de poemas *O romance da raposa*. A raposa aconselha o lobo Ysengrin a amarrar no rabo um balde cheio de água e lançá-lo ao lago gelado, onde havia muitos peixes; a água do balde congela e o lobo fica preso.

Exemplo semelhante pode ser encontrado nesta fábula de La Fontaine: a raposa, presa no fundo do poço, convence o lobo a descer até lá, dizendo-lhe que havia um delicioso jantar esperando por ele; quando ele desce por uma das pontas da corda, a raposa se segura ao balde na outra ponta e é içada, salvando-se da armadilha.

A relação entre esses dois animais é encontrada principalmente nas fábulas de tom moralista, em que a "voracidade e pouca inteligência" do lobo sempre o prejudicam quando ele tenta imitar a raposa ou seguir seus conselhos.

O lobo e a serpente

Tanto o lobo como a serpente carregam o aspecto devorador e destrutivo. Na mitologia nórdica, encontra-se uma tríade do mal, enviada para destruir os deuses e os homens no final dos tempos e na qual aparecem a serpente Jormungand ou Midgard e o lobo Fenrir (ver "Lobos famosos – Fenrir").

O LOBISOMEM

É provável que as lendas sobre o lobisomem tenham origem nos antigos cultos egípcios e gregos aos deuses-lobo e nas crenças do ancestral lobo encontradas entre certos povos primitivos. Essas lendas sobrevivem até hoje, entre muitos povos que têm o lobo em sua fauna.

Nos países europeus, a adoração do lobo deu origem a inúmeras superstições sobre lobos demoníacos e lobisomens. Na Antigüidade grega, por exemplo, Zeus Licaios era um deus-lobo, adorado por sacerdotes que vestiam suas peles durante os rituais e cujos devotos passavam nove anos vivendo como lobos na floresta, só podendo voltar à forma de homem se não tivessem comido carne humana. Dizia-se que quem atravessava as portas do templo de Zeus Licaios perdia a própria sombra – uma característica mais tarde atribuída aos lobisomens (ver "Deuses e espíritos associados ao lobo – Zeus").

Também é comum, nas lendas gregas que depois se espalharam por toda a Europa, o castigo de ser transformado em lobo.

Heródoto, historiador grego do século V a.C., menciona certas tribos européias, habitantes da região da atual Romênia, que tinham rituais dedicados a um deus-lobo, durante os quais adquiriam o poder de se transformar em lobos selvagens, que atacavam e matavam tudo que estivesse em seu caminho (ver "Deuses-lobo – Hécate").

O poeta romano Virgílio, no século I a.C., afirma que o primeiro lobisomem foi Moeris, marido de Moira, a deusa do destino, que lhe ensinou os segredos da magia e lhe deu o poder de chamar os mortos de suas tumbas. Outro registro do lobisomem data do primeiro século da era cristã: no *Satyricon*, Tito Arbitro descreve detalhadamente como um soldado, em noite de lua cheia, invocou os astros, despiu-se entre os túmulos de um cemitério e transformou-se em lobo.

No antigo reino anglo-saxão de Mercia, durante o século X, um grupo reviveu um antigo ritual pagão sob o comando de um sacerdote druida que usava o nome de Werwulf. Esse nome, equivalente a "homem-lobo" ou "espírito-do-lobo", parece ter sido aplicado aos oponentes do cristianismo em geral e, a partir daquela época, a palavra "lobisomem" passou a ser usada como sinônimo de anticristão ou fora-da-lei.

Até a Idade Média, a crença na existência do lobisomem era generalizada. Mesmo os homens cultos e os Pais da Igreja acreditavam que aquela "transformação diabólica" era resultado de uma vida de pecado e luxúria e tinha como objetivo castigar o pecador. Essa "terrível maldição" só seria quebrada com a confissão dos pecados, ou ferindo-se o pecador com uma bala de prata benta.

Na Itália, além do famoso "Lupo-mannaro", um lobisomem que devorava crianças, acreditava-se que o homem que dormisse ao ar livre numa sexta-feira de lua cheia seria atacado por um lobisomem ou se tornaria um deles.

Na época da Inquisição, muitos indivíduos foram torturados e mortos sob a acusação de ser lobisomem. O chamado "crime de licantropia" era severamente punido; o acusado podia ser esquartejado, queimado ou enterrado vivo. Bem característica desse período é a história do homem que procurou as autoridades dizendo ter sido atacado por um lobisomem e se salvado decepando a mão do monstro; vai presa sua mulher, que era maneta – segundo alguns historiadores, essa era uma maneira bem cômoda de se livrar de uma esposa incômoda.

As lendas mais recentes descrevem o lobisomem como um homem de tez pálida e amarelada, anêmico, imberbe, com olhos fundos e unhas compridas, assustadiço e irrequieto. Tem uma fome insaciável e perambula nos cemitérios alimentando-se de cadáveres. Embora possa retornar à forma humana, sua condição de lobisomem se mantém e só a morte o liberta. A transformação em lobisomem pode ocorrer de várias maneiras; a mais pitoresca é aquela em que o homem vira lobisomem quando veste a roupa do avesso numa encruzilhada, em noite de sexta-feira com lua cheia.

A associação da Lua com o lobisomem está quase sempre presente. Os povos europeus conheciam várias canções mágicas para invocar a deusa lunar e provocar a transformação do homem em lobisomem. Há várias razões para essa metamorfose: ser o oitavo filho de um casal que já teve sete filhas; ser o sétimo filho de um casal que já teve seis filhos homens; ter deixado de se confessar por mais de dez anos; ingerir uma poção preparada pelo diabo. Para acabar com o encantamento, a crendice popular sugere que o lobisomem seja chamado pelo nome de batismo, seja ferido e perca sangue, seja apunhalado por uma arma de prata.

Também a mulher que fosse atacada por um lobisomem – ou tivesse contato com o demônio – poderia se transformar no monstro e ter comportamento similar ao dele.

No Extremo Oriente e em certas partes da África, encontram-se mitos sobre lobos que assumem a forma humana e vice-versa; a transformação se desfaz quando ele é ferido.

No Brasil, as histórias de lobisomem trazidas pelo imigrante europeu são amplamente conhecidas, mesmo que com modificações regionais, e todas elas guardam alguns pontos em comum: a ligação com o diabo, o resultado de uma vida pecaminosa e o aparecimento nas noites de lua cheia. No Pará, temos Cumacanga, o lobisomem cuja cabeça se solta do corpo, nascido do amor pecaminoso de um padre ou, noutra versão, da sétima filha de uma relação sacrílega. No Maranhão, Cumacanga é o lobisomem apavorante que sai pelos campos com a cabeça, qual bola de fogo, desgrudada do corpo.

Os muitos relatos de encontros com o lobisomem fazem dele um dos mais populares entre os seres fantásticos, como se comprova por sua freqüente exposição na mídia. Em 15 de julho de 1990, por exemplo, o jornal *Notícias Populares* publicou esta reportagem: "O lobisomem que vem atacando animais e amedrontando a população de Manuel Urbano, no estado do Acre, está com seus dias contados [...]. Um caçador e ex-policial [...] prometeu fazer picadinho do monstro [...]". E um ano depois o jornal *O Estado de S. Paulo* descrevia a aparição de um lobisomem, testemunhada pelos moradores de Tupã, interior de São Paulo, em 30 de junho de 1991.

É um tema comum na cultura popular brasileira e aparece com freqüência na literatura (como *O coronel e o lobisomem*), nos folhetins de cordel e nas telenovelas (como *Roque Santeiro*).

O simbolismo do lobisomem é tão marcante que passou a fazer parte das alucinações de alguns doentes mentais. Na psiquiatria, o termo "licantropia" designa a doença em que o enfermo supõe ter o poder de se transformar em lobo.

Sonhar com o lobisomem ainda é algo bastante comum no homem de hoje, como exemplifica este sonho trazido para análise por um rapaz de 24 anos: "Eu estava num quarto fechado, com os meus avós, e havia um lobisomem preso lá dentro". Para esse paciente, o lobisomem representava seus próprios "demônios" aprisionados na infância, isto é, os aspectos sombrios e autônomos de sua personalidade que, não podendo ser integrados na sua consciência, permaneceram num estágio mais primitivo e perigoso.

Pode-se analisar o fenômeno do lobisomem como um processo psicopatológico que está associado principalmente ao arquétipo da Grande Mãe e aos instintos da sexualidade e da agressividade. O homem, aprisionado no arquétipo da Grande Mãe, não desenvolve suas características masculinas, viris, e se torna desvitalizado, com um ego frágil e vulnerável às forças femininas. Na "sexta-feira de lua cheia", a noite em que o símbolo da força feminina atinge o auge, as defesas sucumbem e o ego é assaltado por instintos incontroláveis. O homem perde as qualidades morais e éticas, transformando-se, com intenso sofrimento, num ser em que predominam as forças "lupinas". Os instintos sexuais e agressivos emergem na sua face negativa, destrutiva, podendo retratar um processo psicótico. O fato de esse fenômeno ter uma representação simbólica tão grave revela a dificuldade de cura dessa patologia. A libertação do domínio arquetípico materno é representada, no plano simbólico, pela morte.

A ONÇA

▼

Ordem: *Carnivora*
Família: *Felidae*

Principais características biológicas

Onça ou jaguar são nomes que designam em diferentes culturas o mesmo animal. A palavra "jaguar" é derivada de *juauraitè*, termo de origem tupi que se refere aos mamíferos felídeos da espécie *Felis onca*. Já a palavra "onça" vem do francês *once*, oriunda do francês arcaico *lonce*, que por sua vez derivou do latim popular *luncea* ou *lyncea*, e foi introduzida no Brasil no século XVI.

Neste livro os termos "onça" e "jaguar" foram mantidos conforme encontrados em seu contexto e local de origem.

Existem duas espécies de onça. Uma delas é a onça suçuarana, de cor parda ou avermelhada, também conhecida como puma ou leão da montanha, dependendo da região que habita. A outra espécie é a onça-pintada, bastante conhecida no Brasil, que é de cor alaranjada com manchas negras. Algumas onças-pintadas são chamadas de onças-pretas, por apresentarem grande quantidade de manchas negras que se sobrepõem.

São animais de grande porte, medindo de 2,4 a três metros, incluindo a cauda, e pesando de 130 a duzentos quilos.

São encontradas nas três Américas, desde o Canadá até a Terra do Fogo. Vivem em florestas quentes e úmidas, próximas a rios ou lugares lamacentos.

Esses felinos são ágeis, velozes, elegantes, silenciosos e pacientes, e têm os sentidos bastante aguçados. Caminham na mata sem fazer ruído, embora possam ser ocasionalmente traídos pelos estalidos de suas orelhas. São considerados inteligentes e muito hábeis na técnica de predação, a qual, na verdade, parece ser seu maior interesse, pois em geral matam mais do que o necessário para a sobrevivência. Quando abatem uma presa, lambem o sangue e comem um pedaço da carne, enterrando ou ocultando os restos para logo partir à procura de outra presa. Conseguem abater sozinhos um animal bem maior do que eles próprios, pois têm os caninos bem desenvolvidos e fortes maxilares, capazes de agarrar e dilacerar as presas.

Na caça, muitas vezes escondem-se num galho de árvore ou fingem-se de mortos, ficando pacientemente à espera da presa. Quando a vítima aparece, atiram-se sobre ela, pulando em suas costas e torcendo-lhe o pescoço com um puxão para trás. Depois a arrastam para a mata, onde estão mais protegidos, para se alimentarem sossegadamente.

Sobem facilmente em árvores, aos saltos. São capazes de pular de quinze metros de altura para o chão e, quando estão perseguindo outro animal, seus saltos podem chegar a doze metros de distância.

Exímia nadadora, a onça utiliza-se dessa habilidade para atacar animais que vivem na água ou dela se aproximam para beber. Às vezes fica à beira do rio esperando um peixe, arrancando-o da água com uma patada.

Embora possa passar uma semana sem comer, a onça é capaz de devorar até vinte quilos de carne num só dia. Seus hábitos alimentares consistem em diferentes espécies de animais, variando de acordo com a fauna da região. Alimenta-se de potros, veados e outros mamíferos de médio porte, bem como de peixes, tartarugas, jacarés e roedores.

As onças atingem a maturidade sexual por volta dos 3 anos de idade. O macho costuma viver solitário, e procura a fêmea para procriar. Durante o cio, a fêmea percorre grandes distâncias, sempre seguida por alguns machos que disputam sua posse. Depois de fecundada, ela retorna ao seu território. A gestação dura cerca de 120 dias e produz de dois a três filhotes. A fêmea os cria em cavernas ou prepara esconderijos bem protegidos. A partir dos 4 meses de idade, os filhotes aprendem com a mãe a caçar e a comer carne, e ficam ao seu lado durante um ou dois anos; depois, se separam para constituir a própria família. A onça tem vida média de 20 anos.

Os animais que a enfrentam são o touro, o tamanduá e o burro. O tamanduá se defende com as unhas e seu forte "abraço", ao passo que o burro protege a cabeça colocando-a entre as pernas e, mesmo ferido, consegue sair da luta com vida. Mas o maior inimigo da onça é mesmo o homem, que usa sua pele na confecção de tapetes e casacos.

Acredita-se que no Brasil exista uma população aproximada de cinco mil onças. O trabalho de preservação desse animal é bastante árduo, tanto devido às caçadas e queimadas florestais sem controle estatal, como pela falta de pesquisa e conhecimento de seus hábitos de vida.

A caçada pode ocorrer de várias formas. Muitas tribos indígenas usam arcos e flechas especiais que atravessam o corpo do animal. Já os Cayabi, tribo indígena brasileira, enfrentam-na armados com bordunas, porretes pesados feitos com a madeira do tucum.

A forma mais conhecida de caçada, porém, é aquela empreendida por sertanejos e caçadores, que fazem uso de armas de fogo e da zagaia – uma lança cuja ponta de ferro tem na base um travessão, que tanto serve para limitar sua penetração no corpo do animal, como para mantê-lo a uma certa distância do caçador, que fica assim protegido dos golpes desferidos. A caçada tem início quando se solta a matilha de "onceiros" (cães treinados para essa caça), que acuam a presa. Aproxima-se então o caçador, seguido pelo "zagaieiro", cuja função é protegê-lo enquanto ele busca o melhor momento para atirar e matar. Quando a onça salta sobre o caçador, encontra no caminho a zagaia e se espeta na ponta de ferro. Quanto mais se debate, mais aumenta o ferimento e ela raramente consegue golpear o zagaieiro. É então que o caçador atira e a mata. Embora a função primordial do zagaieiro seja a de proteger o caçador, muitos deles caçam onças somente com a zagaia, o que é visto como prova de grande coragem.

Simbolismo

MITOS DE ORIGEM

Para os índios brasileiros Kaingangue, os gêmeos Kamé e Kayuiukré eram os heróis que criaram os jaguares das cinzas e do carvão. Mais tarde, resolvendo destruí-los, induziram os animais a subir num tronco de árvore que boiava no rio, pois Kamé queria lançá-los ao sabor da correnteza. Alguns jaguares se firmaram num banco de areia e soltaram um rugido terrível, que fez Kamé fugir apavorado. Dessa forma, os jaguares voltaram à margem do rio e asseguraram sua existência.

Os índios da tribo Tucano, da floresta Amazônica, acreditam que o Sol criou o jaguar para representá-lo no mundo. Deu-lhe sua cor e sua voz de trovão como sinal de seu poder, e confiou-lhe o dever de proteger a natureza que criara.

ASPECTO MATERNO

Em seu aspecto materno, o jaguar assume a qualidade de mãe protetora, tal como relatam algumas lendas indígenas brasileiras. Um exemplo do jaguar como protetor é encontrado no conto amazonense *A incrível aventura do homem-árvore*: alguns jovens jaguares matam um casal de índios apenas para mostrar sua força e temeridade. A mãe dos animais, penalizada, decide proteger o filho daquele casal e esconde a criança, que recebe o nome de Tiri. Mais tarde, Tiri torna-se um herói guerreiro, vinga a morte dos pais e resgata seu povo.

O aspecto protetor do jaguar está associado à sua grande ferocidade, conforme atesta o folclore indígena brasileiro: quando um de seus filhotes é morto ou ferido, ele mata todos os índios que surgem à sua frente.

Dessa forma, o jaguar simboliza o lado agressivo do materno, o que visa à preservação da espécie. Como metáfora, a expressão popular brasileira "ficar uma onça" é usada para expressar um estado de intensa ira ou braveza, como no caso da onça fêmea que reage furiosamente em defesa da cria.

FORÇA FERTILIZADORA

Para os maias, o jaguar era a expressão da força fecundadora da terra. Com seu poder, atraía a chuva e protegia os campos de milho. Representava também a deusa da Lua e da Terra, ligada à fertilidade. Na região fronteiriça entre o Amazonas e o Peru, encontram-se representações do jaguar com a mandioca (o alimento básico dos povos locais) saindo da boca e das narinas (ver "Divindades").

Várias cerâmicas encontradas em escavações realizadas em Ancon (Peru) trazem imagens da serpente e do jaguar; ora o jaguar está em pé sob um arco formado pela serpente, ora se vê uma única entidade monstruosa com traços dos dois animais. Essas representações indicam o entrelaçamento dos poderes de ambos, freqüentemente ligados à Lua e à sua força fertilizadora. Tanto a serpente como o jaguar podem se converter em símbolos dos poderes benéficos do deus da tempestade, na sua função de propiciador das chuvas em troca de ofertas e sacrifícios. Assim, ao felino são atribuídos simbolicamente os sacrifícios sangrentos de lhamas ou seres humanos, oferecidos ao deus da fertilidade com o objetivo de alcançar a frutificação das plantas e maior produtividade do solo.

Ainda no Peru, é evidente a importância do cultivo do milho e dos múltiplos rituais realizados durante as suas diversas etapas. Num dos rituais para chamar a chuva, realiza-se a dança da serpente: donzelas e rapazes fantasiados de jaguar dançam em círculos, até formar uma espiral fechada, equivalente à serpente ou ao raio, aos quais pedem as chuvas.

São inúmeras as representações do jaguar copulando com mulheres. Na Colômbia, assim como na Amazônia, foram encontradas imagens com cenas dessa união, usadas em rituais xamanísticos, sugerindo que os habitantes daquela região acreditavam que a cópula do jaguar com a mulher dava origem ao homem-jaguar, dotado de força e poderes mágicos.

Entre os índios brasileiros, várias lendas descrevem o casamento de mulheres com o jaguar (por eles chamado de *adúgo*), união da qual nascem seres poderosos. Para os índios Bororo, desse casamento surgem dois heróis, representados em muitos rituais religiosos por jovens índios. Um deles tornou-se o cacique do Poente (Bakororo) e o outro, do Oriente (Ituboré), lugares onde as almas iriam morar depois da morte. No mito, os dois irmãos conquistam o mundo e salvam os homens, que até então eram devorados por todos os animais.

O jaguar macho está ligado ao nascimento do Sol e da Lua em dois contos indígenas das tribos brasileiras Kamaiurá e Kuikúru. Embora desenvolvam-se com detalhes diferentes, ambos têm a mesma estrutura temática: o chefe da tribo cai na aldeia dos jaguares e, para salvar a vida, promete-lhes as filhas em casamento. Mas, para poupá-las, cria mulheres dos diferentes troncos de árvore. A maioria morre pelo caminho e apenas duas chegam à aldeia dos jaguares. Da união com a mais jovem, nascem os gêmeos Sol e Lua. Para os Kuikúru, a claridade aumentava à medida que o Sol (Rit) crescia (ver "Relação do jaguar com o ser humano").

Entre os Tucano, o rugido do jaguar é associado ao trovão e ao relâmpago, como força fertilizadora. Acreditam que o jaguar começa a devorar uma pessoa pelos olhos – e muitas vezes se limita a eles –, pois estes representariam gotas de sêmen, o princípio fertilizador que o animal procura incorporar. Nesse contexto, o jaguar é o mamífero mais importante da floresta e o único que não está sob o controle do Sol (Vaí-Mahsé), tendo sido criado para representá-lo, como animal solar, fálico, dotado de energia fertilizadora. O domínio do homem sobre a mulher, no ato sexual, é visto como o domínio do jaguar ou do Sol sobre a natureza no momento da criação. O mesmo simbolismo sexual é expresso em várias frases comumente usadas. Quando o rapaz põe o braço sobre os ombros da moça, as pessoas dizem: "Cuidado, o jaguar está te agarrando". Quando ouve o rugido do jaguar, o caçador diz: "Lá está o animal que deseja me abraçar" (ver "Divindades – Divindade da chuva e relâmpago" e "Partes do jaguar – olhos").

O jaguar, como símbolo de virilidade, ao unir-se à mulher gera seres divinos ou semidivinos, que terão papel fundamental na história de determinados povos. Desse modo, ao assimilar as suas qualidades, o homem torna-se combativo e guerreiro, características essenciais para a sobrevivência em meio hostil.

FORÇA E PROTEÇÃO

Nas Américas, o jaguar é considerado um animal forte e protetor. Até hoje, o indígena o vê como um animal incomum, capaz de grande domínio e poder sobre o homem. No Peru, por exemplo, é visto como o senhor de todos os animais. Para os astecas, seria o protetor e justiceiro dos guerreiros. Entre os Tucano, é a mágica força protetora da maloca, que a defende contra todos os perigos. É por isso que a parte mais importante da estrutura dessa habitação é formada por "três jaguares vermelhos", representados por três pares de grandes troncos que algumas vezes são pintados de vermelho com manchas pretas. Esses jaguares são interpretados como guardiões e como as forças fecundadoras mais importantes da habitação. Os Tucano acreditam que o segundo jaguar habita o centro da maloca, e é nesse lugar que se iniciam as cerimônias mais importantes, pois é ali que "o furor do jaguar reside e onde o Sol coloca o seu poder". Protege também os caçadores, tornando-se invisível e seguindo-os na floresta.

Entre os maias e outros povos da América Central, encontramos a crença na existência de um espírito guardião, ou "alma animal" do homem, chamado *tonal*. Segundo essa crença, quando nasce uma criança, na floresta nasce um animal que é o seu tonal, que será seu companheiro e protetor e cujo destino estará vinculado ao do recém-nascido por toda a vida. Assim, o que acontecer ao tonal acontecerá ao seu companheiro humano. Os tonais mais poderosos são as águias, os jaguares e as serpentes, representantes das "castas" de maior prestígio. Entre os astecas, os jaguares são os epônimos dos guerreiros-jaguares, os quais dão nome à sua casta e lhe conferem proteção.

De modo semelhante, entre os incas o jaguar é um dos animais consagrados ao deus solar Coniraya. Este delega-lhe todos os poderes sobre o homem, a quem compete sempre venerar e homenagear o jaguar.

É freqüente que esse animal seja escolhido para representar o espírito protetor de uma criança desde o nascimento. Entre os Tupinambá, o recém-nascido do sexo masculino costuma ser presenteado com garras de onça, para que assimile sua força e valentia.

No Sul do México e na América Central, as tribos cultuavam o jaguar com o objetivo de aumentar a coragem e o poder de seus membros, vestindo-se com sua pele e comendo de sua carne.

A força do jaguar também se manifesta nas crenças relativas à saúde. O matuto brasileiro acredita que quem comer a carne de onça ficará protegido contra a varíola. Em contrapartida, os Mojo (índios do leste da Bolívia) realizam, fora dos limites da aldeia, todos os rituais que incluem a morte de um jaguar, por temerem epidemias.

Os Kayapó acreditam, por um lado, que a ingestão da carne de onça pelos iniciados propicia-lhes as qualidades de força, coragem e agressividade tão valorizadas pelos indígenas; mas, por outro, quando ingerida por mulheres e crianças, ou por homens não iniciados, pode provocar um tipo de lou-

cura. Nesses acessos, a pessoa sente tonturas, perde a fala racional e põe-se a rosnar como o animal, tem ataques de ira e comporta-se de maneira selvagem. Porém, os meninos que atingem a idade de deixar a casa materna e de passar por rituais de iniciação beneficiam-se ao ingerir a carne do jaguar, uma vez que estão num estado limiar entre o humano e o animal. Esse alimento os faz passar por um processo de transformação, do estado natural para o social (ver "Aspecto maléfico e ferocidade").

Entre os Bororo, matar um jaguar dá grande fama ao caçador e lhe confere o direito de possuir um objeto privativo do clã. Entre os antigos Mojo da Bolívia, o homem tem de sair à caça do jaguar para tornar-se um grande caçador; quando o mata, a tribo organiza danças e banquetes ritualísticos, em homenagem ao caçador e para apaziguar a alma do animal.

Concluindo, uma característica predominante do jaguar em diferentes culturas é o poder de proteção contra perigos visíveis e invisíveis. Representa uma proteção viril e agressiva, que enfrenta os perigos, ataca o homem e se mostra mais forte do que ele. Na psique individual, a força selvagem instintiva simbolizada pelo jaguar pode, quando bem integrada, transformar-se numa energia capaz de oferecer proteção e defesa contra as ameaças à integridade do indivíduo.

ASPECTO MALÉFICO E FEROCIDADE

Eu sou a célebre onça
maçaroca destemida
que mais poldrinhos comeu
apesar de perseguida!
Achando-me perto da morte
vou contar a minha vida.
Sou onça suçuarana
filha da onça-pintada
sou neta da maçaroca
trouxe sina de enjeitada
nasci no curral do meio
onde fiz minha morada.

(Luis da Câmara Cascudo, *Vaqueiros e cantadores*, p. 87)

Esse é um trecho de conhecida poesia sertaneja, na qual a onça é a narradora de sua vida e peripécias, revelando a presença constante de seu aspecto feroz, sua voracidade e valentia. Muitas histórias do folclore brasileiro referem-se à onça como um animal forte, impetuoso e de grande maldade. Comparam-na à violência do raio, temem-na como uma fera assustadora. Em várias histórias do Nordeste brasileiro, o valente caçador a persegue e mata-a com uma faca. E numa cantiga da Amazônia, a onça pensa que é Caramuru: "Não há ninguém aqui mais forte do que eu! Sou a onça preta, sou o raio, sou o trovão!" (Um dos significados etimológicos do nome Caramuru é "homem-do-fogo-filho-do-trovão".)

Num trecho de uma variante da mesma cantiga, revela-se a origem sombria e negativa da onça, relacionada à sua maldade:

> Não foi em manhã de flores
> que vim ao mundo – isso não!
> Nasci numa noite de horrores
> Ao pipocar do trovão
> Minha mãe urrou em dores
> E ouviu-se em todo o sertão...
>
> (Gustavo Barroso, *Ao som da viola*, p. 259)

Na lenda *O jacaré e a onça*, dessa mesma região, ela se vinga do jacaré hipnotizando-o com um susto e devorando sua cauda. Em outras, a onça persegue o gambá para matá-lo, por simples antipatia e birra.

Entre as tribos que habitam a América Latina, é geral o temor ao jaguar. Os Bororo contam a história dos lendários irmãos Ari e Meri, que se tornaram heróis depois de vencer o jaguar num confronto cheio de peripécias. O fato de terem conseguido matá-lo conferiu-lhes poder sobre todos os animais, inclusive sobre os jaguares, que passaram a temê-los e fugir deles.

Encontra-se entre o povo Kamayurá um conto em que a mulher de Tamacaví desobedece às ordens do marido, que sai para a caçada, ao mexer em seus desenhos de jaguar. Estes ganham vida e os jaguares atacam a aldeia, ficando cada vez maiores. A pedido de Tamacaví, passam a atacar as outras aldeias, devorando todos aqueles com que deparam e, crescendo sempre, tornam-se maiores que as próprias casas. Um enorme jaguar retorna à aldeia de

Tamacaví e dois guerreiros, iniciados e bem treinados por ele, conseguem matá-lo. Depois de sua morte, os índios realizaram um extenso e complexo ritual de cantos, para que o jaguar não voltasse para vingar-se.

O temor a esse animal é tão grande que uma lenda da aldeia Kuamucacá, da tribo Kamayurá, conta que os homens se uniram ao Sol e à Lua para enfrentá-lo. Tantos jaguares foram mortos que eles acreditam ser esta a razão de seu número reduzido.

Entre os índios do Norte do Brasil e os sertanejos cearenses, existe um antigo costume de serrilhar os próprios dentes para imitar a ferocidade da onça.

Um tema freqüente na mitologia sul-americana é a destruição do mundo por um enorme fogo. A tribo Toba acredita que esse fogo teria sido causado por um fragmento desprendido da Lua, quando esta foi atacada por um jaguar. Na maioria das versões desse mito, uns poucos seres humanos sobreviveram e então repovoaram a Terra.

Ainda nesse sentido, no México, a figura do jaguar está associada ao aspecto devorador de almas de Tepeyollotl, "Coração da Montanha", o deus-jaguar dos astecas que domina a montanha, a noite e seus mistérios.

Entre os índios bolivianos da tribo Chiriguani, o culto ao jaguar fundamenta-se no medo do seu poder destrutivo, de sua impetuosidade e ferocidade.

Para os Warao da América do Norte, bem como para os Bororo, a ferocidade e a força do jaguar são tão intensas que esses índios o vêem como uma encarnação do Espírito do Mal, que atrai as vítimas humanas e as devora. Tentam matá-lo, segundo dizem, mas nunca o conseguem; enquanto isso, o animal faz inúmeras vítimas entre eles. Temem o jaguar, que sempre atrapalha seus passeios e pescarias, e acreditam que esse animal, mesmo depois de morto, poderia retornar em busca de vingança. Também chamado de Bope entre os Bororo, a ele é atribuída a causa de todas as mortes. Tão grande é a crença em seu poder maléfico que os índios desenvolveram rituais para aplacar sua ferocidade e tentar contrapor-se à sua força.

Esses rituais aparecem em diversas tribos indígenas brasileiras, com características diferentes, mas sempre com finalidades semelhantes.

A tribo amazônica dos Tucano realiza um ritual de apaziguamento quando um jaguar é morto. O pajé evoca Vaí-Mahsé (o Sol) com o objetivo de evitar a vingança de um pajé de alguma outra tribo. Nessa cerimônia, observa atentamente a pele do jaguar; se ela explodir ao ser queimada, significa que o animal se reerguerá em outro lugar.

Também entre os Tupinambá e os Bororo existe um ritual de apaziguamento. Esses índios acreditam que o caçador que mata um jaguar corre o risco de ser punido. Para evitar a punição, submete-se a um ritual de personificação ou incorporação do animal, com a finalidade de aquietar sua alma.

Na tribo Bororo, todos assistem ao ritual, as mulheres choram e lamentam a morte, e um dos caçadores se veste com a pele do animal e adorna-se com colares feitos com seus dentes e garras; realizam uma dança imitando seus saltos, acreditando que assim o caçador será possuído pelo espírito do jaguar morto.

Comer carne de jaguar sem tratamento xamanístico também pode ter sérias conseqüências. Entre os Kayapó, há algumas versões da lenda do jaguar que ficou encantado com a pintura feita por uma velha índia no corpo de seu neto e pediu-lhe que fizesse o mesmo em seu corpo. Ela o engana, dizendo que o processo de pintura exigia que ele se deitasse sobre pedras quentes. Ludibriado, o animal morre queimado. Escondido da avó e transgredindo as regras da tribo, o neto come a carne do jaguar morto; numa versão ele enlouquece, e, em outra, transforma-se numa jaguatirica.

Os Kayapó acreditavam que essa "loucura" poderia ser transmitida também pelo cheiro do animal, por seus dejetos, por sua mordida, ou até mesmo pela fumaça que exalava do assado de sua carne (ver "Força e proteção").

Por sua vez, quando um dos membros da tribo era morto, os Bororo praticavam um ritual em que tentavam contrapor sua força à do jaguar. Como acreditavam que Bope, Espírito do Mal, possuía a forma de jaguar, e era responsável por todas as mortes na tribo, buscavam compensação abatendo um desses animais numa caçada ritualística. A carne do animal era oferecida num banquete ao qual comparecia toda a tribo, e a pele e os dentes eram entregues ao parente mais próximo do morto.

Além desses aspectos, alguns mitos apontam a característica traiçoeira do jaguar. Em várias histórias indígenas, ele é visto como ardiloso e trapaceiro. Entre os Tucano, o mais temido é o jaguar-piybari (*piyuri*, chamar; *bari*, comer), o qual tem voz humana e engana os homens com seu rugido, semelhante aos gritos de uma pessoa perdida na floresta. Quando alguém se aproxima, é devorado pela fera.

Em toda a região amazônica é geral a crença na astúcia do jaguar, assim acredita-se que às vezes, para facilitar o ataque, ele se finge de morto ou imita sons de muitos outros animais, até de pássaros, para atraí-los. Conta-se que bate a cauda na água para imitar o barulho de frutos que caem para atrair os peixes, e desse modo ataca até mesmo o peixe-boi.

O aspecto trapaceiro da onça, como um ser pouco confiável, é representado pelo personagem "O Amigo da Onça", criação do cartunista brasileiro Péricles para a revista *O Cruzeiro* nos anos de 1950. A expressão "amigo-da-onça", que reflete esse aspecto traiçoeiro, foi incorporada à nossa linguagem popular e persiste até hoje.

Outras expressões populares brasileiras se referem à ferocidade da onça, tais como: "Depois da onça morta, todos metem o dedo na bunda dela", "Onde tem onça macaco não pia", "Cutucar a onça com vara curta" (referindo-se a provocar, desafiar uma poderosa força destrutiva), "Coragem de mamar na onça" (indicando a coragem para enfrentar qualquer situação), "Hora de a onça beber água" (a hora do acerto de contas).

Em seu livro *Vila dos confins* (p. 75), Mário Palmério ilustra com clareza a força hipnótica do olhar da onça sobre o caçador:

[...] E vi a onça. A onça, não: os olhos dela, apertando-se, dilatando-se, mexendo [...] aqueles dois ovos de fogo se ergueram a um tempo só, que nem dois vaga-lumes gigantes que levantassem vôo ao mesmo instante e na mesma direção. E tão velozes que os dois traços paralelos de luz riscaram a escuridão, de baixo para cima, deixando rastro que nem foguete! [...] Eu não tirava os olhos dos olhos dela. Enfrentávamos um ao outro, cara a cara, sem que nenhum de nós tomasse a iniciativa do primeiro gesto [...] Só os olhos em fogo continuavam latejando, inchando e espremendo-se. Pareciam caminhar em minha direção quando aumentavam, e rumar para longe de mim quando diminuíam. Outra manha infernal aquela: a onça tentava dominar-me com aqueles olhos amarelos, queria me hipnotizar, a malvada [...].

Observamos assim que lendas e histórias de caçadas misturam-se na formação da mitológica ferocidade do jaguar. Sua agressividade destemida e traiçoeira é o aspecto central de seu simbolismo, representando o lado destruidor, indomável e imprevisível da natureza.

Do ponto de vista psíquico, esse animal pode representar um elemento inconsciente e sombrio, que, devido à sua força e destrutividade impulsiva, não é passível de ser absorvido pelo ego, o qual pode ser destruído num processo psicótico. Essa dinâmica é expressa no dito popular: "Uma onça é sempre indomável".

A onça ataca o homem de forma inesperada e traiçoeira; de modo análogo, os complexos se manifestam de modo silencioso e sorrateiro, "atacando" o ego. O sonho de uma moça de 24 anos revela esse dinamismo: "Sonhei que uma onça pulava no meu pescoço e me atirava ao chão. Ela me paralisava. Se eu me mexesse, seria devorada". A moça associa esse sonho a uma situação difícil de traição, na qual se sente fragilizada e sem saída, e em que qualquer movimento seu poderia ser interpretado como um ato agressivo.

INGENUIDADE

Em paradoxo, a ingenuidade é um dos aspectos mais freqüentemente atribuídos à onça no folclore brasileiro. São incontáveis as histórias em que ela é facilmente enganada por outros animais, muitas vezes menores e mais frágeis, os quais, pela astúcia, conseguem sempre fugir de suas garras.

Inúmeros animais criam armadilhas para derrotá-la e conseguem realizar o intento. Observamos que não importa qual deles, pois é somente por meio desse seu ponto fraco – a ingenuidade – que a onça pode ser derrotada.

É quase invariável que as histórias comecem com a onça atraindo suas vítimas para uma armadilha. No entanto, como é conhecida por ser traiçoeira, os outros animais se acautelam e conseguem inverter a situação por meio de "idéias" mais criativas e inteligentes, fazendo a onça passar de traiçoeira a enganada.

Uma história sertaneja conta que a onça simula amizade com o gato e pede-lhe para ensiná-la a pular. O gato atende ao pedido mas, no dia da última lição, a onça, de natureza ingrata e traiçoeira, tenta devorá-lo. O gato escapa com um salto de costas. A onça então reclama que o professor não lhe tinha ensinado tudo, ao que ele responde que, se o fizesse, no momento estaria morto. Dessa história originaram-se a expressão "o pulo do gato" e o ditado popular: "Não ensines a teu amigo tudo que sabes, porque talvez um dia ele venha a se tornar teu inimigo".

Apesar do destaque dado à ferocidade desse felino na mitologia Bororo, histórias de várias origens mostram a onça sendo freqüentemente enganada pelo macaco, o que comprova o aspecto de sua ingenuidade. Em várias lendas, o ágil e vigoroso jaguar (ou *adúgo*) é ludibriado e levado à morte, com sua família, pelo esperto macaco.

Outras histórias do folclore brasileiro mostram também o coelho sempre pregando peças na onça. Numa delas, a jovem coelha vai passar uma temporada na toca de sua madrinha, a onça, que logo planeja aproveitar a noite para devorá-la. A coelha percebe de imediato essa intenção, e por isso a cada noite muda o lugar onde dorme. Vai assim escapando de diversas investidas, até que um dia, de propósito, troca de lugar com a filha da onça. Esta, no escuro, confunde-se e mata a própria filha, enquanto a coelha foge. Mais tarde, numa época de grande seca, a coelha consegue enganar novamente a onça: besunta o corpo com mel, cobre-se de folhas secas e assim, com aspecto diferente, consegue beber água na fonte que a onça dominava.

Há várias histórias em que o bode (ou o veado, em outras versões) começa a construir sua casa sem suspeitar que a onça, a qual teve a mesma idéia, alterna-se com ele na mesma construção. Ambos acreditam que estão tendo ajuda divina, até que finalmente se descobrem e resolvem morar juntos, dividindo a casa e fazendo revezamento na caçada. A onça logo traz um bode que havia caçado, assustando o companheiro. Na sua vez, o bode esperto consegue, com um estratagema, matar uma onça. Ela então foge, impressionada, deixando a casa toda para o bode.

Por meio dessas histórias, vemos que a onça representa a força bruta arrebatadora e violenta, a qual é vencida pela força da idéia criativa. Embora seja considerada um animal de grande ferocidade e astúcia, muito temida e respeitada entre os índios e sertanejos brasileiros, o folclore a apresenta freqüentemente como tola e ingênua. É provável que isso se deva a uma necessidade humana de criar um mecanismo defensivo para diminuir o poder e a força destrutiva desse animal, que constitui forte ameaça à sua sobrevivência. Esse mecanismo seria uma forma de suportar a convivência e o confronto com ela, impostos pela vida na floresta e no sertão. Parece também uma tentativa de acreditar que a esperteza e a inteligência são suficientes para vencer a força selvagem.

GUARDIÃO DO FOGO

Em inúmeros mitos indígenas brasileiros, o jaguar aparece como herói civilizador que dá o fogo aos homens. Ele não é o inventor do fogo, mas seu guardião, depositário e o primeiro a utilizá-lo. Por ser gerado de um só tronco de jatobá, o fogo do jaguar é diferente do originado pela fricção de dois gravetos. Nesse sentido, não é igual ao produzido pelo ser humano nem reproduzível, mas é um símbolo de transformação cultural em que a sociedade "natural" passa para uma forma "social" pela integração do poder transformador do fogo. A transformação do alimento cru em cozido diminui a força de sua natureza, evitando que o homem adoeça ao ingeri-lo.

O mito da origem do fogo, com estrutura temática semelhante e pequenas variações, repete-se em tribos do Nordeste do Brasil e na Argentina. O motivo central é sempre um menino abandonado pelo cunhado, no topo de uma árvore ou rocha, quando saem para caçar. O jaguar macho surge e, condoído com o sofrimento do garoto, recolhe-o e o conduz à sua casa. Lá o menino encontra pela primeira vez o fogo e a carne cozida, e também recebe do jaguar o arco e as flechas, todos elementos até então desconhecidos entre os índios. Quando o jaguar macho sai para caçar, a fêmea ameaça o menino, mostrando-lhe as garras e presas. Instruído pelo jaguar macho, o menino acaba ferindo ou matando a fêmea e volta para sua tribo. Lá chegando, conta a novidade aos companheiros, que vão até a casa do jaguar e roubam-lhe o fogo. Diz uma das versões:

> [...] como a aldeia ficou alegre depois da primeira noite, quando terminou a escuridão de tantos séculos, e os índios puderam dançar ao redor do fogo, comer carne cozida e adormecer ao seu calor! Quanto ao jaguar, ficou muito triste e zangado devido à ingratidão de seu filho adotivo, que lhe roubou não somente o fogo mas também o segredo do arco e flecha. Ao jaguar foi deixado somente o reflexo do fogo em seus olhos, que ainda brilham na escuridão. Ele caça com seus dentes e come apenas carne crua, pois jurou nunca mais comê-la cozida. E até hoje odeia tudo e todos, especialmente aqueles que pertencem à raça humana. (Wilbert & Simoneau, 1978: 182)

Segundo a pesquisa do antropólogo americano T. Turner, para as culturas Jê (Apinajé e Kayapó), nos mitos do fogo o jaguar é um substituto paterno que adota o herói, influenciando-o com suas qualidades de coragem e agressividade, que são vitais para sua iniciação, desenvolvimento e separação da casa natal. No mito supracitado, o jaguar não tem filhos e possui a capacidade de guardar e reproduzir o fogo. Tem duplo papel na iniciação do jovem,

age como mediador e coordenador do processo de transformação das qualidades antes indiferenciadas do menino. O jaguar o ensina a caçar, pondo fim à idade infantil do jovem, que se torna um caçador. O jaguar fêmea é relacionado com a mãe em seu papel nutridor, mais natural e internalizado. Ao passo que o macho conduz o jovem para o mundo exterior, social, a fêmea tende a impedir seu crescimento. Matá-la, portanto, representa uma reestruturação das atitudes do menino para com sua mãe, libertando-se dos vínculos protetores. Desse modo, se por um lado o jaguar é visto como um potente ser anti-social, por outro é o melhor exemplo das qualidades mais valiosas para o homem Kayapó.

É significativo que na maioria das histórias o jaguar macho seja aquele que fornece ao homem o poder do fogo, ao passo que a fêmea tenta impossibilitar essa aquisição. Se observarmos esse poder como uma nova consciência, aqui o feminino materno é visto como regressivo e dificultador do desenvolvimento. É necessária a intervenção da força masculina para a aquisição de um nível superior de conhecimento.

Para os índios Kaiowa (Brasil), o jaguar é o único animal que tem o segredo do fogo, seu maior tesouro, desde o começo do mundo. Numa de suas lendas, ele, rei das selvas e o mais forte dos animais, tinha a guarda do fogo e era por isso temido e invejado; no entanto, é enganado por outros animais, que lhe roubam o fogo. Consegue recuperá-lo, mas, irado com o roubo, ameaça incendiar a floresta. Ele é enganado novamente e dessa vez perde os olhos, que são substituídos por olhos feitos de água, o que o impedirá para sempre de aproximar-se do fogo, pois seus olhos se evaporariam.

Entre os índios Chaco, da América espanhola, o jaguar também perde o domínio sobre o fogo, que lhe é roubado por um pequeno roedor.

O jaguar mais uma vez aparece envolvido com o fogo na lenda dos índios argentinos da tribo Toba. Estes, ao perceber que os jaguares (espíritos dos mortos) estavam prestes a devorar a Lua, envolta por um halo vermelho, bateram os tambores forçando-os a largar a presa. Os fragmentos da Lua caíram sobre a Terra e provocaram um grande incêndio, que destruiu parte da tribo, à medida que vários pássaros surgiam dos corpos em decomposição. Assim, de modo indireto, o jaguar é novamente responsável pelo aparecimento do fogo.

Os mitos sobre a origem do fogo retratam o grande poder energético e transformador que é atribuído a esse animal. Sendo o mais poderoso da fauna latino-americana, o jaguar assume o papel de agente iniciador no processo de humanização e socialização. É pelo fogo que a matéria bruta passa para um estado mais elaborado. Do mesmo modo, é vital que o jovem adquira maestria e controle sobre sua natureza instintiva no processo de socialização. Entretanto, o segredo da manutenção desse poder está no controle do orgulho. A inflação decorrente pode levar à perda do controle sobre esse poder, o que leva o indivíduo a ser facilmente enganado e seduzido. Trata-se de uma falha na percepção dos próprios limites, e da perda de controle da agressividade. Por analogia, o homem inflado, cego pela ira ou pelo orgulho, pode ficar impossibilitado de transformar produtivamente sua energia, "queimando" seu potencial.

CLARIVIDENTE E PSICOPOMPO

Em diferentes civilizações da América Central e do Sul, o fato de o jaguar habitar cavernas e possuir uma boa visão noturna fez que lhe fosse atribuído o poder da clarividência e de atuar como psicopompo. Sua capacidade de enxergar no escuro tornou-o símbolo da força transcendente, pois ele traria a possibilidade de iluminar o inconsciente, de ver o desconhecido.

Para os maias, o jaguar era um guia das almas, aquele que ajudava em todas as fases da passagem para outra vida.

Entre os astecas, era Tezcatlipoca, "o espelho fumegante", o deus invisível que tudo vê, sendo às vezes representado com um espelho sobre a cabeça, para destacar seu caráter clarividente (ver "Divindades – Divindade solar").

Os povos indígenas da América do Sul referem-se a um jaguar de quatro olhos, que simboliza a clarividência dos espíritos noturnos e ctônicos (ver "Partes do jaguar – olhos").

XAMÃ OU PAJÉ

O jaguar figura com grande freqüência nas crenças xamanísticas dos indígenas da América do Sul.

Entre os Caraíba da tribo Taulipang, o xamã invoca o jaguar para curar inchaços causados pela ingestão da carne de veado, já que "o próprio jaguar vive dessa carne".

Na Bolívia, entre os Mojo e outros povos do leste do país, *camacoys* era o nome dado às pessoas que tinham sido atacadas ou feridas por um jaguar. Depois de terem escapado com vida, elas se transformavam numa categoria peculiar de mágicos e xamãs. Tinham como função anunciar quando o jaguar investiria contra a tribo. Supunha-se que esses magos e xamãs tinham um vínculo que transcendia a natureza humana, estabelecendo uma comunicação com o espírito do jaguar, e chegavam até a se transformar no próprio animal. Quando um jaguar matava alguém, todos os seus objetos eram consagrados ao seu culto. Por sua vez, o caçador que o matava adquiria grande importância social e podia até receber o nome do espírito do jaguar anunciado pelo xamã.

Os índios Toba, da Argentina, também relatam histórias de poderosos jaguares sobrenaturais, dotados do poder da fala, que seriam encarnações de xamãs falecidos. Poderiam ser controlados somente por um outro xamã, a quem, segundo a crença, pertenceriam todos os animais.

Na mitologia dos Tucano, o pajé e o jaguar estão intimamente associados: o pajé representa para a sociedade exatamente o mesmo que o jaguar representa para a natureza. Ambos têm o poder de proteção e participam do processo de procriação, a ponto de serem chamados pelo nome de *yé e*, termo derivado de *yé éri* ("coabitar") e *yé ém* ("pênis"). Durante o transe, o pajé diz tomar a forma de jaguar (invisível) a fim de proteger a tribo, ou tornar-se um jaguar (visível) para atacar um inimigo. A doença, nesse caso, seria uma imposição fálica, sexual, do animal sobre o doente, uma violação mágica. O processo de cura é visto como "a descoberta do jaguar". Vários animais são invocados no ritual de cura. A função do jaguar-pajé é assustar e afastar a doença com seu rugido, mantendo-a distante.

Mais uma vez fica claro o simbolismo desse animal como destruidor, que traz a doença e a morte. No processo de cura, somente um poder igual ou maior que o do Mal pode ser bem-sucedido. Na psicoterapia, isso equivaleria à atitude, por parte do terapeuta, de usar o poder da transferência arquetípica inerente ao seu papel, sabendo equacionar os conteúdos agressivos e traiçoeiros que emergem desse processo.

RELAÇÃO COM O SER HUMANO

São diversas as formas de relação do jaguar com o ser humano. Certas histórias contam que ele se une ao homem e procria com este; outras falam da transmutação do humano em animal e vice-versa. Descrevem-se, também, situações em que o homem procura adquirir os poderes e as características do jaguar por meio de rituais sagrados (ver "Força fertilizadora").

Cabe aqui ressaltar uma interessante diferença de projeção. Entre os povos indígenas, o jaguar é visto mais freqüentemente como animal macho, com elementos fálicos predominantes, ao passo que no folclore brasileiro não-indígena a projeção mais comum, como onça, é de qualidades femininas.

Numa lenda dos índios Bororo, o jaguar casa-se com a filha do chefe da tribo. Na ausência do marido, a moça é morta pela sogra, uma lagarta-feiticeira. O jaguar retorna, retira do ventre da esposa dois meninos gêmeos e destrói com fogo a velha feiticeira. Os Bororo acreditavam que um dos filhos nascidos da união do homem-jaguar com a filha do guerreiro seria um futuro líder e chefe destacado da tribo (ver "Divindades").

Em outras versões de tribos sul-americanas, o Sol e a Lua são gêmeos, dois meninos ou um casal, filhos de uma índia que ora é fecundada pelo jaguar, ora devorada por ele. Essas crianças, cuidadas pela avó-jaguar, vingam-se da morte da mãe matando os jaguares e, algumas vezes, a própria avó (ver "Força fertilizadora").

Verifica-se aqui uma tentativa de integração das qualidades de coragem e combatividade do guerreiro com a força agressiva do jaguar, necessárias ao perfil de um grande líder.

Índios brasileiros dos altos sertões imitam seu andar, cobrem-se com sua pele e realizam a dança sagrada do jaguar em cultos de adoração ou para amedrontar o inimigo. Acreditam que a aquisição do poder e da força do animal ocorre pela imitação e atuação em rituais específicos, isto é, por um processo de "participação mística". Nesses rituais, há uma tentativa de incorporação mágica do poder e da força do animal.

A crença no homem-jaguar estende-se, até os dias de hoje, entre índios e mestiços desde o Amazonas até o Paraguai. Alguns afirmam que os feiticeiros transformam-se em jaguar e saem à noite para atacar suas vítimas;

outros acreditam que o feiticeiro envia sua alma para incitar e guiar algum jaguar verdadeiro.

Havia entre os índios Kayapó a lenda de jaguares que habitavam um lago e tinham forma humana, com longos caninos. Durante a noite, saíam das águas, atacando e matando todos os índios que acampavam nas proximidades. Esse povo jaguar foi exterminado quando os índios se reuniram e atiraram pedras incandescentes sobre as águas (ver "Xamã ou pajé").

Existe entre os Tucano a lenda de um pajé que se transformava em jaguar e atacava os homens de outras tribos, assustava as meninas ainda impúberes e as acariciava com o rabo.

Na América do Norte, o jaguar tem presença marcante em muitas lendas e crenças dos índios Warao. Uma delas relata a história de dois irmãos que se tornam jaguares fumando um charuto mágico. Ao roubarem um cemitério, um deles é morto por um índio e o sobrevivente vinga sua morte matando o assassino.

Outra lenda da mesma tribo conta que um índio se metamorfoseou em jaguar e passou a perseguir uma mulher e suas filhas. Ela consegue defender-se com gravetos em chamas e por fim seu irmão a ajuda a fugir. Há ainda outro jaguar que persegue os homens porque, quando tinha forma humana, foi desiludido e abandonado pela mulher.

No conto *Meu tio, o Iauaretê*, o aclamado escritor João Guimarães Rosa descreve o discurso de um caboclo matador de onças, que vive solitário na mata, quando da passagem de um viajante por sua morada. O

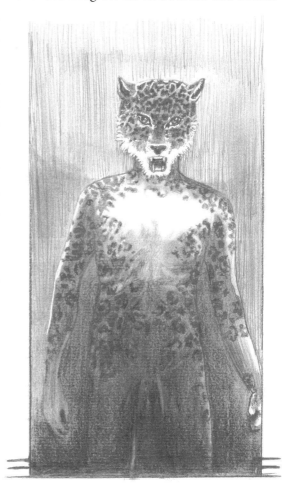

caboclo vai relatando sua estreita relação com as onças, o profundo conhecimento que tem de seu comportamento e se diz parente delas. No final, percebe-se que o próprio onceiro é, em certos momentos, possuído pela onça e mata as pessoas que cruzam seu caminho.

Em 1990 uma rede de TV brasileira transmitiu, com grande sucesso, a novela *Pantanal*, na qual uma personagem se transformava em onça quando enraivecida. Depois que ela é assassinada, sua filha, Juma, herda esse poder de transmutação.

Em outras versões das lendas Warao, é o jaguar que se transforma em ser humano. É sob a forma de mulher que um deles rapta uma menininha e a cria como filha. Quando cresce, a jovem o cega jogando-lhe água fervente nos olhos. Depois disso, todos os jaguares se unem para a vingança, obrigando os Warao a fugir.

Na linguagem psicológica, a transmutação do homem em jaguar ou onça diz respeito à possessão do ego por uma agressividade primitiva e incontrolada. Essa forma de vivenciar e expressar a agressividade destrutiva pode ou não ser desencadeada por uma provocação ou ameaça.

É comum que sonhos e histórias populares abordem o confronto do ser humano com a onça, retratando assim uma oportunidade de elaborar um aspecto instintivo (feroz) dentro do próprio indivíduo. Seria uma "onça psíquica", uma dimensão xamanística, uma sabedoria que vem do nível instintivo-inconsciente. É dessa forma que podemos interpretar o conto brasileiro *A rainha das onças*, coletado por Basílio de Magalhães. Nele, uma mulher muito pobre sai com o filho pelo mundo em busca de comida. A conselho de um velho que cruza seu caminho, vai à floresta à procura da rainha das onças. Passa algum tempo com ela, trabalhando e aceitando de bom grado tudo que lhe é oferecido. Finalmente retorna à cidade e, graças aos presentes da rainha onça, vive na riqueza e na fartura. Uma vizinha invejosa procura imitar os passos da boa mulher, mas acaba sendo morta pelas onças por se mostrar orgulhosa e recusar-se a obedecer às ordens dos animais.

Fica aqui retratado como a mulher, diante de situações-limite, exaurida de suas defesas, impotente e enfraquecida, precisa muitas vezes, para sobreviver, fazer uso de uma agressividade até então oculta. Transformando-se em onça, como Juma, ou prestando serviços à onça, a mulher tem a possibilidade de integrar qualidades até então inconscientes, enriquecendo sua personalidade. Abandona a condição de passiva, submissa e "boazinha", e passa a lutar ferozmente por seus direitos.

DIVINDADES

> É o jaguar, soberano das selvas, considerado o verdadeiro autóctone e dono do mundo florestal, o que ocupa o lugar mais importante nos acontecimentos relacionados com a vida material e mental do homem. O respeito por esse grande felino, o temor diante de seus constantes assédios e sua reconhecida superioridade sobre os outros animais, unidos aos atributos misteriosos e sobrenaturais com os quais a fantasia o envolve, criaram na mente do homem florestal a crença num deus-jaguar, ou melhor, num animal feroz com poderes sobrenaturais. [...] Nos povos indígenas sul-americanos que parecem ter claras analogias étnicas, o jaguar desempenha nas florestas o principal papel; na serra confunde-se seu poder com o raio e na costa, com o tremor (de terra). (Tello, 1923: 106)

Desse modo, em diferentes regiões das Américas encontram-se divindades representadas por seres híbridos de homem e jaguar.

Na América do Sul, estudos arqueológicos registraram a existência, por volta de 850 a.C., de uma religião que cultuava um deus representado por um felino, podendo ser este um jaguar ou um gato da montanha.

O jaguar, como deus-animal, era adorado entre os Chavín, da região norte dos Andes peruanos, cultura essa considerada uma das mais desenvolvidas dentre todas as culturas arcaicas do Peru. Esse animal é de suma importância nas representações pictóricas e nas esculturas dessa civilização. É um símbolo sagrado que adorna os pórticos e paredes dos templos sagrados. Pode aparecer sozinho ou, com mais freqüência, ladeando de forma protetora diferentes deuses. Seu emblema identifica divindades, assim como figura em adornos nas vestes de chefes e sacerdotes. No Peru, de modo geral, ninguém se atrevia a matar o jaguar, por considerá-lo um animal divino. Quando ele surgia dos bosques, sua presença era considerada sinal de bom augúrio.

O jaguar foi também um deus de grande importância para os olmecas, do México. A iconografia desse povo caracteriza-se pela presença freqüente de um deus-jaguar sob a forma de um filhote, o qual mistura traços humanos e as formas do animal. Os olmecas acreditavam que o jaguar havia copulado com uma mulher no passado mítico, e dessa união resultara uma raça de crianças que combinava traços de jaguar e de homem. Algumas lendas relatam toda a trajetória do deus-jaguar desde seu nascimento até a idade adulta. Essa forma de expressão estendeu-se a outros povos da Mesoamérica, como os maias, astecas e toltecas, chegando a se falar numa "jaguarmania" (ver "Relação do jaguar com o ser humano").

O puma (ou onça suçuarana) era adorado como um deus vivo na grande pirâmide Puma Punku ("O Portal do Puma"), próximo a Tiahuanaco, na Bolívia. O animal era mantido numa parte do templo e sua imagem, divulgada sob a forma de estátuas e seres híbridos de homem e puma.

Certas lendas na Amazônia falam da adoração a um poderoso jaguar negro. Dotado de imensa força, esse ser divino semeava o temor e matava por prazer. Era impossível escapar dele, pois paralisava suas vítimas apenas com o olhar "azul gelado".

Desse modo, por ser o jaguar o animal mais poderoso da fauna das regiões onde habita, é sobre ele que são projetadas as forças divinas. Como veremos, esse animal aparece associado a fenômenos da natureza que, devido a seus mistérios, são interpretados pelos povos indígenas como sobrenaturais.

Divindade da chuva e do relâmpago

Na civilização maia era comum o sacrifício de crianças em fontes e montanhas, em homenagem ao deus da chuva e da fertilidade, cujo símbolo era o jaguar. Até hoje, entre os índios mexicanos, o jaguar é invocado como divindade da chuva e do relâmpago.

Em Tiahuanaco, encontramos representada graficamente, no portal chamado "Porta do Sol", uma divindade de grande força associada à chuva. Aparece como um jaguar com traços humanos. Carrega nas mãos representações do trovão e do raio, e a chuva é sugerida pelas lágrimas que caem de seus olhos.

Os índios Tucano comparam o rugido do jaguar ao estrondo do trovão. Sua divindade suprema é representada como *buhpú yé e*, que significa "jaguar-trovão". O relâmpago seria a força fertilizadora e, devido a essa associação, o jaguar é visto como o elemento masculino fertilizador, responsável pelo ciclo da procriação humana (ver "Força fertilizadora").

Divindades cósmicas

Como deus da cosmogonia maia, o jaguar é associado a um dos quatro Bacab – deuses irmãos que foram criados e colocados nas quatro pontas do mundo, sustentando o céu para que não caísse. São, por isso, divindades representantes dos quatro pontos cardeais. O jaguar está ligado ao Bacab do Norte e aparece montado numa tartaruga, símbolo da eternidade.

No período pós-clássico da cosmogonia asteca (século XVI), encontramos a crença de que a Terra passou por quatro eras, sendo destruída sucessivamente por jaguares, pelo ar, pelo fogo e pela água. No final da primeira era, os homens teriam sido devorados pelos jaguares, que simbolizavam as forças telúricas.

Para as civilizações andinas, Viracocha era o deus criador do Universo, onipotente, adorado nos templos da região do lago Titicaca ("Lago do Jaguar") e em Tiahuanaco. Viracocha cria e controla as forças e fenômenos da natureza, e devora o Sol e a Lua, provocando os eclipses. É responsável pelas alterações ambientais e climáticas, podendo causar desastres, pestes e calamidades. Esse deus, como divindade cosmogônica, era visto no céu sob a forma de sete estrelas (a constelação das Plêiades). É encontrado, segundo diferentes estudiosos, com diversos nomes e vários atributos. O arqueólogo Júlio C. Tello relata que Huari Viracocha, o Jaguar, era uma divindade representada na arte Chimú como símbolo do poder de fertilidade da terra, bem como da chuva, do granizo, das nuvens, do trovão, dos raios, da destruição e da morte.

Divindades lunares-ctônicas

Entre os maias, o jaguar aparece relacionado com a deusa Lua-Terra, geralmente representada com garras desse animal ou formando uma trilogia com dois felinos ou dois cachorros. Também é descrito como possuindo uma boca enorme que engole o Sol no crepúsculo, transformando-se no Sol Negro. Os maias acreditavam em jaguares apocalípticos, os quais ascenderiam dos submundos para comer o Sol e a Lua no final dos tempos.

Tezcatlipoca é o deus supremo do panteão asteca e tem várias representações e diversos nomes, conforme a região. É freqüentemente representado pelo jaguar. Como deus da noite, era associado à Lua, às bruxas, aos ladrões, aos seres maléficos, à morte e à destruição.

Tepeyolotl é uma das manifestações do deus Tezcatlipoca, como deus da terra, das cavernas, da escuridão e dos terremotos. Chamavam-no de "coração das montanhas" e o representavam por um jaguar ou um ser híbrido, com partes animais e humanas. É também reverenciado como a entrada da caverna ou como a própria caverna.

Entre os índios Yurucaré (Brasil), encontramos um mito que elucida a associação do jaguar com o céu noturno: com o objetivo de vingar sua família, que foi dizimada por um herói humano, o último dos jaguares implora a ajuda do Sol e da Lua. O Sol não lhe dá atenção, mas a Lua oferece-lhe abrigo e esconderijo, e desde então o jaguar vive sempre com ela, e por isso tornou-se um animal noturno.

Entre os índios Tupinambá (Brasil), o jaguar é uma divindade celestial que reside no alto do céu e tem duas cabeças, para devorar o Sol e a Lua, causando assim os eclipses. Lenda semelhante é encontrada entre os índios bolivianos da tribo Chiriguani, que acreditavam num grandioso jaguar verde, o qual provocava eclipses ao tentar engolir o Sol e a Lua. Para afugentá-lo durante os eclipses, esses índios realizavam rituais em que gritavam e batiam tambores. De forma análoga, segundo a tradição cultural aborígene do Peru, durante os eclipses da Lua os cachorros eram açoitados para que seus latidos impedissem o jaguar de devorar o Sol e a Lua. Encontra-se nessa mesma região também um mito que se refere às fases da Lua: um jaguar comia pedaços da Lua (ocasionando a lua minguante) e, depois de satisfeito, deixava-a crescer novamente (surgindo daí a lua crescente).

Divindade solar

Como divindade solar nas culturas mesoamericanas, o jaguar é associado ao curso noturno do Sol.

Como Tezcatlipoca, deus asteca, o jaguar personifica o sol do verão que amadurece a colheita, mas também traz a seca e a esterilidade. Considerado o deus dos jovens guerreiros, estes a ele se devotavam quando ascendiam na carreira militar e se tornavam "guerreiros de Tezcatlipoca", vestindo a pele do jaguar durante a guerra (ver "Clarividente e psicopompo").

Na arte do antigo Peru, muitas representações da cabeça e cara do jaguar, circundadas por traços que dão idéia de raios luminosos, corroboram a crença de que esse animal é uma divindade solar.

PARTES DO JAGUAR

Em vários contos, os OLHOS do jaguar são caracterizados por sua beleza, clareza e luminosidade noturna.

Em certas regiões, como a andina, as manchas de sua pele eram freqüentemente confundidas com olhos, devido ao seu desenho circular com pontos escuros centrais. Era comum os índios peruanos imaginarem que o felino tinha em suas manchas focos luminosos encantados, uma vez que a eletricidade estática da atmosfera provocava ocasionais fagulhas luminosas ao menor roçar de sua pele. Da mesma forma, acreditavam que as estrelas seriam os olhos luminosos dos jaguares celestes (ver "Divindades cósmicas"). A ênfase dada aos olhos do jaguar na arte andina pode ser vista também nas representações que procuravam combinar dois ou mais desses animais numa mesma figura, obtendo dois, quatro ou mais pares de olhos, a fim de ressaltar o poder divino e celestial desses órgãos.

Os índios Tucano costumam usar o olho do jaguar como amuleto de caça, porque ele confere ao seu portador o poder de enxergar longe, ser perspicaz, combativo e capaz de acuar a presa. Em contrapartida, quem o carrega também corre o risco de tornar-se demasiado agressivo.

Entre os índios norte-americanos, há lendas sobre homens e animais que podem brincar com os próprios olhos, retirando-os das órbitas e depois os colocando de volta. Essa idéia aparece numa lenda dos índios da Amazônia: o caranguejo está brincando com os próprios olhos, atirando-os longe para ver o mar e trazendo-os de volta. O jaguar observa essa estranha façanha e pede-lhe que possa fazer o mesmo. Porém, um peixe monstruoso emerge e come os seus olhos. O jaguar cego conta sua história a um gavião-real que veio pousar ao seu lado, e este decide ajudá-lo. Traz leite de jatobá e o derrama dentro das órbitas vazias, devolvendo-lhe olhos ainda mais claros e belos do que os de antes. Em agradecimento, até hoje o jaguar sempre deixa parte de sua caça para o gavião-real.

Numa história do folclore Bororo, o tamanduá fura os olhos do jaguar com as garras e foge. O jaó é o único que sente pena dele e resolve ajudá-lo. Coloca a resina amarela de jatobá nas órbitas vazias, devolvendo-lhe a visão (ver "Clarividente e psicopompo" e "Relação com outros animais – Tamanduá e jaó").

São várias as histórias em que o jaguar perde os olhos por causa de uma atitude irrefletida, convencido de sua indestrutibilidade. Nessas situações, ele necessita da ajuda de animais menores para recuperar a visão. Esse tema ilustra um processo de inflação no qual o indivíduo, convencido de sua força, ultrapassa seu limite e abusa do poder. Essa dinâmica psicológica tem como conseqüência a perda da consciência (visão), a qual só é restaurada pelo reconhecimento do valor do menor, do mais humilde, do mais frágil.

Os índios Tucano, da Amazônia, usam o osso da perna do jaguar para fazer um tipo de flauta. Dizem que o som atrai o veado, mas também é um instrumento perigoso, pois pode atrair o próprio jaguar.

RELAÇÃO COM OUTROS ANIMAIS

Presente no folclore das três Américas, o jaguar é caracterizado predominantemente por ser ingênuo e passível de ser ludibriado pelos mais pueris estratagemas. Nesse sentido, encontram-se inúmeras histórias protagonizadas por diversos animais (com mais freqüência o coelho, a raposa, o macaco e a tartaruga), das quais seguem alguns exemplos.

O jaguar e o caracol

Entre os índios Bororo, há uma lenda na qual o feroz jaguar encontra um bonito caracol e resolve devorá-lo. Este, amedrontado, sugere-lhe que o atire para o alto a fim de cair direto dentro de sua boca. O jaguar, sem perceber a estratégia, aceita a proposta e morre com o forte golpe da carapaça do caracol sobre seus dentes. Os Bororo acreditam que os sulcos existentes na carapaça do caracol têm origem nas marcas deixadas pelos dentes do jaguar.

O jaguar e a cigarra

Na tribo Bororo, conta-se que a cigarra quis ludibriar o jaguar e o convidou para um desafio em que veriam qual deles resistiria mais tempo sem se alimentar. Segundo o combinado, ambos deveriam ficar absolutamente imóveis, um diante do outro, durante a prova. Passados alguns dias, o jaguar, esfomeado, tenta comer a cigarra. Porém só encontra a casca vazia, pois ela há muito a havia deixado para trás.

O jaguar e o coelho

Na tribo dos Warao encontram-se muitas referências à relação entre esses dois animais, sempre mostrando que o coelho se aproveita da ingenuidade do jaguar, engana-o vezes sem conta e chega mesmo a matá-lo.

Numa delas, o coelho está aborrecido com sua pequenez e pede a Deus que lhe aumente o tamanho. Deus manda que ele traga uma pata de jaguar e um dente de crocodilo, pois vai pensar no assunto. O coelho engana o jaguar propondo amarrá-lo numa árvore para evitar que a tempestade o leve, e então corta-lhe uma pata. Ao entregar os troféus a Deus, este, como recompensa, estica suas orelhas.

Em outra história, o coelho pretende roubar os peixes que o jaguar havia pescado. Para isso, finge-se de morto, mas o jaguar não lhe dá atenção e vai embora. O coelho corre por um atalho e novamente se estende como morto no caminho do jaguar. A cena se repete várias vezes, e nada se consegue. O jaguar, por fim, decide comer todos aqueles coelhos "mortos" que tinha visto. Coloca os peixes no chão e vai buscar os coelhos, e assim o espertinho foge com a pescaria.

O jaguar e o gavião-real

A relação entre esses dois animais é representada simbolicamente num importante ritual iniciatório do povo Kayapó Xikrin, da Amazônia. Numa das últimas etapas desse ritual, há a transformação de certos participantes em homem-jaguar. Eles são pintados como jaguares e depois emplumados, transformando-se em seres homem-jaguar-gavião-real, que auxiliarão os iniciados a atingir a identidade humana e social. Na cosmologia desse grupo, as aves são de fundamental importância, sendo o gavião-real o iniciador do xamã e o representante da etapa final da humanização plena, ao passo que o jaguar é ligado à aquisição do fogo e representa os domínios terrestres.

Uma relação de cooperação entre esses dois animais pode ser vista na história relatada pelos índios da Amazônia (ver "Partes do jaguar – olhos").

O jaguar e o jaó

Várias histórias das tribos brasileiras dos Bororo e Kayapó se referem a uma relação de gratidão entre o jaó e o jaguar. Ferido nos olhos por espinhos ou galhos de árvore, o jaguar, cego e desesperado, pede ajuda a vários animais que acabam por feri-lo ainda mais, mas somente o jaó (em outras versões, o pássaro azul ou o azulão) o socorre. O pássaro reconstitui os olhos do jaguar com a resina de uma árvore. Em agradecimento, este faz a promessa de jamais comer seus ovos e pede-lhe para cantar à noite a fim de identificá-lo, evitando assim pisá-lo e machucá-lo. Por isso, quando os jaguares saem à noite, os jaós cantam (ver "Partes do jaguar – olhos").

O jaguar e a lagartixa

Uma lenda do folclore Bororo (Brasil) mostra aspectos de um jaguar fragilizado e defeituoso que precisa da ajuda da indefesa mas ágil lagartixa. Como suas patas fazem muito barulho e afugentam a caça, o jaguar, faminto e já muito magro, procura a lagartixa e lhe pede um pouco de sua maciez ao caminhar. A lagartixa, penalizada, atende ao pedido. Em troca, o jaguar lhe dá algumas de suas belas pintas. "Daí o jaguar possuir um caminhar tão silencioso que não se nota sua presença, e a lagartixa ter seus lados pintados."

O jaguar e a raposa

Há uma certa ambigüidade na relação entre o jaguar e a raposa, embora na maioria das histórias encontradas predomine a rivalidade entre eles. Às vezes o jaguar vê a raposa como amiga e a protege, como nas diferentes versões da história que conta o jogo de baralho dos animais: o perdedor seria devorado pelos outros jogadores, e o jaguar faz de tudo para evitar que a raposa, perdedora, tenha esse destino.

Entre os índios Toba, da Argentina, encontram-se várias histórias em que a raposa ludibria o jaguar. Numa delas, ele é casado com uma sapa, a qual a raposa quer para si. Para conquistá-la, arma uma estratégia para matá-lo: segura nas mãos, fingindo ser o próprio coração, uma bexiga de vaca cheia de moscas vivas. O jaguar fica encantado com o som do "coração" da raposa e lhe pergunta como se faz aquilo. Ela responde que ele precisa, em primeiro lugar, deixar que lhe retirem o coração de dentro do peito. O jaguar concorda. Assim, a raposa consegue matá-lo e ficar com a sapa. Em outra história, a raposa amarra a bexiga de vaca cheia de moscas vivas na cauda do jaguar. Ele se assusta e foge e ela se apodera da caça deixada para trás.

O jaguar e o sapo

Várias histórias dos Kayapó mostram o comportamento solitário do jaguar em oposição ao comportamento mais gregário do sapo. Na disputa pelo poder, os sapos se unem num coaxar ensurdecedor que assusta o jaguar solitário. Na fuga desabalada, ele fere os olhos (ver "Partes do jaguar – olhos").

O sapo também surge como criatura mais esperta que o jaguar, como na história Kamayurá em que aquele vai à casa deste em busca de um arco e consegue escapar ardilosamente de suas inúmeras investidas.

O jaguar e a serpente

A relação entre esses dois animais expressa-se no plano cósmico-mítico, pela oposição entre Tezcatlipoca (um dos mais importantes deuses do panteão asteca, que assume, entre outras, a forma do jaguar) e Quetzalcoatl (deus de origem muito mais antiga que os astecas, também denominado "a serpente emplumada"). Para os toltecas, Quetzalcoatl era o deus que criava as artes, ciências e leis divinas, e as ensinava ao povo. Quando foram dominados, ele foi incorporado como uma das principais divindades entre outros povos mexicanos. No plano mítico, há várias lendas que relatam conflitos entre esses dois deuses. Uma delas conta que Tula, capital do reino histórico dos toltecas, florescia sob a proteção de Quetzalcoatl, até que esse progresso provocou a inveja e a ira dos espíritos maléficos, os quais enviaram o poderoso e destrutivo Tezcatlipoca para causar a guerra e a desordem. Ele acabou expulsando o inimigo Quetzalcoatl, que prometeu voltar num futuro breve.

O jaguar e o tamanduá

Diz uma lenda Bororo que o tamanduá-bandeira tem as pernas descarnadas porque o jaguar devorou a carne de suas canelas como vingança por ter-lhe machucado os olhos (ver "Partes do jaguar – olhos").

A versão dos índios Kayapó Xikrin relata essa mesma vingança, e esclarece que o tamanduá tem as pernas curtas porque o jaguar devorou parte delas.

O jaguar e a tartaruga

São freqüentes as histórias em que a tartaruga vence o jaguar, ou por esperteza ou por maior resistência diante de situações adversas. O menosprezo do jaguar pela fragilidade da tartaruga o leva a avaliar mal os próprios limites, como pode ser visto nesta lenda dos índios Kayapó Xikrin: num concurso de resistência, o jaguar acaba morrendo ao tentar imitar a tartaruga, que consegue sobreviver ao ficar num buraco, sem água nem comida, por vários dias.

A esperteza da tartaruga acaba lhe permitindo matar o jaguar, como nesta história dos Apinajé: a tartaruga queria comer frutas, por isso pediu ao macaco que a levasse até o topo de uma árvore. O jaguar, que estava de passagem, ordenou que ela descesse. Percebendo que ia ser devorada, a tartaruga atirou-se sobre a cabeça do jaguar, matando-o.

Entre os Warao, há uma lenda na qual a tartaruga e o jaguar eram antes amigos, mas ela o engana com sua esperteza e ele, ao descobrir a traição, devora a velha conhecida. Para os Tucano, o ódio que as onças sentem pelas tartarugas teve origem numa situação semelhante (ver "Ingenuidade").

Ao fazermos uma analogia entre essas histórias e o dinamismo psíquico, podemos considerar a fragilidade desses animais a representação da função inferior e o poder do jaguar, a da função superior. As relações estabelecidas pelos diversos animais com o jaguar podem ser vistas como uma metáfora da dinâmica entre as funções da consciência. Assim, vemos que o desenvolvimento unilateral de uma função psíquica leva à fragilidade da personalidade e à necessidade de contato com a função inferior. A assimilação de funções *a priori* consideradas de menos valia conduz à solução dos conflitos e confere ao indivíduo mais recursos para lidar com diferentes situações.

O JAGUAR OU ONÇA FANTÁSTICOS

Como animal fantástico, o jaguar (ou a onça) aparece em lendas e contos de várias regiões da América do Sul, caracterizando-se muitas vezes por ter força quase invencível, grande ferocidade e violência. São comuns as narrativas sobre sua metamorfose de animal para humano e vice-versa, bem como sobre sua aparição como representante da alma de uma pessoa morta (ver "Relação do jaguar com o ser humano").

Entre os índios Warao, conta-se a história de um jaguar de duas cabeças que devorava tudo que via. Além de duas cabeças, diz a lenda que ele podia ter dois rabos, ou mesmo quatro cabeças e quatro rabos. Esse animal temível só poderia ser morto pelos poderes mágicos de um xamã ou de feitiçaria.

Os índios Toba acreditavam que havia três espécies de jaguar: um vivia sob a terra, o segundo, na floresta, e o terceiro, no céu. Os jaguares do submundo eram os mais perigosos, pois atacavam e matavam as pessoas durante a noite. Por meio de um xamã, descobriu-se que eles agiam assim porque não gostavam do barulho dos homens. Os jaguares que viviam no céu podiam ser vistos pelos antigos ou por aqueles que, nos sonhos, percorriam as estradas dos céus. Acreditavam também que alguns jaguares podiam falar. Estes costumavam bloquear o caminho das pessoas a fim de devorá-las. Ninguém podia resistir ao seu poder, mas quando um deles raptou a filha do xamã, este resolveu confrontá-lo. Nu e carregando somente um bastão de jacarandá, o xamã consegue vencê-lo com canções e truques, adquirindo seus poderes e tornando-se o pai de todos os jaguares.

Os Toba relatam também a existência de uma mulher-jaguar canibal, que foi com o marido caçar periquitos na floresta. O marido, que desconhecia o lado jaguar da mulher, subiu numa árvore e atirou-lhe os periquitos, até perceber, apavorado, que ela os tinha devorado. Tentou fugir, mas ela o alcançou e comeu seu corpo até saciar-se. Guardou a cabeça numa sacola, porém os filhos a descobriram e avisaram a aldeia. Muitas pessoas que tentaram escapar acabaram sendo devoradas. Os filhos prepararam uma armadilha para a mãe, que então aterrorizava toda a região, e foram pedir ajuda a Carancho. Os sobreviventes se refugiaram numa árvore oca e, quando a mulher-jaguar tentou pegá-los, suas longas garras ficaram presas no tronco. Carancho matou-a e queimou seu corpo. Das suas cinzas, diz a lenda, nasceu o tabaco.

As populações do Amazonas e do Acre acreditam na existência da "onça-boi" ou "onça pé-de-boi", que recebe esse nome porque tem cascos semelhantes aos dos bovinos. Ela anda sempre aos pares e se reveza para comer e beber. Persegue o homem até este subir numa árvore. Nunca relaxa a guarda; até a hora em que a vítima, enfraquecida, cai da árvore e é devorada.

Famosa também é a "onça-maneta", que recebe esse nome porque perdeu uma das patas dianteiras na luta com o homem. Caracteriza-se pela grande esperteza, ferocidade e agilidade. Deixa rastros falhos, do tamanho da mão de um homem. É parte do folclore de São Paulo, Santa Catarina e Paraná.

Na região de Minas Gerais e Goiás, fala-se de uma onça denominada "onça da mão torta". Numa das versões, na qual ela recebe o nome de "onça cabocla", uma bruxa vira onça para se alimentar, mas perde as roupas com que fazia sua transmutação e torna-se onça para sempre. Há também a lenda da feiticeira que come uma folha dada por sua irmã gêmea, para se transformar em onça e caçar alimento para ambas. Porém, no momento de dar a segunda folha, que desfaria o feitiço, a irmã fica com medo e foge, ao passo que a onça cai numa armadilha, quebra uma pata e fica aleijada. Numa terceira versão, a "onça da mão torta" é a encarnação de um vaqueiro mau que matava e roubava. É um animal invencível, pois, mesmo atingido por vários tiros, nada lhe acontece.

Uma lenda semelhante, denominada *Onça-Borges*, é contada na região do rio São Francisco: um vaqueiro, transformado em onça, não pode mais voltar à forma humana devido à covardia do amigo que não lhe deu as folhas necessárias para desfazer a transformação.

O folclore carioca tem uma história sobre a "onça do bispo". Conta-se que um bispo recebia muitas oferendas e as guardava para si. Certo dia, recebeu de presente uma onça nativa, muito esperta e feroz, que precisava de prisão segura e vigilância constante. Mesmo assim, ela às vezes fugia e devorava crianças e animais. A única forma de proteção contra seu ataque era pendurar peles secas de gatos nos telhados.

Observa-se nas crenças de diferentes civilizações que as onças ou os jaguares sobrenaturais, concebidos pela fantasia popular, conservam muitas das características encontradas nas histórias sobre os animais reais. Assim, caracterizam-se como valentes, espertos, ferozes, vorazes, agressivos e destrutivos.

O URSO

▼

Ordem: *Carnivora*

Família: *Ursidae*

Principais características biológicas

O urso pode ser encontrado nas Américas, na Europa e na Ásia. Algumas espécies habitam regiões tropicais, ao passo que o *kodiak* vive nas regiões polares setentrionais. Algumas espécies, bem maiores que as atuais, habitavam regiões da Europa e da Ásia há cerca de cem mil anos, com os mamutes. Hoje, os maiores ursos são o marrom e o *kodiak*, ou urso polar, considerados os maiores carnívoros terrestres. O urso do Alasca chega a medir 2,8 metros e a pesar cerca de setecentos quilos; já a menor espécie existente é o malaio, que mede de 1,1 a 1,4 metro de comprimento e pesa entre 27 e 67 quilos. O tamanho e a cor da pelagem variam muito, inclusive dentro da mesma espécie. Na América do Norte, há três tipos de urso: o polar, o preto (pequeno e numeroso) e o marrom ou *grizzly*.

O urso tem audição e olfato bem desenvolvidos, mas sua visão é deficiente. Os olhos localizam-se na parte frontal da face, o que não ocorre na maioria dos animais, nos quais se situam lateralmente.

O andar é ondulante e desajeitado. Apóia a sola do pé inteira no chão e move as patas dianteira e traseira do mesmo lado, com pequeno intervalo entre os dois movimentos. Devido ao seu tamanho, é um animal lento, mas sabe galopar e pode alcançar uma velocidade de 45 a 50 quilômetros por hora. Quando treinado, caminha ereto, faz acrobacias, dá cambalhotas e anda de bicicleta. Os de menor porte e os filhotes sobem em árvores com facilidade.

O urso polar é excelente nadador; flutua com facilidade e pode ficar por muito tempo na água, pois tem grande resistência física. Seu pêlo e uma espessa camada de gordura subcutânea protegem-no do frio. Essa camada chega a atingir dez centímetros e lhe confere densidade semelhante à da água. A sola dos pés, coberta de pêlos, permite-lhe agarrar-se ao gelo.

Durante o verão o urso encontra-se no auge de suas forças para a caça, e é também nessa época que se dá o acasalamento. Monogâmico em essência, exceto quando há excesso de fêmeas, procura em geral a mesma que fecundou anteriormente, reconhecendo-a pelo odor que exala na época do cio. Foi sempre considerado um animal solitário, mas pesquisas recentes revelam que aprecia a vida em pequenos grupos.

Quando chega o inverno, busca um abrigo para a hibernação, que dura cerca de quatro meses. Durante esse período desperta freqüentemente e no início sai da toca diversas vezes para satisfazer necessidades fisiológicas. Prefere grutas naturais para se abrigar, mas também pode instalar-se num oco de árvore. Na espécie polar só as fêmeas grávidas hibernam; os machos permanecem ativos o ano todo.

No início da primavera, o urso acorda magro e faminto. Come então com grande voracidade, e sua alimentação consiste em pequenos animais, roedores, insetos, aves, peixes, musgos, frutos, folhas e raízes. Para obter o mel, do qual é grande apreciador, enfrenta, sem receios, grandes enxames de abelhas. Quando caça ou pesca na beira dos rios ou lagos, comporta-se segundo regras rígidas, baseadas no tamanho físico e na hierarquia social. Os maiores e mais fortes delimitam seu território, afastando com patadas os mais fracos e as fêmeas.

No inverno, durante a hibernação, nascem as crias, depois de uma gestação de sete ou oito meses. Em geral nascem dois ou três filhotes, mas a taxa de mortalidade é de cerca de 40%. O filhote nasce frágil, pesando cerca de meio quilo, sem pêlos, sem dentes e com a visão pouco desenvolvida. Nos primeiros três meses de vida alimenta-se só com leite materno, mas depois sai da toca e aprende a caçar e pescar com a mãe. Torna-se adulto por volta dos 2 anos de idade, e até essa época conta sempre com a proteção da mãe, que é bastante agressiva com qualquer um que ameace a segurança de sua prole. A mãe é extremamente dedicada e paciente com os filhotes, deixando-os mamar à vontade e brincar sobre seu corpo enquanto dorme. O urso vive, em média, 25 anos.

Ataca o homem e outros animais quando faminto, ferido, assustado, provocado ou em defesa dos filhotes. É conhecido pelo forte "abraço", que pode ser fatal. Dotado de grande força, consegue arrastar animais bem maiores do que ele mesmo.

Seu maior inimigo é o homem, que o mata para utilizar sua pele na confecção de vestuários e a carne como alimento.

Simbolismo

MITOS DE ORIGEM

A maioria dos mitos encontrados confere ao urso uma origem divina e celestial.

Na cultura siberiana, é filho do deus celeste e habitante do céu, mas, por ter desobedecido às ordens do pai, é enviado à Terra como punição. Entre os homens, tinha a missão de ser justo, poupando os inocentes e matando os desonestos. Outra lenda siberiana, influenciada pelo episódio bíblico da expulsão do Paraíso, conta que o filho do deus celeste era forte e maldoso, e maltratava seu irmão Nikolai. Por isso, o pai o expulsa do Céu, mandando-o para a Terra; como castigo, troca seu nome de Mikail para Urso e determina que seus descendentes serão animais selvagens, com o corpo peludo, mas dotados da razão. Foi assim que o jovem urso chegou nu à Terra, e depois o musgo cresceu em seu corpo até se transformar em pêlo.

Para os povos do Alasca, o pequeno urso negro chamado *Makwa* surgiu quando uma jovem índia conseguiu dominar, pela feitiçaria, um urso gigantesco. Conhecido como *Manitu*, o gigante era na verdade o espírito de um índio morto, que tinha assumido a forma animal ao voltar à vida. Quando ele caiu, dez índios o cercaram e o esquartejaram, e de cada pedaço surgiu um *makwa*.

O épico finlandês *Kalevala* ("A terra dos heróis") descreve um banquete ritualístico durante o qual se recitava a lenda do "nascimento honorável do urso" e no qual sua carne era servida aos convidados. Segundo essa lenda, uma alegre donzela passeava pelas nuvens da constelação da Ursa Maior, carregando uma cesta cheia de fios de cabelo. Os cabelos caem no mar, e as ondas os levam até uma floresta onde Mielikki, a Senhora das Matas, os encontra e coloca num cestinho pendurado nos ramos mais grossos de uma árvore, escondido entre a folhagem abundante. A deusa balança o cestinho, até que os fios de cabelo se transformam num animal, "o pata de mel".

ASPECTO FEMININO E MATERNO

Numerosas civilizações associam a ursa à Grande Deusa Mãe, ou seja, às forças da Natureza que tanto podem dar a vida como destruí-la. É um dos símbolos do inconsciente ctônico, lunar e associado à terra, tanto na Europa como na Ásia. Essa associação deve-se à grande dedicação maternal das ursas para com seus filhotes, tanto que, para protegê-los, tornam-se furiosas e correm riscos incalculáveis. Várias lendas dizem que os ursos nascem frágeis e amorfos, e são lambidos pela mãe até adquirirem forma. Esse hábito era visto pela Igreja medieval como um símbolo do cristianismo convertendo os pagãos. Os escritores da Idade Média consideravam o urso o animal da Virgem Maria.

Na cultura ocidental, o popular urso de pelúcia, dado carinhosamente de presente em situações especiais, pode estar associado a características maternais. Quando se dá um ursinho ao filho, a mãe está fornecendo-lhe uma representação de si mesma, que pode ser usada como objeto intermediário. Calor, proteção, segurança e aconchego seriam, desse modo, transmitidos para a criança pelo ursinho. A palavra grega *artus* (urso) tem o artigo feminino, e na mitologia grega, a deusa Ártemis é freqüentemente representada por uma ursa ou na companhia de um urso. No culto a essa deusa, havia o costume de entregar meninas e adolescentes, que eram chamadas de "ursinhas", para servi-la. Durante o período desse serviço, elas se comportavam como moleques: não se cuidavam, não se lavavam e falavam de maneira rude. Considerava-se que essa situação possibilitava o desenvolvimento da sexualidade feminina, sob a proteção da mãe-deusa (ver "Deuses e heróis – Ártemis").

Nos dias de hoje, podemos observar que as meninas capazes de viver seu aspecto "urso", moleque, têm maiores possibilidades de canalizar adequadamente a agressividade sem se precipitar numa sexualidade prematura. Essa condição favorece a mulher, na fase adulta, a desenvolver um feminino com o *animus* integrado, discriminado e respeitando o ciclo da vida.

O excesso de proteção materna atribuído à ursa, por sua vez, pode transformá-la num símbolo da Grande Mãe devoradora negativa, que em muitos mitos deve ser confrontada e morta pelo herói (ver "Agressividade e personificação do mal").

INGENUIDADE E ESTUPIDEZ

O aspecto de ingenuidade e estupidez destaca-se com certa freqüência em histórias folclóricas, nas quais o urso se relaciona com outros animais. Nessas situações ele é sempre ludibriado, chegando até mesmo a ser morto. Há várias histórias da tradição eslava sobre esse tema. Uma delas conta que o urso foi enganado pela lebre e ficou preso num tronco de árvore. Ele pede a um camponês que o liberte, prometendo mostrar-lhe uma colméia e pedindo que não conte a ninguém que a lebre o iludira. O homem atende a seu pedido e o urso lhe dá o mel. Mais tarde, quando ouve o camponês revelar seu segredo, decide matá-lo. A raposa aparece e lhe diz que o urso tem um porrete na mão e ingenuidade na cabeça. O camponês entende a mensagem e arma uma estratégia: pede ao urso para deixá-lo fazer suas orações antes de morrer e se oferece, como prova de devoção, para dar três voltas no campo carregando o urso dentro de um saco. Este, orgulhoso de ser carregado pelo homem, entra no saco. O camponês pega o porrete e o espanca até a morte. Existe uma outra lenda em que o urso volta a ser enganado pelo camponês: na colheita do nabo, o homem reserva para si tudo que cresce sob a terra, dando ao urso o que está na superfície. Pensando ser esperto, na hora de colher o trigo, o urso exige ficar com o que cresce debaixo da terra. No folclore russo, temos um outro exemplo da ingenuidade desse animal: a raposa, ao passar o inverno no esconderijo do urso, devora todas as galinhas armazenadas pelo dono da casa. Quando o urso lhe pergunta o que está comendo, ela diz que é a própria testa. Ele ingenuamente acredita na conversa da raposa e acaba por morrer tentando comer sua testa.

No folclore norte-americano, são comuns os contos que mostram um urso crédulo e ingênuo, sempre ludibriado pelo coelho ou por outros animais. Numa história da Carolina do Norte, o urso cultiva cuidadosamente suas videiras, esperando pelos frutos. Porém à noite, enquanto ele dorme, o gambá, a raposa e o racum devoram todos os cachos de uva.

Uma fábula do Alabama conta que o coelho, interessado nos amendoins que o urso carregava, deitou-se no meio do caminho fingindo-se de morto. O urso, pensando em comê-lo mais tarde, colocou-o dentro do saco de amendoins. O coelho comeu todos os amendoins e depois fugiu (ver "Relação do urso com outros animais").

A projeção dessas qualidades – ingenuidade e estupidez – sobre o urso, conhecido por sua força e ferocidade, pode indicar um mecanismo de compensação. O homem, identificando-se em suas fraquezas e limitações com pequenos animais, sente-se capaz de confrontar a violência e a força bruta da natureza pela esperteza e inteligência.

AGRESSIVIDADE E PERSONIFICAÇÃO DO MAL

A agressividade, como uma das características predominantes no urso, pode trazer como conseqüência a associação de sua imagem com o mal e com aspectos obscuros e demoníacos.

A origem dos ferozes ursos marrons é relatada numa lenda esquimó da tribo Chugach: uma mulher descobre que foi traída pelo marido. Enraivecida, veste uma máscara de urso, e assim se transforma em mulher-urso e o mata. Isso explicaria por que eles são tão bravos e hostis.

Algumas lendas mostram o urso como um animal cauteloso, que quase nunca ataca sem provocação, sendo o principal motivo do enfurecimento da fêmea o sinal de ameaça a seus filhotes. Em contrapartida, entre os povos que têm esse animal em sua fauna, há centenas de histórias, verídicas ou lendárias, de ursos que atacaram sem provocação.

Nas Sagradas Escrituras, o urso é visto como um ser forte, violento e cruel, um instrumento da vingança divina. Seu ataque é lento e poderoso, capaz de causar enorme sofrimento. O aspecto assustador do ataque se agrava quando se trata da fêmea lutando por seus filhotes. Segundo a Bíblia, duas ursas foram responsáveis pelo massacre de 42 crianças da aldeia de Bethel, como punição por zombarem da calvície do profeta Elias. Essa característica de ferocidade é vista numa metáfora em que o profeta Oséias (Os 13,8) relata as palavras de Deus planejando a destruição dos idólatras: "Como uma ursa a quem tiraram os filhotes, investirei contra eles; como um leãozinho, rasgar-lhes-ei o coração, e os devorarei no mesmo lugar como uma leoa, e os farei em pedaços como uma fera do campo". No Antigo Testamento, o urso representa também o reino persa, que trazia morte e destruição para o mundo (ver "Aspecto feminino e materno").

Na tradição cristã, o urso representa o diabo, a crueldade, o apetite carnal, a voracidade. Nas igrejas normandas, sua imagem representava Satã. A luta de Davi com o urso pode ser entendida como o conflito entre Cristo e o demônio.

Na tradição esotérica do Islã, o urso aparece freqüentemente com aspecto asqueroso e mau.

Nos mitos gregos relacionados com Ártemis, ele representa o aspecto monstruoso, cruel e sacrificador. Na alquimia, corresponde à *nigredo* (primeira fase do processo alquímico), à matéria-prima, aos instintos e às fases iniciais da evolução. Tem sido o emblema da crueldade, selvageria e brutalidade.

Entre outros animais, o urso personifica um poder negativo da natureza. Na Groenlândia, um enorme urso polar aparece em desenhos feitos por esquimós, retratando espíritos do mal. É chamado Urso do Mal, o qual vira os barcos para matar seus ocupantes.

No folclore russo encontramos a história de um urso demoníaco, com pêlos de ferro, que devasta totalmente um reino. Salvam-se apenas duas crianças, Ivan e Helena, escondidas pelo rei no alto de um morro. Quando o urso faminto se aproxima, Ivan atira-lhe comida. Depois de comer, o urso adormece e então as crianças tentam fugir. Mas ele acorda, alcança-as e as leva de volta ao morro, obrigando-as a dar-lhe comida. As crianças fazem outras tentativas de fuga, sem sucesso, e então recebem a ajuda de um touro, que cega o urso com seus chifres e o atira num rio, onde ele se afoga. Noutra versão, é o demônio que aparece sob a forma de urso e quem o mata é o cão de um soldado.

Há forte ênfase na relação entre o aspecto voraz e o agressivo do urso em algumas histórias. Um exemplo é encontrado no folclore hebraico: o urso come os filhos de um rabino, mas os pais ouvem as vozes das crianças na barriga do animal e o atraem, dando-lhe muita carne, até fazê-lo dormir; em seguida, abrem sua barriga, salvam os filhos e colocam pedras no lugar. Ainda no folclore hebraico, temos a história da mãe-ursa, cujos sete filhotes devoram toda a comida da casa e, com medo da punição, colocam alfinetes na toalha em que a mãe enxuga as mãos, para que ela, machucada, não possa surrá-los.

Também no folclore norte-americano encontramos contos sobre o mesmo tema, como este, da Geórgia: o ursinho é capturado por um crocodilo fêmea para alimentar seus sete filhotes. Esperto, ele propõe à mãe-crocodilo que lhe poupe a vida e, em troca, cuidará de sua prole. Porém, faminto, o ursinho

come um filhote de crocodilo por dia. Consegue enganar a mãe-crocodilo, mostrando-lhe um filhote de cada vez, sem que ela perceba que o número deles vai diminuindo. Devorado o último, volta são e salvo para sua toca.

Entre os índios norte-americanos da tribo Warao, encontramos a lenda do grande urso que tinha poderes mágicos e era muito temido porque, quando atacado, fazia o caçador cortar a própria cabeça. Depois de uma grande matança, transformou-se num urso comum e passou a viver na floresta.

O urso do conto de fadas *Branca de Neve e Rosa Vermelha* é interpretado por Marie Louise von Franz como representante de uma agressividade positiva, necessária ao equilíbrio psíquico. No entanto, a exacerbação da agressividade pode gerar um desequilíbrio da personalidade, como ilustra o comportamento chamado "ficar *berserk*", descrito na mitologia germânica, primeiramente entre os seguidores de Wotan. A palavra *berserk* significa "pele de urso". Na antiga Alemanha, era um privilégio ser considerado *berserk*, uma qualidade positiva herdada por certas famílias. Acreditava-se que era *berserk* o nobre que caía num sono súbito e profundo em sua casa, enquanto no campo de batalha surgia um urso furioso que matava muitos guerreiros e depois desaparecia de repente, no momento em que o nobre acordava, cansado e exausto. Desse modo, ele teria participado da batalha, sob a forma de um urso-espírito capaz de grandes feitos. A prova disso, por exemplo, era o urso ter sido ferido na pata direita durante a batalha, e o nobre acordar com a mão direita machucada.

Com o passar do tempo, a maneira de encarar o *berserk* mudou. Passou-se a considerar a implicação negativa dessa possessão, que significa a capacidade de abrigar uma grande fúria sanguinária. Ainda hoje existe o termo "ficar *berserk*" (*to go berserk*, em inglês), que quer dizer ficar possuído pelo frenesi da luta, incapaz de sentir medo. Esse termo também é usado para descrever indivíduos que perdem o autocontrole e passam a matar indiscriminadamente, como num estado de transe ou psicose.

Uma possível interpretação deste fenômeno sugere que as pessoas, nesse estado de fúria, se entregariam a um sentimento de plenitude, decorrente de uma inflação psíquica, na qual se identificam com um enorme poder destrutivo.

Concluindo, o urso, como todas as grandes feras, representa o inconsciente ctônico e lunar. Jung o vê como símbolo do aspecto perigoso do inconsciente violento e incontrolado, razão pela qual está associado à psicose. Em contraposição, o fato de poder ser treinado e aprender malabarismo aponta para a possibilidade de evolução e controle das forças elementares.

HIBERNAÇÃO

A hibernação característica dos ursos está associada à idéia de renascimento e ressurreição. Quando chega o inverno, ele entra em cavernas onde hiberna com suas crias recém-nascidas e reaparece somente na primavera. O processo de hibernação simboliza vida nova e, portanto, iniciação, estando relacionado com ritos de passagem e fertilidade. O despertar do urso tem paralelo com a morte e a ressurreição do deus-herói em muitos rituais de fertilização. Na Europa, principalmente no Sul da França, o festival do urso fazia parte das celebrações da primavera. Nesses rituais, um homem vestido de urso saía de uma caverna simbólica, aterrorizando o povo. Outras regiões da Europa Ocidental e os países eslavos também tinham cerimônias semelhantes.

Uma crença documentada e amplamente difundida na Europa, Ásia e América do Norte afirma que os ursos, durante a hibernação, alimentam-se de um suco extraído das próprias patas. Com base nessa crença, os índios norte-americanos associam o urso à imortalidade e à auto-suficiência.

No processo de individuação, a hibernação representa simbolicamente uma etapa necessária em diferentes momentos do desenvolvimento humano. No ciclo natural da vida há necessidade de recolhimento e introversão, para que conteúdos internos possam ser "gestados" num processo de recuperação. Esse é o processo de regressão e progressão da libido, no qual o ego retorna ao inconsciente (caverna), sua fonte nutridora. A saída da caverna pode representar o surgimento da criatividade e o despertar de uma nova consciência, ao passo que o mito de alimentar-se do suco das próprias patas nos remete à imagem do uróboro: aquele que se sustenta com os próprios recursos.

ANIMAL CELESTE

A projeção da figura do urso na abóbada celeste levou o homem a dar os nomes de Ursa Maior e Ursa Menor a duas constelações do Hemisfério Norte, cada uma delas formada por sete estrelas. É na Ursa Maior que encontramos a estrela que indica o Pólo Norte.

Tanto na China como na Índia, a Ursa Maior simboliza o outro lado do mundo, a casa dos imortais e do conhecimento. Segundo a tradição hindu, a Ursa Maior (*saptasiksha*) representa a sabedoria, porque é a morada dos sete sábios védicos (*rishi*), semideuses identificados com as sete estrelas daquela constelação e cujas esposas eram representadas pelas Plêiades. Os chineses relacionam essas sete estrelas às sete aberturas do corpo e às sete aberturas do coração.

No taoísmo, a Grande Ursa é o trono celestial da Grande Mãe, rainha do céu, pois os chineses foram os primeiros a perceber que a posição da cauda dessa constelação indica as diferentes estações do ano.

A mitologia grega também associa a ursa celeste à mudança das estações: quando aponta para o norte, anuncia o inverno; para o sul, o verão; para o leste, a primavera; e para o oeste, o outono. A Ursa Maior é a representação celeste de Ártemis, guardiã das estrelas e protetora do eixo do mundo (*axis mundi*), ao passo que a Ursa Menor corresponde às seguidoras da deusa (as "ursinhas"). Outra versão do mito conta que Calisto, ninfa do cortejo de Ártemis, é metamorfoseada em ursa e transformada na constelação da Ursa Maior, e seu filho Arcos se transforma na Ursa Menor (ver "Deuses e heróis – Ártemis").

Os celtas dão à constelação da Ursa Maior o nome de "Carro de Artur".

Em Cuzco, Peru, há observações de que essa constelação se encontra reproduzida nas paredes do grande templo de Coricancha, representando para os incas o deus do trovão e das chuvas.

Entre os índios norte-americanos, o urso aparece muitas vezes como animal celeste ou relacionado com o poder espiritual. Uma fábula dos índios Fox, do Kansas e de Oklahoma, relata a vida e a morte do urso com relação à mudança das estações. Numa caçada a esse animal, três homens vão cada vez mais se distanciando do ponto de partida. Quando um deles percebe que foram atraídos para o céu, já é tarde demais para alertar os companheiros. A caçada continua, as estações se sucedem e, quando chega novamente o outono, os caçadores conseguem matar o urso. Juntam então folhas secas para deitá-lo. Estas ficam avermelhadas, como se o sangue do animal as tivesse manchado. Desde então, no outono as folhas adquirem essa coloração, pois os três caçadores não conseguiram encontrar o caminho de volta e a caçada continua até hoje. Devido a essa lenda, os Fox acreditam que o urso, os caçadores e o cão são representados por estrelas no céu: uma estrela grande, isolada, um grupo de três estrelas, e outra menor, que simboliza o cão.

Na tribo dos índios Warao (Estados Unidos), encontramos a lenda segundo a qual as flechas do xamã abriram uma fenda por onde desceram à Terra as pessoas que viviam no céu. Porém, a esposa do xamã, por estar grávida, não conseguiu descer. Somente suas pernas atravessaram a fenda, e ela foi então transformada na constelação da Ursa Maior.

PODER DE CURA

O urso é considerado por diversos povos um animal dotado de muitos poderes, sendo freqüentemente reverenciado pela habilidade de curar.

Tanto na Grécia como em diferentes regiões da Ásia Central, ele aparece ligado à cura e é muitas vezes visto como o representante sobrenatural da sociedade médica.

Inscrições da antiga China mostram um xamã dançarino, usando máscara e pele de urso.

Na antiga Romênia, os camponeses deixavam que um urso, amestrado por ciganos, andasse sobre eles. Um pêlo do animal era arrancado e colocado sobre o peito para a cura do reumatismo ou da febre. Era costume, também entre os ciganos, o uso de garras de urso com a esperança de dar à luz crianças saudáveis.

Segundo uma crença inglesa, cavalgar um urso imunizaria as crianças contra a coqueluche. Os pêlos eram fervidos e aplicados às solas dos pés para evitar ataques epilépticos. Os jardineiros esfregavam a gordura do animal nas ferramentas, antes de iniciar o trabalho, a fim de evitar o míldio (doença das videiras) e a mangra (ferrugem das plantas).

Na Alemanha, a vesícula biliar do urso era usada para a cura da dor de dente. Já os lapões acreditavam que esse órgão tinha o poder de cessar um ataque cardíaco. O sangue do urso era usado como remédio de aplicação geral, e a gordura, para a cura da gota. O xamã colocava as garras ou os dentes dentro de tambores para aumentar seu potencial mágico. Acreditava-se que o xamã podia assumir a forma do urso, e a imagem desse animal era desenhada em seus tambores.

Os europeus do século XVI usavam a gordura do urso como remédio contra a calvície, e também em massagens para aliviar dores no corpo.

Em diversos mitos indígenas norte-americanos, o urso atua como "curador". Os xamãs usavam sua pele para adquirir seus poderes de cura. Os Cree, Iroqueses, Cherokee e outros realizavam a "dança do urso", na qual imitavam os movimentos do animal e rezavam para que o espírito-urso auxiliasse na cura.

Os índios Kootenay, do Canadá, acreditavam num grupo de deuses-urso e oravam a eles para que fossem curados. Os esquimós da Península do Labrador acreditavam que o xamã, durante sua cerimônia de iniciação, recebia a visita do Grande Espírito sob a forma de um urso polar.

No ritual de cura da tribo Winnebago, da América do Norte, uma música especial é cantada e dançada para o urso *grizzly*. Todos os participantes da cerimônia recebem a bênção durante o jejum. Monta-se uma tenda, em cujo centro um monte de terra representa a caverna do urso. Nesse ritual, celebra-se a cura de um guerreiro ferido, que é chamado de Pequeno Sacerdote. Ele entra em transe, esfrega terra em suas feridas, dança com os outros e assim incorpora o espírito do urso. O xamã conta que passou por várias encarnações (peixe, pássaro, búfalo) até chegar a um nível superior, no qual encontrou o espírito do urso *grizzly*. Com ele aprendeu as canções que deve cantar na Terra e, por sua bênção, adquiriu o poder de matar e curar.

Na América rural, acredita-se que o uso do dente de urso transmite a força do animal à dentição da criança. Existe também a crença de que dormir envolto na pele de um urso alivia dores nas costas.

CULTO E SACRIFÍCIO

Escavações arqueológicas realizadas nos dois últimos séculos revelam que no período do homem de Neanderthal, em cavernas da Suíça, Alemanha e França, eram comuns o culto e o sacrifício do urso em prováveis rituais de caça. Foram encontrados, em cavernas que datam de setenta mil anos, crânios e ossos desse animal, cuidadosamente dispostos em nichos ou "altares", revelando que talvez o ancestral do homem tenha sacrificado o urso ao deus supremo e universal. Esses rituais tinham por objetivo garantir uma boa caçada e agradecer pela sobrevivência.

Em *The way of the animal powers* (p. 55), Joseph Campbell afirma que investigações nas cavernas paleolíticas da Alemanha mostraram que "uma coleção organizada e propositalmente preservada de crânios de urso, com longos ossos dispostos nas paredes das cavernas, não permitem outra conclusão, a não ser a de considerar realisticamente a possibilidade de que houve um tipo de culto ao urso, inspirado pelos pensamentos e sentimentos místicos da população do antigo Paleolítico, pensamentos envolvendo idéias transcendentais e supersensuais".

Essa tradição paleolítica nasceu da veneração do homem de Neanderthal ao urso da caverna como animal sagrado, e é provável que ele tenha sido o primeiro animal cultuado pela humanidade.

Valendo-se das tradições paleolíticas, o culto ao urso estendeu-se para leste e oeste (Europa, Ásia e América do Norte), e ainda em nossos dias esse animal é reverenciado por alguns povos nórdicos, índios norte-americanos, tribos japonesas e povos siberianos.

A semelhança desse animal com o homem – sugerida por sua postura ereta, seu andar bípede e seu corpo depois de esfolado – parece servir de base para a antiga lenda européia de que um poderia se transformar no outro. No povo Jugrer da Sibéria, por exemplo, encontramos uma analogia surpreendente entre as cerimônias e os rituais fúnebres do homem e do urso.

Essa semelhança entre um e outro também fundamenta a crença dos Ainu (antigo povo que vive na ilha de Hokkaido, Norte do Japão) de que o urso é a ponte que une esta vida à outra, o mediador entre o mundo dos vivos e o dos mortos, o mensageiro divino. É o "Kinun-Kamui", a divindade da montanha, o ser supremo entre todos que a habitam.

Um costume comum a todos os povos que sacrificam esse animal é a proibição de falar sobre ele, ou mesmo pronunciar seu nome, pois acredita-se que o urso tudo ouve e tudo lembra, vingando-se quando ofendido. Por esse motivo, ele possui diferentes apelidos: "Rabo quebrado", "O filho do chefe", "O velho", "Homem de casaco de pele", "Avô" e "Primo".

A morte de um urso é geralmente vista como um ato ritualístico. É freqüente os caçadores preferirem armas primitivas como facas, bastões e lanças, porque eram as utilizadas nos cultos antigos. O caçador Ainu, por exemplo, saca a faca e corre para abraçar o urso, enfiando a arma em seu coração.

Para os povos nórdicos e os índios Pueblo do Sul dos Estados Unidos, a sorte da caçada é determinada pelos preparativos que a antecedem. Por meio de um ritual mágico, eles desenham um urso atingido nos órgãos vitais por flechas ou outros instrumentos de caça, e dessa forma acreditam ter aprisionado a alma do animal. De acordo com essa crença, o urso segue o destino de sua alma e é então atraído para os caçadores, tornando-se presa fácil. Ao voltar para a aldeia, estes são recebidos pelas mulheres, que cantam em agradecimento ao urso por ter poupado a vida de seus homens. Elas se enfeitam com ornamentos de latão, acreditando que esse metal oferece proteção contra a força sobrenatural do urso. No dia seguinte, ele é conduzido para o centro da aldeia, onde se realiza um banquete. Todos os membros da tribo comem de sua carne, deixando os ossos inteiros e perfeitos. O esqueleto é cuidadosamente enterrado, uma vez que esses povos acreditam que ele ressuscitará para novamente ser caçado. Durante o enterro, os caçadores mantêm um diálogo constante com o animal, para que ele relate aos outros de sua espécie as honrarias recebidas, garantindo assim a sorte do caçador no futuro.

Embora caçar um urso seja o auge da glória para os esquimós, o caçador é considerado impuro, e deve submeter-se a um ritual de purificação que dura três dias, porque acredita-se que são três os dias em que a alma do urso vaga ao redor de seu corpo morto. Durante esse período, os esquimós obedecem estritamente às leis do tabu. Tudo isso porque conferem à alma do urso o poder de castigar a quem a desonra, poder esse muito mais imediato do que o de qualquer outro animal. É por isso que, na tribo dos Lapp, os caçadores voltam da caçada ao urso e se encerram, com a presa, numa tenda especial onde pas-

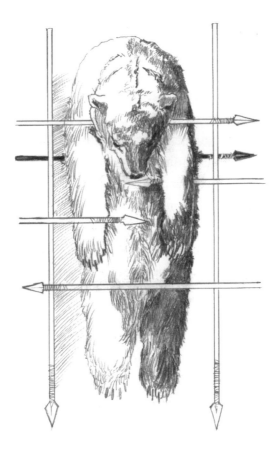

sam os três dias do ritual. São eles que cortam e cozinham a carne do animal, sem entrar em contato com as mulheres, a não ser na sua estrita observância. Decorridos os três dias, a reclusão é suspensa e eles deixam a cabana e se reúnem com as mulheres. Somente o chefe da cerimônia deve continuar privado da convivência com a esposa por mais dois dias.

De modo geral, o poder atribuído ao urso é tão intenso que vários povos, em seus rituais de sacrifício, criam subterfúgios para defender-se desse poder e apaziguar a alma do animal morto.

Os caçadores finlandeses, por exemplo, vendam os olhos do urso morto para que este não os enfeitice, além de usar uma máscara festiva para que ele não os reconheça. O ritual termina com o enterro dos ossos do animal sacrificado, a fim de que ele possa ressuscitar para a próxima estação de caça.

Quando um urso é morto pelos Ainu, eles o carregam cerimonialmente até a aldeia e o colocam na casa do caçador que o matou, através de um buraco, "a janela de Deus", feito para esse fim. Essa entrada do urso na casa tem o nome de "a chegada de Deus". Lá dentro, faz-se o fogo num recipiente chamado "a deusa do fogo". (Vale lembrar que o Japão é um país de montanhas e vulcões, onde o urso é o deus das montanhas e Fuji, a deusa padroeira do fogo doméstico.) Quando o deus-urso é levado para dentro da casa, a deusa do fogo lhe dá as boas-vindas, num encontro que dura a noite inteira, enquanto o povo canta para entretê-los. No dia seguinte, o urso é cortado, cozido e comido. A cabeça é colocada num lugar de honra, e diante dela se faz a oferenda de parte de sua carne. Quando julgam que o espírito do urso comeu o suficiente, os Ainu o agradecem por sua visita e suas graças, e ele, num cerimonial, retorna para seu reino das montanhas.

Outros rituais de homenagem ao urso, feitos antes do seu sacrifício, costumam ser realizados como forma de proteção contra a vingança do espírito do animal. Muitas tribos norte-americanas iniciam a caçada convidando o urso a sair de sua toca e, desculpando-se, informam-no do desafio que será realizado.

Quando um filhote de urso é capturado pelos Giljaken da Sibéria, a aldeia o cria com todo cuidado e respeito durante dois ou três anos, pois será sacrificado na "Festa do Urso". Essa cerimônia tem início com a visita de cada uma das famílias da tribo à casa onde o urso foi criado, para lhe demonstrar estima.

De modo semelhante, o filhote de urso capturado pelos Ainu é criado por uma família da tribo, chegando a ser amamentado pela dona da casa, até o sacrifício, quando o espírito retorna à casa de seus pais na montanha. Esse ritual é chamado de *Iyomande*, que significa "mandar de volta". Embora o animal sofra durante os rituais, os Ainu acreditam que ele fica feliz por poder retornar ao lar.

Os Jugrer realizam uma festa que pode durar vários dias e que se inicia com os convidados cumprimentando respeitosamente o urso. Seguem-se cânticos e representações teatrais, que têm como objetivo impedir que o animal se sinta entediado, e só depois vêm o sacrifício e o banquete. Também é comum o executor fugir da responsabilidade pela morte do animal, para que o espírito não se vingue, atribuindo-a a algum outro. Por exemplo, os Turguse (antigo povo siberiano habitante da Manchúria) acusam uma outra tribo. Outras tribos do Norte da Sibéria (Ostyak, Votyak, Koryak e Jugrer) atribuem aos russos a morte do urso, e rogam ao espírito que os desculpe e não se zangue com eles.

Já na América do Norte, era freqüente elogiar o urso e explicar-lhe a razão de seu sacrifício, geralmente atribuída à necessidade de vestimenta e alimentação.

Segundo Joseph Campbell, em *The way of the animal powers*, os índios Shuswap, da costa oeste do Canadá, cantam: "Ó tu, maior dos animais, homem entre as feras, agora, meu amigo, estás morto. Que teu mistério torne todos os outros animais como mulheres quando eu os caçar, que eles te sigam e se tornem presas fáceis".

Podemos compreender os fenômenos descritos como uma projeção do divino no animal de maior força e poder da fauna local, e de maior semelhança com o homem. Sua caçada representaria um confronto direto com a força divina, daí o terror de sua vingança. Pelo ato heróico, o homem temporariamente se igualaria a Deus, e os rituais de purificação que se seguissem teriam então como objetivo a saída desse estado inflado e o retorno ao nível humano. Em todos os rituais, havia o cuidado para que a relação com o divino fosse mantida: "Deus" não poderia morrer. Teria de ressuscitar para que a vida continuasse, perpetuando-se o contato com o divino, o que simboliza a manutenção do eixo ego-*Self*.

A ingestão da carne do urso seria uma forma de assimilação de sua força, e um tipo de comunhão, de modo a assegurar a manutenção da vida tribal.

RELAÇÃO COM O SER HUMANO

Muitas características do urso fazem-no semelhante ao ser humano: tamanho, aparência, mobilidade, destreza, alimentação onívora, ciclo de reprodução anual, duração de vida e comportamento social. Assim como o homem, o urso explora territórios, corre riscos e experimenta o novo. Sua capacidade de andar sobre dois pés acentua ainda mais essa semelhança. Essas qualidades provavelmente fizeram emergir uma grande quantidade de lendas e mitos a respeito da relação do urso com o ser humano.

Desse modo, são várias as tradições que o consideram ancestral da espécie humana. Por exemplo, alguns povos indígenas do Canadá, como os Algonquim, vêem nele o "Grande Pai".

Na antiga Europa, muitos clãs caracterizavam-se pela descendência totêmica da ursa. Uma dessas famílias, Orsini ou Ursini, tinha um urso no brasão de armas e seus membros eram designados "filhos do urso". A origem dessa família decorria, supostamente, da união de um urso com uma mulher.

A essas crenças parece estar relacionada a idéia, tão freqüentemente difundida em mitos, da união marital do urso com mulheres por ele raptadas.

Muitas histórias encontradas em diversos países falam sobre esse tema. Um antigo mito da Sibéria conta que uma mulher, depois de provável união com um urso, deu à luz gêmeos: um menino e um urso. Já adultos, eles se envolvem numa luta feroz, na qual o urso mata o irmão humano.

Originadas no Canadá, várias lendas semelhantes versam sobre a mesma idéia. Numa delas, o urso captura um homem e o leva para sua caverna. A ursa decide mantê-lo vivo e, na ausência do urso, toma-o como marido. Tem filhos com ele e o proíbe de voltar a ver sua família humana. Mas o homem sente saudades e, desobedecendo às ordens da ursa, volta para casa. Um dia, ela fica à espreita e, quando o homem sai para caçar, mata-o com a ajuda dos filhotes. Noutra versão, o homem visita a família mas volta para a ursa, que o perdoa. Contudo, os filhotes o matam. O fim desastroso do homem, em suas ligações com a mulher-urso, repete-se de diversas formas nas histórias dos índios norte-americanos e dos povos primitivos.

Essa idéia tem tal força nos mitos e lendas que as tradições das tribos caçadoras da América do Norte, Sibéria e Lapônia incluem vários tipos de proibição relativa à presença da mulher na caça ao urso. É um tabu importante: a mulher deve evitar todo tipo de contato com o urso morto, porque corre o risco de ser sexualmente subjugada por seu espírito.

Na costa noroeste do Canadá encontram-se lendas sobre a "mãe-ursa", a mulher que é raptada pelo urso e se torna sua esposa e mãe de seus filhos. Uma lenda do povo Haída conta que a princesa Rhpisunt, filha do chefe do Clã do Lobo, passeava pelas montanhas quando pisou em excrementos de urso. Furiosa por ter sujado os pés, comenta com as amigas que aquele urso era uma besta suja e descuidada. No final do dia, ela se perde na floresta. Surgem dois belos rapazes, filhos disfarçados do povo urso, que se oferecem para ajudá-la. Ela os segue. É levada a uma aldeia e a fazem entrar numa casa onde havia casacos de pele de urso pendurados por toda parte. Como castigo por tê-los insultado, é condenada a casar-se com o filho do chefe do povo urso, tornando-se a mãe dos "netos do povo urso". Rhpisunt deu à luz dois filhotes gêmeos. Enquanto isso, sua família humana continuava a procurar por ela, até finalmente o irmão os encontrar na caverna no alto do rochedo. O príncipe-urso, vendo chegar seu fim, pede que não mutilem sua carcaça nem queimem seus ossos, para que possa ajudar os filhos a se tornar humanos e hábeis caçadores. A pele, símbolo de prosperidade, é dada ao pai da princesa. Mais tarde, quando ela morre, os filhos vestem seus casacos de pele de urso e voltam para a tribo do povo urso.

Uma variante dessa história é encontrada noutra tribo esquimó, a dos Tlingit. A jovem é raptada por um urso enquanto colhia amoras na floresta. Passa a viver maritalmente com ele e dá à luz dois meninos, metade humanos e metade ursos. Vasculhando a mata à sua procura, os irmãos da moça a encontram e matam seu marido-urso. Ela retorna à aldeia dos homens, mas o lado urso de seus filhos é descoberto. Perseguidos, voltam a viver na floresta.

Alguns heróis semidivinos provêm da união marital entre uma mulher e um urso, e são conhecidos como filhos-ursos. O herói inglês Beowulf, nome que significa "comedor de mel", é um deles. Protagonista de muitas aventuras, ele é o protótipo do filho-urso heróico, que desce ao submundo e enfrenta um dragão.

Outra figura legendária relacionada ao urso é o herói grego Odisseus (ou Ulisses, em seu nome latino). Sua família é designada, na *Odisséia*, como a "casa de Arceisios", variante do adjetivo grego que significa "ursino" ou "urselino". Um mito grego conta que Arceisios, avô de Odisseus, era filho de homem com ursa, o que explicaria a força do herói na luta com o gigante Polifemus.

A íntima relação entre o humano e o urso é ilustrada numa antiga lenda dos índios Aricara, dos Estados Unidos, que se refere à origem da "dança do urso". Havia entre os índios um menino estranho e solitário, que se dizia urso. O pai relacionava a identificação do filho com esse animal a um fato ocorrido na floresta, antes do seu nascimento: o pai, voltando de uma batalha, encontrou um filhote de urso, acariciou-o, brincou com ele e deu-lhe tabaco sagrado, reconhecendo-o como criatura do grande espírito. Desde o nascimento, o filho se comportava como um urso e a semelhança se acentuava cada vez mais. O menino realmente sentia-se um desses animais e orava ao espírito dos ursos. Quando cresceu, tornou-se um guerreiro valente e foi morto numa batalha. Surgiu então um casal de ursos. O macho, poderoso, encostou seu corpo no do jovem e o fez despertar. O guerreiro foi cuidado pelos ursos, viveu muito tempo com eles e aprendeu seus segredos. Ao partir, o animal ordenou-lhe que o imitasse, para obter sua proteção no futuro e disse-lhe: "De agora em diante, tu és parte de mim. Quando eu envelhecer, também teu rosto se enrugará. Quando eu morrer, também teu fim chegará". Tocou-lhe os braços com as patas, abraçou-o, aproximou o focinho de sua boca e disse: "Meu pêlo te toca e te tornará grande. Meus braços darão força e resistência aos teus braços. Minha boca fará a sabedoria falar pela tua. Serás tão poderoso quanto eu, pois minhas mãos te tocaram". O guerreiro voltou para a tribo dos pais, surpreendendo aqueles que o julgavam morto, e tornou-se o maior de todos os caciques, introduzindo entre eles a dança do urso, em sinal de gratidão.

Algumas lendas referem-se a uma profunda ligação de amizade e fidelidade entre o homem e o urso, advinda da domesticação desse animal.

Uma lenda do folclore norte-americano conta as aventuras de um urso inteligente que aprendeu tantas coisas com os homens que passou a desempenhar tarefas humanas. Tornou-se tão civilizado que acabou morrendo, vitimado por uma doença humana. A família que o domesticara queria dar-lhe um enterro cristão, mas o padre, intransigente, não o permitiu. Seu dono declarou então que considerava o urso melhor cristão que o próprio padre.

Ainda no folclore norte-americano, o herói Roy Bear tem como companheiro um urso chamado Bruno, que o ajuda a curar as bebedeiras dos homens da cidade. Sua tática era simples: prender o bêbado e o urso num mesmo poste. Ao ver o urso, o homem ficava tão apavorado que suava todo o álcool bebido na semana.

Na Malásia, conta-se que um homem incumbiu seu urso domesticado de cuidar do filho durante sua ausência. Ao voltar da viagem, encontrou a casa em desordem, o urso todo ensangüentado, e não viu a criança em parte alguma. Concluiu que o animal tinha devorado seu filho e, cheio de ódio, matou-o. Mas logo depois encontrou a carcaça de um tigre, morto na luta com o urso, o qual fielmente havia protegido a criança. E esta surge, então, sã e salva, da floresta onde se refugiara.

Na fábula de La Fontaine *O urso e o amador de jardins*, um urso e um velho jardineiro, ambos muito solitários, se encontram. O velho, apesar do medo, convida-o para o jantar e desde então se tornam bons amigos e passam a viver juntos na cabana. O urso retribui trazendo caça e, enquanto o velho dorme, espanta as moscas que voam à sua volta. Certo dia, não conseguindo enxotar uma delas, resolve matá-la e, ao vê-la pousar no nariz do velho, dá-lhe uma pancada com tanta força que mata o amigo. Esta história fala da dificuldade de convivência entre o homem e o urso. Embora fiel ao homem, o animal acaba matando-o, por não conseguir conhecer e usar adequadamente a própria força.

Algumas fábulas mostram que o urso, em sua união com a mulher, é fiel e dedicado em seu amor. Uma lenda esquimó conta que um jovem urso apaixonado visitava sua amada quando o marido dela saía para caçar. Porém, um dia a mulher confessa tudo ao marido, o qual resolve matar o "rival". O urso consegue escapar dele e volta para vingar-se da mulher traidora. No último instante, desiste da vingança e foge, triste e solitário.

Um conto dos índios Cochiti, dos Estados Unidos, aponta novamente a traição do homem em relação ao urso: o caçador torna-se amigo de uma família de ursos, cujos membros têm o poder de se transformar em seres humanos tirando suas peles. O homem é aceito pela família, vai morar com eles e tem filhos-ursos com duas moças-ursas. Certo dia decide voltar ao seu povoado para plantar milho. Como demora a regressar, o preocupado avô-urso pede a seus netos-ursos que tragam o pai de volta quando forem buscar espigas de milho. O caçador os recebe e lhes diz que o milho está no ponto de ser colhido, mas manda avisar no povoado que há ursos no milharal. Liderados pelo caçador, os homens perseguem os ursinhos até as montanhas. Lá, o avô-urso contra-ataca, mata o caçador e leva seu coração para a caverna. Foi assim que as crianças-ursas conservaram o pai ao lado delas.

Num outro contexto, uma peculiar relação existente entre o urso e o homem é aquela na qual este, após enfrentar o animal, vem a desenvolver um temperamento semelhante ao do próprio urso. Uma passagem bíblica (1 Sm 17,33-36) diz que a força e a coragem de Davi manifestaram-se quando ainda menino, jovem pastor que matava os ursos e leões que atacavam os rebanhos do pai. Em outra citação (2 Sm 17,8), Cusai aconselha Absalão, filho de Davi: "Tu sabes que teu pai e seus homens são valentes, e estão furiosos como a ursa a quem roubaram a cria na estepe".

Vemos, assim, que um dos aspectos mais significativos da representação simbólica do urso é sua relação com o ser humano, que pode acontecer de duas formas: amizade ou casamento.

No plano da amizade, evidencia-se o tema da domesticação. Nesta, a realização do desejo de controlar a natureza selvagem revela-se impossível, o que mostra a necessidade de manter uma atitude de respeito e distância com relação à vida instintiva.

Nas histórias de casamento, observa-se a tentativa de integração da instintividade pelo ato sexual. Se de início esse casamento é possível, com o passar do tempo os aspectos destrutivos predominam, como no caso dos filhos-animais que acabam destruindo a consciência humana. Surgem a traição e o abandono, retornando cada qual à própria natureza. Portanto, essa é uma convivência que só pode ser momentaneamente criativa. O "casamento" com o *animus* ou a *anima*, no seu aspecto inferior, animal, pode levar a uma contaminação com os complexos parentais negativos. Nesse caso, o ego pode sucumbir às forças inconscientes, resultando numa desestruturação da personalidade.

DEUSES E HERÓIS

É provável que por mais de cinqüenta milênios os festivais de culto ao urso tenham apresentado esse animal como mensageiro dos deuses, mediador e viajante entre os mundos. A idéia de seu grande poder encontra-se nas tradições européias, americanas e asiáticas, assim como no folclore do México, da região mediterrânea e do Himalaia.

Há centenas de anos, antes que os leões fossem conhecidos na Europa, o urso era considerado o "deus das bestas". A representação de um deles numa bandeira ou brasão indicava poder. Muitas cidades européias o adotavam como símbolo ou nome. Um exemplo é a cidade suíça de Berna, que, além do nome, tem o urso como símbolo em seu brasão. Também os nomes da cidade italiana de Verona e do Estado alemão da Baviera (Bayern) derivam da palavra alemã *Bär* ("urso").

Seu culto foi muito difundido na Finlândia, Sibéria, no Alasca, Labrador, entre os lapões, estonianos, lituanos, e também em várias tribos nômades primitivas do Norte da Rússia (ver "Culto e sacrifício").

Nos mitos heróicos, o urso é um animal solar, embora sua estreita associação aos deuses lunares torne-o mais freqüentemente um símbolo lunar.

Na Sibéria e no Alasca, a relação do urso com o ciclo vegetal deve-se ao fato de que ele desaparece no inverno e reaparece na primavera.

Ártemis

Na mitologia grega, o urso é consagrado à deusa lunar Ártemis, também conhecida como "deusa-ursa", por ser essa uma forma freqüentemente adotada em suas aparições.

Meninas entre 5 e 10 anos (ou de 7 a 12 ou 16, conforme a fonte), vestidas com roupas tingidas de açafrão, dançavam nos cultos da deusa, no santuário de Bráuron, na Ática. Essas jovens eram chamadas de "ursinhas". É provável que a heroína Ifigênia tenha sido uma delas, pois quando foi levada para o sacrifício em Áulis vestia um traje açafrão.

Ártio é a deusa céltica que corresponde à grega Ártemis. Seu nome, tal como o do rei Artur, provém da raiz verbal céltica *art*, que significa urso. Adorada pelos helvécios (ou suíços), Ártio é representada no brasão de armas de Berna, conhecida como "a cidade da ursa".

Essa deusa é também encontrada sob a forma masculina: Ártio, o senhor da caça, o deus medieval das bruxas, conhecido como Robin, filho de Art. De acordo com os irlandeses, a palavra *art* significa Deus.

Ártio foi canonizada como uma santa cristã, Santa Úrsula. A Santa Úrsula mítica teve de ser criada pelos povos cristãos para que Ártemis continuasse sendo adorada. As autoridades católicas afirmam que a ordem das Ursulinas é a mais antiga ordem de freiras educadoras de mulheres.

Calisto

A ninfa Calisto, por pertencer ao cortejo da deusa Ártemis, deveria permanecer virgem, tal como ela própria. Mas é seduzida por Zeus e dá à luz um filho, Arcas.

A ciumenta Hera, esposa de Zeus, vinga-se transformando-a numa ursa. Calisto depois sobe ao céu, onde Zeus a transforma na constelação da Ursa Maior e seu filho, na Ursa Menor.

Heróis

Beowult, o mais antigo herói legendário da literatura inglesa, tem um nome que significa urso ("Beewolf", assim chamado devido à paixão do urso por mel selvagem).

O nome do herói medieval Dietrich von Berne, cujas lendas datam do reinado do rei ostrogodo Teodorico, O Grande de Verona (493-526 d.C.), também está associado ao urso, pois Dietrich deriva em Theodoric, Theodore, Teddy e *teddy bear* (o popular ursinho de pelúcia). Corre uma versão segundo a qual o *teddy bear* foi criado em homenagem a Theodore ("Teddy") Roosevelt, porque em 1902, durante uma caçada, o então presidente dos Estados Unidos recusou-se a atirar num urso preto.

PARTES DO URSO

O CRÂNIO foi usado, em várias épocas, nos rituais de sacrifício de diferentes civilizações. Já no Paleolítico Inferior, os crânios de ursos das cavernas eram cultuados na magia relativa à caça.

Uma antiga lenda esquimó conta que o caçador, ao abater um urso polar, deveria colocar seu crânio na janela de casa, cultuando assim a força e a sagacidade do animal.

Finlandeses, lapões e alguns povos da Sibéria praticavam a "cerimônia da cabeça do urso", na qual a cabeça era deposta numa árvore sagrada, transmitindo a idéia de sua divinização.

Depois das cerimônias de sacrifício do animal, os Ainu do Norte do Japão e os Giljaken da Sibéria costumavam pendurar o crânio no topo de uma grande árvore, para que o deus-urso lhe devolvesse a vida.

Os Tunguse e outros povos siberianos colocam o crânio no altar sacrificial, e oferecem ao ser supremo o cérebro, considerado a parte mais preciosa.

O crânio do urso também é usado como peça fundamental nas cerimônias de juramento de povos altaicos, como os Yakuto, da Sibéria.

Já foi mencionada a crença de que os DENTES do urso fortalecem a dentição humana, bem como o uso de sua GORDURA como remédio contra a gota e a calvície e para aliviar dores no corpo (ver "Poder de cura").

Em cavernas da França e da Alemanha encontraram-se indícios de que os OLHOS do urso, talvez devido à sua peculiar disposição frontal, teriam sido mitologicamente associados ao olho solar, ao Sol, ao olho matador, ao olho mau e ao xamã.

Na Finlândia, os caçadores enterram os ossos dos ursos depois dos ritos de sacrifício, para que o animal possa renascer na próxima estação de caça.

Para alguns povos, as PATAS e as GARRAS têm função de cura ou proteção.

Os caçadores Tunguse as consideram talismãs. Esse povo, tal como os Chore e os tártaros de Minoussink, Sibéria, acredita que a pata deve ser cravada próximo à porta da casa ou na horta, para afastar os maus espíritos. Por sua vez, os Yakuto pensam que ela deve ser colocada no berço, a fim de proteger o bebê.

Para os Chore, as garras têm o poder de curar a diarréia do gado, ao passo que os tártaros dos montes Altai acreditam que elas protegem da dor de cabeça.

Segundo os Giljaken, depois do rito sacrificial a PELE deve ser pendurada numa armação para que o deus-urso possa fazer o animal renascer (ver "Culto e sacrifício"). A pele do urso é tão sagrada para os Tunguse que ao fazerem um juramento mordem-na e dizem: "Que o urso me devore se eu for culpado".

Já foi mencionado o uso do SANGUE como remédio geral e o da VESÍCULA BILIAR para curar dores de dente (ver "Poder de cura").

RELAÇÃO COM OUTROS ANIMAIS

O urso e o coelho

São muito comuns, no folclore de vários povos, as lendas sobre um coelho esperto que tira proveito da ingenuidade do urso e o engana facilmente (ver "Ingenuidade e estupidez").

O urso e o javali

A tradição hindu associa esses animais não por semelhança e sim por oposição. À medida que o javali representa a primeira autoridade espiritual, o urso e a ursa representam o poder temporal. O hinduísmo coloca o urso na sua forma feminina, contrapondo-o à força espiritual masculina do javali.

Do mesmo modo, é pela luta entre a ursa e o javali que os celtas simbolizam a revolta dos representantes do poder temporal contra a supremacia da casta dos sacerdotes. A casta dos guerreiros tinha como chefe o rei Artur, cujo nome deriva de "urso". Na Gália, a deusa Ártio revela o caráter feminino da função guerreira (ver "Deuses e heróis").

Diz-se também que antigamente a constelação da Ursa Maior era representada pelo javali, mas que este foi substituído, o que significa a perda do poder espiritual para o temporal (ver "Animal celeste").

O urso e o macaco

Esses animais aparecem associados na mitologia hindu em virtude de certas características comuns, como a cor avermelhada do pêlo, a força do "abraço" e a capacidade de subir em árvores e aprender malabarismos.

O urso, o pássaro e a raposa

A relação entre esses três animais mostra novamente a ingenuidade do urso diante da esperteza dos animais de pequeno porte.

Entre os Kaska, uma primitiva tribo indígena da Colúmbia Britânica (Canadá), existe uma lenda que relata o poder do urso como guardião do fogo: a posse de uma pedra da qual tirava faíscas conferia-lhe o domínio do fogo, ao qual ninguém mais tinha acesso, porque ele a mantinha sempre amarrada à cinta. O pássaro pediu para aproximar-se do fogo a fim de aquecer-se, e o urso consentiu, desde que ele lhe catasse os piolhos. Enquanto cumpria o combinado, o pássaro aproveitou para roubar a pedra. Todos os animais estavam à espera, pois haviam planejado juntos aquela artimanha. Embora o urso os tenha perseguido até cansar, a pedra acabou ficando com a raposa, que então levou o fogo para as tribos.

O urso e a serpente

Na China, esses animais expressam elementos opostos: a serpente representa a água, ao passo que o urso é o símbolo da montanha.

O URSO FANTÁSTICO

Uma lenda esquimó da tribo Barrow retrata um gigantesco urso polar com dez pernas que foi morto e sua carne alimentou uma família numerosa que há muito tempo se encontrava faminta.

Na Inglaterra do século XVII, acreditava-se que um urso fantasma habitava e assombrava a Catedral de Worcester.

Glossário

AMPLIFICAÇÃO: Método de interpretação de sonhos desenvolvido por Jung em que a imagem ou tema do sonho é amplamente esclarecido por meio da comparação com temas e conteúdos similares encontrados na mitologia, no folclore ou na religião.

ANIMA: O lado feminino inconsciente da personalidade do homem. É personificada em sonhos com imagens de mulheres que vão desde as mais primitivas até as sábias e espirituais. É o princípio de Eros nos homens.

ANIMUS: O lado masculino inconsciente da personalidade da mulher. É o *logos*, princípio espiritual na mulher, personificado em sonhos com imagens de homens que vão desde os mais rudes até os poetas e líderes espirituais.

ARQUÉTIPO: Dinamismo psíquico inato; contém padrões que representam uma experiência típica humana. É a representação psicológica do instinto.

COMPLEXO: Núcleo possuidor de intensa carga afetiva em torno do qual se agrupam conteúdos psíquicos igualmente carregados de afetividade. Funciona como uma entidade inconsciente e autônoma dentro da psique.

CONSCIÊNCIA: É a função ou processo que mantém a relação dos conteúdos psíquicos com o ego. Consciência não é igual a psique, porque esta última representa a totalidade de todos os conteúdos, que não necessariamente estão em direta ligação com o ego.

CRIANÇA DIVINA: É um arquétipo que contém vivências, imagens e idéias sobre a criança; expressa o potencial do vir a ser da personalidade.

DINAMISMO MATRIARCAL: É o dinamismo que predomina nos primórdios do desenvolvimento do ego, em que ego e consciência são regidos pelo arquétipo da Grande Mãe em seu caráter elementar e transformador.

EGO: Centro da consciência e lugar das experiências individuais de identidade subjetiva.

ENANTIODROMIA: Emergência de opostos inconscientes que ocorre quando há uma tendência unilateral que domina a vida consciente. É um mecanismo compensatório.

EXTROVERSÃO: É um modo de funcionamento psíquico em que os interesses, valores e significados estão dirigidos para o mundo externo.

FUNÇÃO INFERIOR: É a função psicológica menos desenvolvida num indivíduo. Ela se expressa de modo arcaico e primitivo. A função inferior é o portão de entrada, o caminho para o inconsciente coletivo.

FUNÇÃO SUPERIOR: É a função psicológica mais bem desenvolvida e diferenciada num determinado indivíduo.

FUNÇÃO TRANSCENDENTE: É um processo natural de conexão do inconsciente com o consciente que se expressa por meio de símbolos emergentes, por exemplo nos sonhos e visões. É uma manifestação de energia que resulta da tensão dos opostos.

FUNÇÕES DA CONSCIÊNCIA: São modos de adaptação psíquica de acordo com o modelo junguiano de tipos psicológicos: pensamento, sentimento, sensação e intuição.

GRANDE MÃE: Arquétipo que caracteriza o materno. Na face positiva se expressa em qualidades como calor, proteção, sustento. Na face negativa se expressa como mãe má, devoradora, castradora.

INCONSCIENTE COLETIVO: Corresponde à camada mais profunda da psique. Sua natureza é universal e não individual. Suas manifestações são vividas como estranhas ao ego, numinosas ou divinas. Seu conteúdo, os arquétipos, tem como representação simbólica específica as imagens arquetípicas.

INCONSCIENTE PESSOAL: É formado por experiências que foram reprimidas, suprimidas, esquecidas ou ignoradas e por experiências com energia insuficiente para atingir a consciência. Sem conexão direta com a consciência, elas atuam nos processos vividos individualmente e os influenciam.

INDIVIDUAÇÃO: É um processo de realização consciente da realidade psicológica única de uma pessoa; inclui tanto potencialidades como limitações. A individuação leva à experiência do *Self* como centro regulador da psique, transcendendo ao ego. C. G. Jung usou o termo "individuação" para designar o processo pelo qual uma pessoa se torna "não-dividida", uma unidade indivisível, sem sombras.

INFLAÇÃO: Estado da psique caracterizado por um sentimento exacerbado além dos limites adequados ao indivíduo, devido a uma identificação do ego com uma imagem arquetípica ou com a *persona*. Ocorre o desenvolvimento de um sentido exagerado da importância pessoal.

INTROVERSÃO: É um modo de funcionamento psíquico em que interesse, valores e significados estão voltados para o mundo interno do indivíduo.

NUMINOSO: Deriva da palavra *numen*, que significa força ou poder divino atribuído a objetos e seres contemplados com admiração. Descreve a experiência de um arquétipo por parte do ego, especialmente do arquétipo do *Self*.

PARTICIPAÇÃO MÍSTICA: Expressão derivada das idéias do antropólogo Lévy-Brühl que diz respeito a um tipo de identidade primitiva, mágica, entre o ego e os conteúdos do inconsciente. Não há diferenciação entre o sujeito e o meio ambiente (pessoas ou objetos). O indivíduo age num estado de unidade com tudo que acontece em torno dele.

PERSONA: Arquétipo que intermedeia o ego e o mundo. A máscara que se usa para desempenhar os papéis sociais; o modo como a pessoa se adapta ao mundo.

PROGRESSÃO E REGRESSÃO DA LIBIDO: Refere-se ao processo de movimento da libido. Na progressão, a libido movimenta-se para os objetos conscientes, ao passo que na regressão a libido é dirigida para o mundo inconsciente. São movimentos cíclicos e naturais do organismo.

PROJEÇÃO: Processo inconsciente pelo qual o indivíduo percebe no outro ou num objeto as próprias características ou qualidades. A projeção pode referir-se a conteúdos positivos ou negativos.

PSICOPOMPO: Em diferentes mitos é o personagem que guia a alma em processos de iniciação e transição.

SELF: O arquétipo da totalidade tanto consciente como inconsciente; é o centro regulador da psique. É comumente simbolizado pela mandala ou uma união paradoxal dos opostos. O *Self* é experienciado como um poder numinoso e transpessoal.

SÍMBOLO: Origina-se do grego *symbolon*, derivado do verbo *symbalein*; significa reunir, juntar, em direção a uma meta, a um objetivo. O objeto ou idéia são símbolos na medida em que são compostos de uma parte consciente e de uma parte inconsciente, de modo que provocam forte emoção no sujeito observador. Os símbolos são expressões cheias de significado, no nível pessoal ou coletivo.

Sombra: É uma parte inconsciente da personalidade que contém desde pequenas fraquezas, aspectos imaturos ou inferiores, complexos reprimidos e forças maléficas até qualidades valiosas que o indivíduo não desenvolveu em si mesmo. Nos sonhos apresenta-se personificada em figuras dúbias e escuras do mesmo sexo do sonhador.

Transferência e contratransferência: São termos usados para descrever o envolvimento emocional positivo ou negativo entre paciente e terapeuta. Seriam as projeções que ocorrem no relacionamento analítico.

Bibliografia

1. ABRAHAMS, Roger D. (org.) *Afroamerican folktales*. Nova York: Pantheon Books, 1985.
2. ADAMS, Nathan. A última chance do elefante. *Revista Seleções do Reader's Digest*. Portugal: Lisgráfica, out. 1990.
3. ADLER, G. *Études de psychologie junguienne*. Paris: Georg, 1957.
4. ALBISÉTTI, César & VENTURELLI, Angelo. *Enciclopédia Bororo*. Ed. Cons. Nac. de Pesquisas do Gov. do Estado de Mato Grosso, 1969, v. I e II.
5. ALLEAU, René. *A ciência dos símbolos*. Lisboa: Edições 70, 1982.
6. ALMEIDA, Aluísio de. *Cinqüenta contos populares de São Paulo*. São Paulo: Revista dos Tribunais, 1947.
7. ARAÚJO, Christovan. *Os bichos nos provérbios*. Rio de Janeiro: Ronega, 1950.
8. AUBERT, Francis Henrik (org.) *Askeladden e outras aventuras*. São Paulo: Edusp, 1992.
9. BALDUS, Herbert. *Lendas dos índios do Brasil*. São Paulo: Brasiliense, 1946.
10. BARROSO, Gustavo. *Ao som da viola*. Rio de Janeiro: Departamento da Imprensa Nacional, 1949.
11. _____. *Através dos folk-lores*. São Paulo: Cia. Melhoramentos de São Paulo, s.d.
12. BARROSO, Haydée M. J. *De la magia y por lo leyenda*. Buenos Aires: Emecé, 1966.
13. BASTOS, Wilson de L. *Revolução no vale encantado*. São Paulo: Roswitha Kempf, 1985.
14. BECK, Sérgio L. *Eqüinos: raças, manejo, equitação*. São Paulo: Editora dos Criadores, 1985.
15. BEMISTER, Margareth. *Thirty indian legendes of Canada*. Vancouver: Douglas McIntyre, 1973.
16. BENEDICT, Ruth. Tales of the Cochiti indians. *Bulletin 98*, Smithsonian Institute, Bureau of American Ethnology, Government Printing Office, Washington, 1931.
17. BÍBLIA SAGRADA. 10. ed. São Paulo: Paulinas.
18. BLANCHET, M. Wylie. *A shale named Henry*. Madeira Park: Harbor, 1987.
19. BOTKIN, B. *A treasury of American folclore*. Nova York: Crown, 1949.
20. BRANDÃO, Junito de S. *Mitologia grega*. Petrópolis: Vozes, 1987. v. I, II e III.
21. BRANDÃO, Théo. *Folclore de Alagoas*. Maceió: Oficina Gráfica da Casa Ramalho, 1949.
22. BRASILEIRO, Francisco. *Monografia sobre o rio Garças*. Separata da revista do arquivo no CXLIU. São Paulo: Depto. de Cultura, 1951.
23. BRODY, Jane. Elephants reveal their social lives to lone researcher. *The New York Times*, 15 nov. 1983.
24. BURLAND, Cottie; NICHOLSON, Irene & OSBORNE, Harold. *Mythology of the Americas*. Londres: The Hamlyn Publishing Group, 1970.
25. BURNE, Charlotte S. *The handbook of folklore*. Londres: Sidgwick and Jackson, 1911.

26. CABRERA, Angel et al. *História natural.* Barcelona: Instituto Gallasch de Librería y Ediciones, 1953. t. I.
27. CAMERON, Anne. *Orca's song.* Madeira Park,: Harbor, 1987.
28. CAMPBELL, Joseph. *O poder do mito.* São Paulo: Palas Athena, 1990.
29. _____. *As máscaras de Deus: mitologia primitiva.* São Paulo: Palas Athena, 1992.
30. _____. *A imagem mítica.* Campinas: Papirus, 1994.
31. _____. *The way of the animal powers.* San Francisco: Alfred Van Der Mark, 1983.
32. CARVALHO, José. *O matuto cearense e o caboclo do Pará.* Belém: Oficinas Gráficas Belém, 1930.
33. CASCUDO, Luis da Câmara. *Contos tradicionais do Brasil: antologia do folclore brasileiro.* São Paulo: Livraria Martins, 1946.
34. _____. *Dicionário do folclore brasileiro.* Rio de Janeiro: Ediouro/Tecnoprint, 1972.
35. _____. *Geografia dos mitos brasileiros.* São Paulo: Itatiaia, 1983.
36. _____. *Vaqueiros e cantadores.* São Paulo: Ediouro/Tecnoprint, 1986.
37. CAVENDISH, Richard (ed.) *Man, myth and magic.* Nova York: Marshall Cavendish Corporation, 1983. v. 10.
38. CHARBONNEUAU-LASSAY, Louis. *The bestiary of Christ.* Nova York: Parabola Books, 1991.
39. CHEVALIER, Jean & GHEERBRANT, Alain. *Diccionario de los símbolos.* Barcelona: Herder, 1986.
40. CIRLOT, Juan E. *Dicionário de símbolos.* São Paulo: Morais, 1984.
41. CLARK, Bill. *The paper ark.* Nova York: Everest House, 1979.
42. COE, Michael D. The olmec style and its distributions. In: WAUCHOPE, Robert (ed.). *Handbook of middle's American indians.* Austin: University of Texas Press, 1965. v. 3.
43. COOPER, J. C. *An illustrated encyclopedia of traditional symbols.* Londres: Thames and Hudson, 1978.
44. CORONATO, Marcos. O ano-novo da onça. *Superinteressante,* São Paulo: Abril, ano 8, n. 12, 1994.
45. CUNHA, Antonio G. da. *Dicionário etimológico.* São Paulo: Nova Fronteira, 1982.
46. _____. *Dicionário histórico das palavras portuguesas de origem tupi.* São Paulo: Melhoramentos/Edusp, 1978.
47. DIEGUEZ, Flávio & AFFINI, Marcelo. *Superinteressante,* São Paulo: Abril, ano 5, n. 7, 1991.
48. DISNEY, Walt. *Dumbo.* São Paulo: Melhoramentos, 1991.
49. DOLMATOFF-GERARDO, R. *Amazonian cosmos: the sexual and religious symbolism of the tukano indians.* Chicago: The University of Chicago Press, 1971.
50. DONATO, Hernâni. *Dicionário das mitologias americanas.* São Paulo: Cultrix, 1973.
51. EDINGER, Edward. American Nekya. *Quadrant,* 1976, v. 9 (1), p. 17-47.
52. _____. Psicoterapia e alquimia. *Junguiana,* n. 2, 1984, p. 43-68.
53. EGBERT, Allan & LUQUE, Michael. *National Geographic.* v. 1, 48 (3), 1975.
54. ELIOT, Alexander. *The universal myths.* Nova York: A Meridian Book, 1990.
55. ESTÉS, Clarissa. *Mulheres que correm com os lobos.* Rio de Janeiro: Rocco, 1994.
56. FERREIRA, Mario. Ganeça: entre o erro e o acerto. *Thot* (35). São Paulo: Palas Athena, 1984.

57. FRANCE, Peter. *An encyclopaedia of Bible animals*. Londres/Sidney: Croom Helm, 1986.
58. FRANZ, Marie-Louise von. *A individuação nos contos de fadas*. São Paulo: Paulinas, 1985.
59. _____. *A sombra e o mal nos contos de fadas*. São Paulo: Paulinas, 1985.
60. _____. *Golden ass*. Texas: Spring/University of Dallas, 1980.
61. _____. *Problems of the feminine in fairytales*. Zurique: Spring, 1972.
62. FRAZER, Sir James G. *The golden bough*. Nova York: Macmillan, 1963.
63. FREUD, Sigmund. *Obras psicológicas completas de Sigmund Freud*. Rio de Janeiro: Imago, 1976. v. XVII.
64. FROBENIUS, Leon. *El Decameron negro*. Buenos Aires: Losada, 1938.
65. GAMBINI, Roberto. Não nascer: alguns traços da imagem arquetípica do aborto. *Junguiana*, São Paulo, n. 3, 1985.
66. GARFIELD, Viola E. & FORREST, Linn A. *The wolf and the raven: toten poles of Southeastern Alaska*. Washington: University of Washington Press, 1961. p. 103.
67. GASKELL, G. A. *Dictionary of all scriptures and myths*. Nova York: The Julian Press, 1960.
68. GIANNINI, Isabelle V. *A ave resgatada: a impossibilidade da leveza do ser*. 1991. Dissertação (Mestrado) – Depto. de Antropologia da USP, Universidade de São Paulo, São Paulo.
69. GIRARD, Rebeca. C. C. *La religion en el antigun Peru*. Lima: Ed. do Autor, 1959.
70. GRAVES, Robert. *The Greek myths*. Londres: Penguin Books, 1960. v. 1 e 2.
71. GRIMM, Jacob & GRIMM, Wilhelm. *O lobo e os sete cabritinhos*. São Paulo: Kuarup, 1987.
72. GUBERNATIS, Angelo de. *Zoological mythology*. Londres: Trubner & Co., 1872.
73. GUÉNON, René. *Os símbolos da ciência sagrada*. São Paulo: Pensamento, 1984.
74. GUIRAND, Félix. *Mitologia general*. Barcelona: Labor, 1965.
75. GUTHRIE, W. K. C. *The Greeks and their gods*. Boston: Beacon Press, 1971.
76. HALL, James. *Dictionary of subjects and symbols in art*. Nova York: Icon/Harper & Row, 1974.
77. HALL, Mainly. *The secret teachings of all ages*. Los Angeles: The Philosophical Research Society, 1957.
78. HANNAH, Barbara. *The cat, dog and horse lectures*. Illinois: Chiron/Wilmette, 1992.
79. HARGREAVES, Joyce. *New illustrated bestiary*. Glastonbury: Gothic Image, 1990.
80. HARVEY, Paul. *Dicionário Oxford de literatura greco-latina*. Rio de Janeiro: Zahar, 1987.
81. HAUG, Martha. *Folclore em Chapada dos Guimarães, Mato Grosso*. São Paulo: Secretaria de Estado da Cultura, 1982.
82. HAUSMAN, Gerard. *Meditations with animals*. Santa Fé: Bear and Company, 1986.
83. HOMERO. *A Ilíada*. Lisboa: Publicações Europa-América, s.d.
84. HOWARD, Norman. *Northern tales*. Nova York: Pantheon Books, 1990.
85. IRAJÁ, Hernani. *Feitiços e crendices*. Rio de Janeiro: Freitas Bastos e Cia., 1931.
86. JOBES, Gertrude. *Dictionary of mythology folklore and symbols*. Nova York: The Scarecrow Press, 1962.
87. JOHARI, Harish. *Chackras: centros energéticos de transformação*. Rio de Janeiro: Bertrand Brasil, 1992.

88. JOHNSON, Robert A. *She: a chave do entendimento da psicologia feminina.* São Paulo: Mercuryo, 1987.
89. JUNG, C. G. *A prática da psicoterapia.* Petrópolis: Vozes, 1981.
90. _____. *Aion: estudos sobre os simbolismos do si-mesmo.* Petrópolis: Vozes, 1982. v. IX/2.
91. _____. *El hombre y sus simbolos.* Madri: Aguilon, 1974.
92. _____. *Freud e a psicanálise.* Petrópolis: Vozes, 1989.
93. _____. *Mysterium conjunctions.* Petrópolis: Vozes, 1985.
94. _____. *O homem à descoberta de sua alma.* Porto: Livraria Tavares Martins, 1975.
95. _____. *Psicogênese das doenças mentais.* Petrópolis: Vozes, 1986.
96. _____. *Psicologia da religião ocidental e oriental.* Petrópolis: Vozes, 1988.
97. _____. *Psychology and alchemy.* Londres: Routledge and Keagan Paul, 1974.
98. _____. *Símbolos de transformação.* Petrópolis: Vozes, 1986.
99. _____. *The visions seminars.* Primeiro Livro. Zurique: Spring Publications, 1960.
100. KANIUT, Larry. *Alaska bear tales.* Alaska: Alaska Northuvest, 1986.
101. KIPLING, Rudyard. O filhinho do elefante. In: *O grande livro dos animais.* Lisboa: Verbo, 1986. p. 64-7.
102. KNAPPERT, Jan. *The Aquarian guide to African mythology.* Wellingborough: The Aquarian Press, 1990.
103. KRICKEBERG, Walter. *Las antiguas culturas mexicanas.* México: Fondo de Cultura Económica, 1993.
104. _____. *Mitos y leyendas de los aztecas, incas, mayas y muíscas.* México: Fondo de Cultura Económica, 1992.
105. KUSS, Daniel. *A Amazônia: mitos e lendas.* Lisboa: Bertrand, 1991.
106. LA FONTAINE, J. *Fábulas de La Fontaine.* São Paulo: Edigraf, s.d. t. I, II e III.
107. _____. *Fábulas de La Fontaine.* Rio de Janeiro: Editorial Brasil América (Ebal), 1986.
108. _____. *Fábulas de La Fontaine.* Lisboa: Verbo, 1987.
109. LACERDA, Regina. *Folclore brasileiro.* Goiás: Departamento de Assuntos Culturais (MEC)/ Fundação Nacional de Arte (Funarte), 1977.
110. LAMBERT, David. *The story of West Coast designs on hand-made pottery with 40 authentic stories & myths of the Coast people.* Vancouver: Bill Cuff, c. 1955.
111. LEACH, Maria. *Standard dictionary of folklore mythology and legend.* Nova York: Funk and Wagnalls, 1950. v. 1 e 2.
112. LEMOS, Regina. *Quarenta: a idade da loba.* São Paulo: Globo, 1995.
113. LEXIKON, Herder. *Dicionário de símbolos.* São Paulo: Cultrix, 1992.
114. LIMA, Francisco P. *Folclore acreano.* Rio de Janeiro: Brasília Editora, 1938.
115. LIMA, Maria do Rosário de S. T. *Lobisomem: assombração e realidade.* São Paulo: Escola de Folclore, 1983.
116. LINDEN, Eugene. Last stand for Africa's elephants. *Time,* 20 fev. 1989.
117. LOBATO, Monteiro. *Caçadas de Pedrinho.* São Paulo: Brasiliense, 1970.

118. LOIBL, Elizabeth. *Deuses animais*. São Paulo: Edicon, 1984.
119. LUKER, Manfred. *The gods and symbols of ancient Egypt*. Germany: Thames and Hudson, 1989.
120. LUKESCH, Anton. *Mito e vida dos índios caiapós*. São Paulo: Livraria Pioneira/Edusp, 1976.
121. MACKENZIE, Donald A. *Indian myth and legend*. Londres: The Gresham Publ. Company, 1913.
122. _____. *Myths of China and Japan*. Londres: The Gresham Publ. Company, 1923.
123. _____. *Myths of Crete and pre-hellenic Europe*. Londres: The Gresham Publ. Company, 1917.
124. MAGALHÃES, Agenor C. *Ensaio sobre a fauna brasileira*. São Paulo: Rotchschild & Cia., 1939.
125. MAGALHÃES, Basílio de. *O folclore no Brasil*. Rio de Janeiro: Imprensa Nacional, 1939.
126. MAGALHÃES JR., Raimundo. *Dicionário de provérbios*. Rio de Janeiro: Ediouro/Tecnoprint, 1974.
127. MALAXECHEVERRIA, Ignácio. *Bestiário medieval*. Madri: Siruela, 1986.
128. MAWAKDIYE, Alberto. As histórias de baleias nem sempre têm final feliz. *Jamal Shopping News*, São Paulo, 26 fev. 1989.
129. MEYER, Augusto. *Guia do folclore gaúcho*. Rio de Janeiro: Ediouro/Tecnoprint, 1975.
130. MORAIS, Antonieta D. *Contos e lendas dos índios do Brasil*. São Paulo: Companhia Editora Nacional, 1984.
131. _____. *Três garotos na Amazônia*. São Paulo: Companhia Editora Nacional, 1985.
132. MORALES, Ernesto. *Leyendas guaranies*. Buenos Aires: El Ateneo Libraria Cientifica y Literaria, 1929.
133. MORAY, Jeremy. *Timmy and the whales*. Vancouver: Freedom, 1980.
134. MOTO, Mauro. *Os bichos na fala da gente*. Recife: Instituto Joaquim Nabuco de Pesquisas Sociais (MEC), 1969.
135. NEUMANN, Eric. *A criança*. São Paulo: Cultrix, 1980.
136. _____. *Eros and Psyche*. Nova York: Harper Torchbook/Harper & Row, 1962.
137. _____. *The great mother*. Princeton: Princeton University Press, 1974.
138. _____. *The origins and history of consciousness*. Princeton: Princeton University Press, 1973.
139. NEWAL, Venetia. *The encyclopedia of withcraft and magic*. Nova York: The Dial Press, 1974.
140. ORTHOF, Sílvia. *Maria vai-com-as-outras*. São Paulo: Ática, 1985.
141. PALMÉRIO, Mário. *Vila dos confins*. Rio de Janeiro: Ediouro, 1994.
142. PERRAULT, Charles. *Contos de Perrault*. Belo Horizonte: Itatiaia, 1985.
143. PINTO, Tão G. Lua cheia leva lobisomem a Tupã. *O Estado de S. Paulo*, São Paulo, 30 jun. 1991.
144. PORRÓ, Antonio. *Espíritos guardiães, natureza e história na cosmologia Maya*. Texto não publicado, 1995.
145. QUEIRÓS, Eça de. Os elefantes. In: *O grande livro dos animais*. Lisboa: Verbo, 1986.
146. RAGACHE, Claude. *Os lobos: mitos e lendas*. Portugal: Bertrand, 1989.
147. REICHHOLF, Josef H. *Mouvement animal et évolution*. Paris: Flammarion, 1994.

148. RHYS, John. *Celtic folklore. Welsh and Manx*. Oxford: Clarendon Press, 1931. v. II.
149. RIBEIRO, Joaquim. *Folklore dos bandeirantes*. São Paulo: Livraria José Olympio, 1946.
150. ROCHETERIE, Jacques de la. *La symbologie des rêves: la nature*. Paris: Editions Imago, 1986.
151. ROMASZKAN, Gregor. *O cavalo*. Belo Horizonte: Itatiaia, 1986.
152. ROSA, João Guimarães. *Estas histórias*. Rio de Janeiro: José Olympio, 1962.
153. ROUSULET, Blanc. *Larousse du cheval*. Paris: Larousse, 1975.
154. SAMPAIO, Filgueira. *ABC do folclore*. Manual didático, s.d.
155. SANTOS, Eurico. *Entre o gambá e o macaco*. Rio de Janeiro: F. Briguiet and Cia. Editores, 1945.
156. SCHELE, Linda & FREIDEL, David. *A forest of kings*. Nova York: W. Morrow & Comp., 1990.
157. SEGALA, Ariberto. A luta para salvar os ursos dos Alpes. *Revista Geográfica Universal*, Rio de Janeiro: Block, n. 70, set. 1980, p. 50-71.
158. SENIOR, Michael. *Quién es quién en la mitologia*. Madri: Ediciones Internacionales, 1987.
159. SHARP, Daryl. *Ensaios de sobrevivência*. São Paulo: Cultrix, 1988.
160. SILVA, Alberto C. *Lendas do índio brasileiro*. São Paulo: Ediouro, 2001.
161. SILVEIRA, Nise da. *Imagens do inconsciente*. Rio de Janeiro: Alhambra, 1981.
162. SKEAT, Walter W. *Malay magic*. Londres: MacMillan, 1960.
163. SOUSTELLE, Jacques. *Los olmecas*. México: Fondo de Cultura Económica, 1989.
164. SPINDEN, Herbert. *A study of Maya art*. Nova York: Dover, 1975.
165. STUTLEY, Margaret and James. *A dictionary of Hinduism*. Bombay: Allied Publishers/Private, 1977.
166. TAVARES JR., Luiz. *O mito na literatura de cordel*. Rio de Janeiro: Tempo Brasileiro, 1980.
167. TELLO, Julio C. Wira-kocha: Inca. *Revista Trimestral de Estudos Antropológicos*, 1923, v. 1(1).
168. THOMPSON, Bruce. *Looking at the wolf*. Boulder: Teton Science School/Roberts Rinehert, 1987.
169. THOMPSON, Eric J. *Maya history and religion*. Oklahoma: Norman, 1972.
170. TORRES, A. P. & JARDIM, W. R. *Criação do cavalo e de outros eqüinos*. 2. ed. São Paulo: Livraria Nobel, 1979.
171. TURNER, Terence. *The Kayapo myth of the origin of cooking fire*. Tese não publicada. Chicago, University of Chicago.
172. TYLER, Royall. *Japanese tales*. Nova York: Pantheon Books, 1987.
173. VALLEREY, Gisèle. *Contes et légendes de l'Afrique noire*. Paris: Fernand Nathan Editeur, 1950.
174. VERGER, Pierre. *Orixás: deuses Iorubás na África e no Novo Mundo*. São Paulo: Corrupio, 1981.
175. VIDAL, Ademar. *Lendas e superstições*. Rio de Janeiro: Emprensas Gráficas "O Cruzeiro", 1950.
176. VILLAS BOAS, Orlando & VILLAS BOAS, Cláudio. *Xingu: os índios, seus mitos*. São Paulo: Edibolso, 1975.
177. VV. AA. Grande família dos elefantes. *Superinteressante*, São Paulo: Abril, ano 4(1), 1990.
178. _____. *Estórias e lendas da Amazônia*. São Paulo: Edigraf, 1963. Antologia ilustrada do folclore brasileiro.

179. VV. AA. *Estórias de Minas Gerais, Espírito Santo e Rio de Janeiro*. São Paulo: Edigraf, s.d. Antologia ilustrada do folclore brasileiro.
180. _____. *Estórias e lendas do Norte e do Nordeste*. São Paulo: Edigraf, s.d. Antologia ilustrada do folclore brasileiro.
181. _____. Caçador ataca o lobisomem. *Notícias Populares*, São Paulo, 15 set. 1990.
182. _____. Churchill, santuário canadense do urso polar. *Revista Geográfica Universal*, Rio de Janeiro: Block, n. 125, p. 32-7, abr. 1985.
183. _____. Como criar porco – cabra – ovelha. *Globo Rural*, Rio de Janeiro: Globo, ano 1, n. 3, 1988.
184. _____. Elefante, da realidade ao mito. *Revista Geográfica Universal*, Rio de Janeiro: Bloch, n. 222, 1992.
185. _____. *Enciclopédia Delta de ciências naturais: zoologia*. Rio de Janeiro: Delta, 1968. v. 5.
186. _____. *Enciclopédia Delta universal*. Rio de Janeiro: Delta, 1980.
187. _____. *Enciclopédia infantil brasileira: mamíferos*. 2. ed. Rio de Janeiro: Instituto Nacional do Livro, 1962.
188. _____. *Enciclopédia Mirador internacional*. São Paulo: Encyclopaedia Britannica do Brasil, 1976.
189. _____. *Enciclopédia universo*. Rio de Janeiro: Delta Três, 1980.
190. _____. *Lendas e superstições*. Rio de Janeiro: Empresa Gráfica "O Cruzeiro", 1950.
191. _____. Maravilhas e mistérios do mundo animal. *Revista Seleções do Reader's Digest*, Rio de Janeiro, 1966.
192. _____. *Maravillas de la vida animal*. Buenos Aires: Labor, 1952.
193. _____. *Mitologia*. São Paulo: Abril Cultural, 1973.
194. _____. *New Larousse encyclopedia of mythology*. Londres/Nova York: Prometheus, 1968.
195. _____. *Os bichos*. São Paulo: Abril, 1980.
196. _____. *Os bichos: urso polar*. São Paulo: Nova Cultural, 1988.
197. _____. *O mundo da criança*. Rio de Janeiro: Delta, 1949. v. 7.
198. _____. *O mundo dos animais*. São Paulo: Nova Cutural, 1985.
199. _____. O preço do marfim. *Folha de S.Paulo*, 16 jul. 1989.
200. _____. A parabola bestiary. *Parabola*, Nova York, v. VIII, n. 2, 1983.
201. _____. O livro da natureza. In: *Thesouro da juventude*. Rio de Janeiro: W. M. Jackson, s.d. v. II.
202. _____. Trail of shame. *Time*, 16 out. 1989, p. 36-42.
203. _____. *Zoo, o fantástico mundo animal: mamíferos*. Rio de Janeiro: Rio Gráfica, 1982. v. 1.
204. WALKER, Barbara. *The woman's dictionary of symbols & sacred objects*. San Francisco: Harper & Row, 1988.
205. _____. *The woman's encyclopedia of myths and secrets*. San Francisco: Harper & Row, 1983.

206. WEINREICH, Beatrice S. *Yiddish folktales.* Nova York: Pantheon Books, 1988.
207. WESTHEIM, Paul. *Ideas fundamentales del arte prehispanica en Mexico.* México: Fondo de Cultura Económica, 1957.
208. WILBERT, Johannes. *Folk literature of the Waroo indians.* Los Angeles: University of California, 1970.
209. WILBERT, Johannes & SIMONEAU, Karin. *Folk literature of the Gê indians.* Los Angeles: Latin American Center Publications (Ucla), 1978. v. 1.
210. _____. *Folk literature of the Toba indians.* Los Angeles: Latin American Center Publications (Ucla), 1982, v. 1.
211. WHITE, T. H. *The book of beasts.* Nova York: Dover, 1988.
212. WOODMAN, Marion. *Addiction to perfection.* Toronto: Inner City Books, 1982.
213. XIDIEH, Oswaldo Elias. *Narrativas pias populares.* São Paulo: Instituto de Estudos Brasileiros (IEB-USP), 1967.
214. YUTANG, Lin. *The wisdom of China and India.* Nova York: Random House, 1942.
215. ZIMMER, Heinrich. *Mitos e símbolos na arte e civilização da Índia.* São Paulo: Palas Athena, 1998.
216. _____. *Filosofias da Índia.* São Paulo: Palas Athena, 1997.

VÍDEOS

217. *A odisséia de Cousteau. Um tesouro em vídeo: mamíferos das profundezas do mar.* Paris: The Cousteau Society, 1982; Rio de Janeiro: Warner Home Video, 1989.
218. *As grandes baleias.* Pittsburgh/São Paulo: The National Geographic Society & WQED/Vídeo Arte do Brasil, 1989.
219. *Elefante.* Irwing Rosten. Pittsburgh: National Geographic Society & WQED, 1989.

Índice de referência das obras

BALEIA

Principais características biológicas: 128, 147, 187, 191, 192, 195, 197, 198, 203, 217, 218.

Simbolismo

Mitos de origem: 27, 30, 84, 110.
Aspecto materno: 18, 31, 37, 66, 86, 137, 139, 161, 204.
Continente, totalidade e suporte do mundo: 17, 37, 39, 51, 57, 86, 113.
Aspecto enganoso e maléfico: 34, 37, 39, 43, 79, 93, 110, 122, 127, 194, 211.
Salvadora e guia: 18, 39, 66, 133, 165.
Voracidade: 33, 72, 134.
Morte e ressurreição: 17, 28, 37, 39, 51, 66, 72, 97, 98, 111, 161, 194, 204.
Deuses-baleia: 37, 39, 67, 111, 158, 204, 205.
Baleia branca: 37, 51.
Partes da baleia: 37, 39, 111, 122.
Relação com outros animais: 1, 65.

CARNEIRO, OVELHA E CORDEIRO

Principais características biológicas: 37, 41, 183, 185, 187, 195, 197, 201.

Simbolismo

Mitos de origem: 54, 146, 165.
Vítima sacrificial: 17, 37, 38, 39, 41, 43, 57, 62, 67, 76, 79, 86, 93, 96, 99, 150, 174.
Pureza e obediência: 13, 17, 37, 39, 40, 41, 43, 67, 79, 86, 150.
Aspecto maléfico e demoníaco: 34, 39, 72, 79, 90.

Aspecto solar e viril: 20, 38, 43, 54, 60, 86, 88, 99, 102, 119, 204.
Poder de cura: 37.
Presságios associados ao carneiro: 37.
Deuses associados ao carneiro: 17, 20, 37, 38, 39, 40, 41, 43, 67, 72, 76, 80, 86, 90, 146, 158, 189, 193, 194, 204.
Deuses-carneiro: 37, 38, 39, 43, 62, 67, 80, 86, 102, 119, 158, 165, 194, 204.
Velocino de Ouro: 20, 37, 62, 70, 80, 146.
Cor do carneiro: 34, 39, 62, 72, 80, 83, 86, 123, 140, 158, 204.
Partes do carneiro: 20, 37, 38, 62, 72, 86, 96, 204.
Relação com outros animais: 39, 40, 43, 64, 72, 86, 108.
Carneiro fantástico: 34, 54, 79, 127, 180, 206.

CAVALO

Principais características biológicas: 14, 37, 46, 121, 151, 153, 170, 187, 195, 197.

Simbolismo

Mitos de origem: 46, 121, 122, 153.
Montaria de guerreiros, heróis, deuses e demônios: 21, 34, 37, 39, 41, 57, 72, 78, 80, 86, 98, 106, 111, 179, 211.
Cavalo solar: 37, 39, 72, 79, 165.
Aspecto maléfico e demoníaco: 37, 150, 166, 206.
Cavalo e água: 39, 72, 102, 148, 153.
Energia instintiva: 3, 20, 39, 91, 94, 129.
Relação com o feminino: 21, 34, 79, 98, 129, 150, 170, 204, 214.

Vítima sacrificial: 37, 39, 40, 43, 46, 62, 72, 86, 98, 111, 121, 122, 150, 165.
Poder de cura e proteção: 20, 37, 39, 43, 70, 72, 80, 86, 111, 139, 165.
Psicopompo: 37, 39, 118, 153, 204.
Adivinho e conselheiro: 8, 37, 39, 118, 153, 173, 206.
Deuses-cavalo: 20, 37, 39, 62, 74, 75, 80, 91, 194.
Cavalos famosos: 21, 38, 47, 57, 72, 78, 79, 80, 86, 111, 139, 150, 153, 204, 211.
Cor do cavalo: 20, 21, 32, 34, 37, 39, 40, 43, 51, 59, 72, 74, 78, 79, 80, 86, 121, 122, 129, 150, 153, 158, 165, 194, 204, 206.
Partes do cavalo: 37, 39, 62, 72, 98, 118, 153, 165.
Relação com outros animais: 32, 106.
Cavalo fantástico: 21, 34, 37, 50, 54, 86, 102, 118, 129, 132, 172, 175, 204.

ELEFANTE

Principais características biológicas: 2, 23, 26, 30, 116, 177, 184, 187, 191, 192, 197, 199, 202, 203.

Simbolismo

Mitos de origem: 101, 102, 121, 165, 215, 216.
Forma e tamanho: 39, 43, 72, 77, 87, 106, 134, 165, 184.
Montaria de reis, guerreiros e heróis: 5, 76, 80, 184, 216.
Agressividade: 67, 72, 114, 200, 215, 216.
Poder fecundador: 30, 72, 89, 98, 122, 165, 194, 204, 205, 211, 215, 216.
Poder mágico: 85, 204.
Relação com o ser humano: 102.
Deuses associados ao elefante: 29, 39, 72, 121, 158, 165, 194, 204, 205.
Deuses-elefante: 39, 54, 56, 121, 158, 165, 184, 194, 204, 205.
Elefante branco: 30, 39, 40, 87, 121, 122, 165, 184, 191, 205, 215, 216.
Partes do elefante: 11, 204.
Relação com outros animais: 1, 12, 48, 72, 77, 106, 107, 165, 214.
Elefante voador: 30, 40, 48, 72, 159, 165.

LOBO

Principais características biológicas: 41, 57, 150, 168, 185, 186, 187, 189, 195, 197, 203.

Simbolismo

Mitos de origem: 37, 146.
Aspecto materno: 33, 58, 59, 72, 86, 95, 101, 142, 150, 205.
Aspecto paterno: 63, 92.
Força e poder: 24, 39, 62, 96, 111, 205.
Poder destrutivo, maldade e aspecto demoníaco: 37, 38, 41, 43, 58, 59, 72, 86, 108, 115, 132, 139, 148, 150.
Voracidade: 43, 52, 59, 72, 86, 134, 150, 212.
Aspecto benéfico: 37, 40, 58, 59, 72, 150.
Poder de cura: 31, 37, 86, 111, 205.
Morte e renascimento: 39, 43, 59, 62, 72, 86, 150, 194, 205.
Guardião, guia e psicopompo: 39, 72, 111.
Lobo e mulher: 37, 39, 59, 84, 112, 146, 150, 209.
Lobo celeste: 39, 58, 146.
Deuses-lobo: 20, 25, 37, 39, 43, 59, 62, 70, 80, 146, 193, 194, 204, 205.
Deuses e espíritos associados ao lobo: 37, 39, 59, 62, 72, 76, 80, 86, 146, 150, 193.
Lobos famosos: 37, 40, 43, 59, 86, 146, 150.
Partes do lobo: 39, 57, 72, 81, 86, 109, 205.
Relação com outros animais: 1, 20, 31, 39, 59, 72, 98, 106, 108, 150, 173.
Lobisomem: 34, 35, 72, 115, 122, 125, 143, 146, 154, 181, 204, 205.

ONÇA E JAGUAR

Principais características biológicas: 44, 46, 124, 141, 152, 155, 185, 187, 191, 195, 197, 198, 203.

Simbolismo

Mitos de origem: 49, 111.
Aspecto materno: 105, 149.
Força fertilizadora: 39, 49, 69, 118, 160, 176.
Força e proteção: 4, 11, 24, 49, 118, 144, 187.
Aspecto maléfico e ferocidade: 4, 7, 10, 11, 24, 34, 36, 49, 50, 86, 111, 118, 131, 134, 141, 155, 171, 176, 188, 208.
Ingenuidade: 4, 6, 9, 10, 125, 130, 208.
Guardião do fogo: 50, 111, 209, 210.
Clarividente e psicopompo: 39, 144.
Xamã ou pajé: 24, 49, 111, 118, 210.
Relação com o ser humano: 11, 49, 111, 125, 152, 171, 208, 209.
Divindades: 24, 39, 42, 49, 69, 105, 118, 163, 167, 169, 187, 207.
Partes do jaguar: 4, 49, 105, 111, 167.
Relação com outros animais: 4, 49, 105, 176, 208, 209, 210.
Jaguar ou onça fantásticos: 34, 109, 114, 175, 179, 208, 210, 213.

URSO

Principais características biológicas: 29, 53, 157, 182, 185, 187, 195, 196, 197, 198, 203.

Simbolismo

Mitos de origem: 15, 31, 118.
Aspecto feminino e materno: 31, 41, 60, 61, 76, 98, 137, 138, 139.
Ingenuidade e estupidez: 1, 19, 72.
Agressividade e personificação do mal: 1, 38, 41, 43, 59, 61, 72, 84, 86, 100, 150, 206, 208.
Hibernação: 20, 31, 37, 39, 43, 86, 118, 121, 205, 208.
Animal celeste: 20, 39, 86, 118, 205, 208.
Poder de cura: 37, 39, 60, 82, 86, 139.
Culto e sacrifício: 25, 28, 29, 31, 39, 43, 54, 62, 86, 118.
Relação com o ser humano: 16, 17, 19, 24, 31, 37, 39, 41, 62, 84, 106, 110, 118, 162, 200, 205.
Deuses e heróis: 20, 31, 39, 43, 61, 72, 86, 89, 150, 200, 204, 205.
Partes do urso: 5, 29, 39, 86, 118, 196.
Relação com outros animais: 19, 20, 29, 39, 72, 73.
Urso fantástico: 37, 84.

Leia também

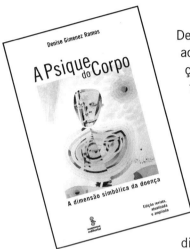

Denise Gimenez Ramos enfrenta aqui um desafio: enfocar as doenças chamadas orgânicas do ponto de vista da psicologia. Herdeiros de uma cultura que cinde o homem em duas metades, corpo e psique, médicos e psicólogos ainda hoje enfrentam os preconceitos que dividem as áreas do conhecimento. Dessa forma, cada um fica com a sua "metade", acreditando que esta é a "totalidade". Esse reducionismo esquizofrênico lesa acima de tudo o paciente, que fica perdido entre suas percepções, sua história pessoal e o saber dos cientistas.

A autora, renomada pesquisadora internacional e analista junguiana, assume aqui a difícil tarefa de romper com esses mitos e crenças de nossa era. Para tanto, parte de uma revisão crítica dos modelos conceituais sobre saúde e doença, chegando às teorias psicológicas modernas e passando pela análise das últimas pesquisas na área da psicossomática. Encontra, então, na psicologia junguiana, subsídios para o desenvolvimento de um corpo teórico coerente e capaz de abranger com maior amplitude um tema tão complexo como a questão do fenômeno psique–corpo.

Ao apresentar e desenvolver a análise de vários casos de doença orgânica em psicoterapia, Denise Ramos demonstra como o emprego do modelo junguiano e suas técnicas leva a uma melhora no quadro de saúde geral dos pacientes.

Este livro é indicado para psicólogos, médicos, profissionais de saúde e para todos os que se interessam por, sem dúvida, um dos maiores mistérios da humanidade: o fenômeno psique–corpo.

REF.: 10052   ISBN 85-323-0052-9

Impresso em off set
Rua Serra de Paracaina, 716 - Moóca
Cep: 03107-020 - São Paulo - SP.
Fone: 3341-6444
E-MAIL - hr.grafica@terra.com.br

com filmes fornecidos pelo editor

------------- dobre aqui -------------

CARTA-RESPOSTA
NÃO É NECESSÁRIO SELAR

O SELO SERÁ PAGO POR

AC AVENIDA DUQUE DE CAXIAS
01214-999 São Paulo/SP

------------- dobre aqui -------------

CADASTRO PARA MALA-DIRETA

summus editorial

Recorte ou reproduza esta ficha de cadastro, envie completamente preenchida por correio ou fax, e receba informações atualizadas sobre nossos livros.

Nome: _____ Empresa: _____

Endereço: ☐ Res. ☐ Coml. _____ Bairro: _____

CEP: _____ - _____ Cidade: _____ Estado: _____ Tel.: ( ) _____

Fax: ( ) _____ E-mail: _____ Data de nascimento: _____

Profissão: _____ Professor? ☐ Sim ☐ Não Disciplina: _____

1. Você compra livros:
- ☐ Livrarias
- ☐ Telefone
- ☐ Internet
- ☐ Feiras
- ☐ Correios
- ☐ Outros. Especificar: _____

2. Onde você comprou este livro? _____

3. Você busca informações para adquirir livros:
- ☐ Jornais
- ☐ Revistas
- ☐ Professores
- ☐ Amigos
- ☐ Internet
- ☐ Outros. Especificar: _____

4. Áreas de interesse:
- ☐ Educação
- ☐ Psicologia
- ☐ Corpo, Movimento, Saúde
- ☐ Comportamento
- ☐ PNL (Programação Neurolingüística)
- ☐ Administração, RH
- ☐ Comunicação
- ☐ Literatura, Poesia, Ensaios
- ☐ Viagens, Hobby, Lazer

5. Nestas áreas, alguma sugestão para novos títulos? _____

6. Gostaria de receber o catálogo da editora? ☐ Sim ☐ Não

7. Gostaria de receber o Informativo Summus? ☐ Sim ☐ Não

Indique um amigo que gostaria de receber a nossa mala-direta

Nome: _____ Empresa: _____

Endereço: ☐ Res. ☐ Coml. _____ Bairro: _____

CEP: _____ - _____ Cidade: _____ Estado: _____ Tel.: ( ) _____

Fax: ( ) _____ E-mail: _____ Data de nascimento: _____

Profissão: _____ Professor? ☐ Sim ☐ Não Disciplina: _____

summus editorial

Rua Itapicuru, 613 – 7º andar 05006-000 São Paulo - SP Brasil Tel.: (11) 3872 3322 Fax: (11) 3872 7476
Internet: http://www.summus.com.br e-mail: summus@summus.com.br